古代歷史文化研究輯刊

十 編

王明蓀 主編

第 15 冊

五代史研究（上）

曾國富著

國家圖書館出版品預行編目資料

五代史研究（上）／曾國富 著 — 初版 — 新北市：花木蘭文
化出版社，2013〔民102〕
目 2+186 面；19×26 公分
（古代歷史文化研究輯刊 十編：第 15 冊）
ISBN：978-986-322-343-6（精裝）
1. 五代史
618   102014412

ISBN-978-986-322-343-6

古代歷史文化研究輯刊
十 編　第十五冊　　　　　　　ISBN：978-986-322-343-6

五代史研究（上）

作　　　者　曾國富
主　　　編　王明蓀
總 編 輯　杜潔祥
出　　　版　花木蘭文化出版社
發 行 所　花木蘭文化出版社
發 行 人　高小娟
聯絡地址　235 新北市中和區中安街七二號十三樓
　　　　　　電話：02-2923-1455 ／傳眞：02-2923-1452
網　　　址　http://www.huamulan.tw 信箱 sut81518@gmail.com
印　　　刷　普羅文化出版廣告事業
初　　　版　2013 年 9 月
定　　　價　十編 35 冊（精裝）新台幣 62,000 元

五代史研究（上）

曾國富　著

作者簡介

曾國富，漢族，1962 年生，廣東信宜人。1984 年畢業於中山大學歷史系，歷史學學士。1986 年9 月至 1988 年 2 月，在江西大學（今南昌大學）歷史系中國古代史助教班進修壹年半。1996 年12 月被評聘為歷史學副教授。在湛江師範學院從事《中國古代史》、《史學概論》、《中國教育史》、《廣東地方史》等課程的教學和中國古代史（五代十國段）、廣東地方史的研究。在《中國史研究》、《中國史研究動態》、《民族研究》、《孔子研究》、《宗教學研究》、《黑龍江民族叢刊》、《學術研究》、《廣東社會科學》、《廣西社會科學》等學術刊物上發表史學論文 80 餘篇，其中五代十國史論文 50 餘篇，參編《新國學三十講》、《中外歷史與文化概論》等教材 3 部。

提　　要

　　本書是作者 20 多年來在五代十國史研究方面取得成果的其中一部分。

　　五代時期吳越國締造者錢鏐推行崇道政策，道教對吳越國軍事、政治、文化都有重要的影響。五代是一個軍事叛亂頻繁發生的歷史時期，誘發這一時期軍事叛亂頻繁發生的原因，既有表面層次諸因素，更有深刻的制度性根源。唐末五代，儒家忠義思想對軍人（將士）有著重要的影響。歷代封建統治者無不積極倡導忠義思想，大力表彰忠義行為，其目的正在于為廣大將帥、大臣、士卒、民眾樹立忠義的榜樣。五代是個戰亂的時代，也是重武輕文，儒學式微的時代；但儒士卻在五代歷史上有重要的貢獻。唐末五代將帥身後的女性，是當時社會的一個特殊群體，透過唐末五代將帥身後女性的生存狀態，可以窺見封建時代婦女的地位及其命運。五代是個多「盜賊」的時代，「盜賊」雖有破壞社會秩序的一面，同時也有打擊封建統治、保家衛國的一面。

　　此外，本書論文對五代賄賂問題、北方民族關係問題、南方九國的保境安民政策、南漢國「弭兵息民」政策、南漢與後唐宦官擅權、契丹南侵、統治者奢侈生活、儒學對唐末五代北方民族將帥的影響、南方高僧輩出等問題，都作了深入的論述。

目

次

一、道教與五代吳越國歷史

摘　要

　　五代時期吳越國締造者錢鏐在發迹過程中，得到道士的秉力支持。錢鏐執政後，推行崇奉道教的政策，興建宮觀，籠絡道士。其崇道的原因，是要借助道士神化自身，鞏固其統治；借道教向民眾灌輸封建倫理道德；祈求得到道教神靈對其軍隊的襄助及對吳越民眾的福祐。道教對吳越國軍事、政治、文化都有重要的影響。

關鍵詞：吳越國　道教　錢鏐　閭丘方遠

　　吳越國是五代時期割據於我國東南地區的一個小國，也是一個宗教氛圍濃厚的國家。在吳越國半個多世紀的歷史中，對吳越國統治者、將士、百姓以至吳越國歷史有深遠影響的，除了源遠流長、信眾廣泛的傳統宗教之外，我國土生土長的道教也有深刻的影響。本文依據相關史料，僅就道教在吳越國的存在、發展狀況及其對吳越國歷史的或顯或隱的影響，略作考察與論述。

一

　　中國宗法性傳統宗教的核心信仰是「天人感應」、「君權神授」。這一信仰深入中國普通民眾意識之中。中國古代歷史上，歷代統治者，包括心存異志意欲割據獨立的地方軍閥，都大肆宣揚、鼓吹「神授」、「神助」；民眾不堪壓迫剝削，揭竿而起，領袖人物大多也要披上神的外衣，其奧秘都在這裡：旨在爭取宗教意識濃厚的民眾的支持。在五代這樣一個社會動蕩，政治風雲變幻莫測的時代，各地軍閥也大都借助宗教以增強凝聚力。錢鏐——吳越國的創建者——也不例外。

　　錢鏐藉以製造「天人感應」、「君權神授」宗教神話的法寶，首先是道教。道教是多神宗教，道士被中國民眾看作是通神的中介，加之道教是本土宗教，有廣泛深厚的群眾基礎，正適合有政治雄心的錢鏐的需要。

　　錢鏐早年求學時期，曾得到道士洪湮的賞識和激勵。據載，錢鏐「常遊徑山書院，有道人洪湮者，每迎於門，王（錢鏐）頗惡之。一日，自後山僻徑而往，湮亦迎焉。王問其故。湮曰：『君非常人，故預知耳。』」〔註1〕道士這一席話不僅激勵了錢鏐奮發向上之志，更重要的是給錢鏐塗抹了一層神聖的靈光。其後，錢鏐又借助道士東方生編排出一個池龍生於錢家的宗教神話，謂：「先是邑中旱，縣令命道士東方生起龍以祈雨，生曰：『茅山前池中有龍起，必大異。』令乃止。明年復旱，生乃遽指鏐所居曰：『池龍已生此家。』時鏐實誕數日矣。」〔註2〕以此證明錢鏐是一個「非常人」。或許是錢鏐的發迹過程中，道教、道士起了積極的促進作用，因此，錢鏐對道士特別眷顧，其與當時著名道士閭丘方遠密切的關係可證明這一點。

　　據記載，閭丘方遠，舒州（今安徽潛山縣）人，曾拜多位名道為師：「師

〔註 1〕　〔宋〕錢儼《吳越備史》卷1，《武肅王上》。文淵閣四庫全書本。下同。

〔註 2〕　〔清〕吳任臣《十國春秋》卷77，《武肅王世家上》，北京：中華書局，1983年，第1045頁。下同。

香林左元澤、廬山陳元悟，傳法籙於天台葉藏質，皆曉暢大義，甚得真傳」。閭丘方遠既精黃老之術，又雅好儒學，曾詮注《太平經》為十三篇，對道教思想的傳播有貢獻。他多次婉拒唐朝廷的徵召，遍遊名山。〔註3〕唐景福年間（892～893）始居餘杭大滌洞。錢鏐勢力崛起於吳越之間，閭丘方遠謁見錢鏐。起初，與錢鏐談論老莊道家之學，道家的清靜無為之說不合錢鏐奮發進取之志趣，故話不投機。閭丘方遠退而認識到錢鏐乃是「入世」之英雄，實不宜與談老莊出世的玄虛之道。於是翌日再入謁，與錢鏐談論儒家的《春秋》大義，話語投合，盡日而罷。錢鏐於是厚加禮遇，重建天柱宮以居之。又奏請唐朝賜紫，並賜號「玄同先生」，使之成為吳越一方道教領袖。〔註4〕

錢鏐重修大滌山天柱觀，時在唐光化三年（900）七月。此舉使一度衰落沉寂的道教得以振興。這在道教發展史上是不應忽略的一節。

天柱山是道教一大著名勝地。這裡「風清氣和，土腴泉潔，神蛇不螫，猛獸能馴」。道教在天柱山的發展可謂源遠流長。錢鏐在為重修天柱觀而作的《天柱觀記》中有較詳細的敘述：早在西漢，「武帝酷好神仙，標顯靈迹，乃於洞口，建立宮壇，歷代祈禳，悉在此處。東晉有郭文舉先生，得飛化之道，隱居此山，群虎來柔，史籍所載。……泊大唐創業，以元元皇帝為祖宗，崇尚玄風，恢張道本。天皇大帝握圖御宇，授籙探符，則有潘先生宏演真源，搜訪神境。弘道元年（按，唐高宗年號，683年）奉敕創置天柱觀焉，……中宗皇帝玉葉繼昌，玄關愈闢，特賜觀莊所，以結香燈。於是臺殿似匪（非）人工，廊檻皆疑化出，星壇月砌，具體而微。則有被褐幽人，據梧高士，挹澄泉之味，息青蘿之蔭。葉天師法善、朱法師君緒、吳天師筠、暨天師齊物、司馬天師承禎、夏侯天師子雲，皆繼踵雲根，棲神物表。骨騰金鎖，名冠瑤編。出為帝王之師，歸作神仙之侶。」可知眾多道教名流曾駐留天柱觀，並對歷史及道教的發展都有重要影響。但是，中唐以後連綿的戰爭，對天柱觀造成了嚴重的破壞，也導致了道教的衰落，所謂「自兵革薦興，基址多毀，況茲幽邃，豈假修營」，「致道流困窮，二時而不辦香燭，竟歲而全無醮閱」。因此，在錢鏐主政吳越，吳越地區局勢相對穩定以後，便決定重修天柱觀，使衰落的道教得以振興。錢鏐為此上奏唐朝廷，請求允准重修天柱道觀，並「請上清道士閭丘方遠與道眾三十餘人主張教迹，每年春秋四季，為國焚修。」

〔註3〕《十國春秋》卷89，《閭丘方遠傳》，第1294頁。
〔註4〕《吳越備史》卷1。

五代時期不少割據一方的稱王者或節度使，都深信並鼓吹自己的發迹是神靈護祐的結果，都對各路神祇採取保護政策，藉此凝聚和激勵人心，穩定一方統治。錢鏐亦然，亦相信道教神祇能給自己的軍隊和勢力範圍內的民眾以福祐庇護。每遇艱難挫折之時，錢鏐常請道士齋醮作法以祈禳。如，天復元年（901）十月，淮南李神福將兵寇吳越衣錦城（錢鏐家鄉）。錢鏐命愛將顧全武率師禦之，不料中敵埋伏，顧全武兵敗被俘。失去顧全武，錢鏐猶如喪失一臂，損失慘重，憂心如焚。在徬徨無奈之際，錢鏐即請道士閭丘方遠齋醮作法，求神靈保祐顧全武及其軍隊。史載：「時，王（錢鏐）以衣錦城被寇，命玄同先生閭丘方遠，建下元金籙醮於龍瑞宮。其夕大雪，惟醮壇之上星斗燦然，殿宇無所沾灑。又有鑒湖宿釣者，聞車馬之聲甚眾。復有一黑虎，蹲於宮門外，醮罷乃去。」〔註8〕從史料所述來看，齋醮真的感動了上天；再結合史實來看，次年四月，顧全武果然被淮南送返！這不是證明了道教齋醮祈禳的「靈驗」？因此，錢鏐一直將自己「定亂平祅，勤王佐命，五十年撫綏軍庶，數千里開泰土疆，四朝疊受冊封，九帝拱扶宗社，改家為國，興霸江南，一方偃息兵戈，四境粗安耕織」之功，歸為「上荷元穹眷祐，次翳神理護持」，即上天和眾神的庇護佐祐。因此，錢鏐傳令：「統內凡有往帝前王，忠臣義士，遺祠列像，古跡靈壇，悉皆褒崇重峻於深嚴，祀典常精於豐潔，冀承靈貺，同保軍民」。〔註9〕前述錢鏐所作《天柱觀記》中，也明確說明重修天柱觀，復興道教的目的在於「保國家之景祚，福兩府之烝黎」。

錢鏐以後，吳越國後繼者仍然執行扶持道教的政策。第二位吳越國王錢元瓘，即位後即對各地道教神廟加以重建或請求中原朝廷的冊封。如，清泰二年（935）七月，重建開元宮；十一月，從吳越國文穆王錢元瓘之請，後唐敕杭州護國廟改封崇德王，城隍神改封順義保寧王，銅官廟改封福善通靈王，湖州城隍神封阜俗安城王，越州城隍神封興德保闉（城門外曲城）王〔註10〕。第三位吳越國王——忠獻王錢弘佐即位後，於天福六年（941）九月，「命田園有隸道宮佛寺比入賦稅者，悉免之」。〔註11〕最後一位吳越國王錢俶雖偏重佛教，但對道教並未偏廢。他曾延請高道張契真「主三籙齋事」，總管吳越國

〔註8〕范坰、林禹《吳越書》卷1，《太祖紀第六》。宏文藝苑（臺北），2000年。
〔註9〕《十國春秋》卷78，《武肅王世家下》，第1104頁。
〔註10〕《十國春秋》卷79，《文穆王世家》，第1122頁。
〔註11〕《十國春秋》卷80，《忠獻王世家》，第1134頁；《吳越備史》卷3。

道教事務；〔註12〕暨齊物是一位道學高深的名道，錢俶曾「欲爲賜度弟子，齊物對曰：『樂靜已久，不願有也。』」予以婉拒；〔註13〕台州道士朱霄外「素有道術，爲忠懿王（錢俶）所知，遂命葺台州之白雲菴爲棲霞宮，以霄外主之」，〔註14〕等等。

<h2 style="text-align:center">三</h2>

道教在吳越國的發展，其影響和意義是多方面的。

首先，在軍事方面，統治者利用將士的宗教意識、情感，製造種種「神助」假象，以此激勵士氣，克敵制勝。錢鏐在領兵作戰過程中，曾多次製造「神助」故事，以激勵士氣；並在修建各路神廟活動中，錢鏐也常親自執筆，書寫碑記，將其軍事成就歸功於神助。這些碑記，實際上是吳越國統治者對將士、民眾的宣傳工具。其後的吳越國統治者也沒有輕易放棄這一「法寶」。例如，青龍、白虎皆爲道教信奉的神靈，簡稱龍、虎，與朱雀、玄武合稱四方之神。道教宮觀常將龍、虎作爲守衛山門的神將，又稱「監兵神君」。但龍、虎不可能以實形存在，不可能人皆可目睹，於是，龍、虎又常以虛幻的「氣」的形式出現，通神者才可看見。吳越國軍事統治者常用龍、虎神靈助祐以激勵士氣。如，乾化三年（913）四月，淮南將李濤率兵二萬寇犯吳越，錢鏐遣其子錢元瓘率師抵禦。《吳越備史》卷三載：「是行也，王（錢元瓘）營中有氣如龍虎之狀，賊中望之曰：『此霸者之氣也。』」這則神話大約是錢元瓘利用術士或敵方叛兵降卒炮製的，旨在說明吳越軍隊得到了龍、虎二「監兵神君」所率天兵的助祐。結果吳越軍將士作戰勇猛。淮南軍戰敗，損兵八千，李濤成擒。貞明五年（919）三月，錢元瓘奉命率水師攻淮南。爲激勵士氣，錢元瓘將大小戰艦500艘「皆刻龍形」，自東洲（今江蘇啓東縣北呂鎮一帶）發艦趨淮甸。此戰戰果輝煌：「斬其將百勝軍使彭彥章，獲士卒七千餘人，賊船四百餘艘，餘皆焚之，其斬馘之甚自江及岸數十里皆殷焉」。據載，「是行也，舟次狼山江之石碑灣，有石幢，大署其文曰：『向後有木龍五百至此』。」〔註15〕石幢上的文字，顯然是錢元瓘事前派人刻寫的。其軍見之，必然以爲這是神的啓示，深信「木龍五百」正是指吳越水師，吳越水師是天兵天將附

〔註12〕《十國春秋》卷89，《張契眞傳》，第1295頁。
〔註13〕《十國春秋》卷89，《暨齊物傳》，第1295頁。
〔註14〕《十國春秋》卷89，《朱霄外傳》，第1295頁。
〔註15〕《吳越備史》卷3。

體，必定所向無敵。這對於激勵吳越水師士氣，瓦解敵軍士氣無疑具有積極意義。這或許是吳越水師大勝，淮南軍慘敗的其中原因之一。《吳越備史》卷三還記載：開運三年（946）十月，淮南軍乘閩國內亂入寇閩國福州。福州節度使李弘義向鄰國吳越國求援。吳越國擔心「唇亡齒寒」而決定出師應援。「是行也，宿衛衣錦軍武肅王廟庭者聞甲馬號令之聲，凡數夕而止。及接戰，閩、淮人視王師（吳越軍）周遍郊野，人皆丈餘，蓋靈助也。」這則神話大約也是吳越軍事統帥授意宿衛衣錦軍武肅王廟庭者製造的。武肅王錢鏐生前大力扶持道教，死後自然成了能調遣道教天兵天將的吳越國的保護神。神話虛構錢鏐神靈召來天兵天將協助吳越軍破敵，大大鼓舞了士氣，故能克敵制勝。

其次，在政治方面，道教對吳越國統治集團成員的浸染，有利於吏治的清明及緩解宗室的權力之爭。吳越國推行扶持道教的政策，使道教在吳越國獲得顯著發展。吳越國統治者，包括國王、后妃、宗室、官員，都或多或少地與道士有接觸，都或顯或隱地受道教思想的影響，反映在政治活動中，就是他們淡化了權力的欲望，減少了權力之爭，對促進吏治清明有一定的積極意義。

吳越國順德太夫人吳氏是一位受道教影響較深的女性。據載，她「性慈惠而節儉，頗向黃老學，居常被（披）道士服，餘皆布練而已。每聞王（忠懿王錢俶）決斷政事，有及重刑者，夫人常頻蹙，以仁恕為言。諸吳將有遷授，皆峻阻之。及其入對，多加訓勵，有過失必面責之。故諸吳終夫人之世不甚驕恣。」〔註16〕仁恕既是儒家學說，又是道教教義。錢俶行仁德之政，其中有吳氏的影響。另外，與封建時代那些千方百計利用自己的裙帶關係為親屬謀地位爭權力的后妃不同，吳氏卻「峻阻」（極力阻止）其親屬的「遷授」，並嚴加「訓勵」，有過必責。吳越國無外戚之患，亦有受道教思想影響而淡薄功名權力的吳氏一份功勞。

吳越國錢氏宗室中，酷好道教而淡漠權位者也不乏其人。如，錢弘僔，錢元瓘第五子，生時，因錢元瓘年近四十而家嗣未建，因而對弘僔「特所鍾愛」，累奏授兩浙副大使、杲州團練使。後被立為世子，有繼位之資。但王位對錢弘僔缺乏吸引力。他「將薨，乃題所居屏障曰：『四月二十九日大會群仙』，凡題數處。及期，果薨，年方十六歲。」後文穆王錢元瓘以世子府為瑤臺院。〔註17〕英年早逝，於常人看來是痛苦可惜的，而在錢弘僔看來，死亡即是成仙，此後

〔註16〕《吳越備史》卷4。
〔註17〕《吳越備史》卷3。

可與群仙聚會，其樂無窮。可見其受道教思想影響不淺，權位意識淡薄。又據
《吳郡圖經續記》卷下《冢墓》記載：錢文奉「涉獵經史，好賓客，飲兼數人，
常乘白騾，披鶴氅，泛舟池中，遠近聞賓客笑語聲，則就飲為樂。」另據《吳
郡志》卷 11《牧守》：錢文奉「涉獵經史，精音律、圖緯、醫藥、鞠弈之藝，
皆冠絕一時。……有鑒裁，禮下賢能，士負才藝者多依之。作南園、東莊，為
吳中之勝。多聚法書、名畫、寶玩、雅器，號稱好事」。錢文奉常在東莊、南園，
「極園池之賞……晚年經度不已，每燕集其間，任客所適」。〔註18〕錢文奉不戀
利祿，只鍾情典籍學術，完全寄情山水之中，「乘白騾，披鶴氅」，不是神仙，
勝似神仙。這些宗室寄情仙道，看似消極無為，勞民傷財，謂之庸官似未嘗不
可；但如果我們放眼同時期其他割據政權，如馬楚、王閩、南漢，國內宗室覬
覦王位，互相猜忌，同室操戈，慘無人道，不僅血濺宮廷，而且國內動亂，兵
變相斷而起，鄰國乘虛而入，以致君亡國滅，則吳越國宗室這種疏遠權力，無
爭無競，惟熱衷山水、仙道，便顯出其積極的意義來了。道教還為政治失敗者
提供了一個寄託精神的「港灣」。如，吳越國第四位國王 —— 忠遜王錢弘倧是
一位「廢王」，在位僅半年，天福十二年（947）十二月，吳越國內牙統軍使胡
進思等發動叛亂，將其廢黜，另立忠懿王錢俶。胡進思多次想加害廢王，均被
錢俶阻止。廢王生存，無疑對在位之王的地位、權力構成了威脅。如何解決存
兄弟和安王位這二者的矛盾？錢俶的處置是：「命東府以官物充（廢）王取給；
西寢之後，即臥龍山，為王置園亭於上，栽植花木，周遍高下，遇良辰美景，
王被道士服，擁伎樂，且暮登賞」，〔註19〕在良辰美景的賞心悅目及神仙相伴的
夢幻中了卻餘生，權位已置之度外。

　　吳越國一些著名的士大夫，原來就與道士有著密切關係，或本身曾為道
士。如皮光業、林昇、羅隱等，原與韓必、吳崧、何肅、吳琪、吳瑣等道士同
隱長城八座山，號「八友」，後或隱或仕，各奔前程。〔註20〕其中，皮光業就
是一位深受道教思想影響，清廉耿介，隱在朝市的受民愛戴的官員。皮光業曾
拜名道閭丘方遠為師學習子書，與之關係密切，深受道教義理薰染，被當時吳
越民眾視為活神仙。據載，後梁之主朱氏選錢鏐子錢傳珍為駙馬都尉，錢鏐命
皮光業護送傳珍至京師。「及回，至靖海，光業舅滕文規為山陰令，日暝遽見

〔註18〕范成大：《吳郡志》卷 14《園亭》，叢書集成初編本。
〔註19〕《十國春秋》卷 80，《忠遜王世家》，第 1144 頁。
〔註20〕《十國春秋》卷 89，《韓必、吳崧傳》，第 1294 頁。

黃衣吏報曰：『皮補闕今日已及靖海。』文規詰之，遂失所在。」錢元瓘繼位，命皮光業知東府（越州，今浙江會稽）事，此事亦被時人附會成神話：「初，光業旅遊會稽，有神降於里巷。光業往視之。神遂不語。及去，眾詰之（按，指神），曰：『皮秀才來，神何不語？』（神）答曰：『皮秀才此土地主，我小神，不當見之。』至是果驗。」〔註21〕彷彿皮光業知東府事是上天之神早就決定了的。可見在當時吳越人眼裏，皮光業不是凡俗之人，而是神仙下凡。歷史上，不是深得民心又清廉自守的封建官吏不會被民眾傳爲神仙。

再次，從文化方面說，促進了文化（尤其是道教文化）的發展。雲集吳越國的道士中，不乏學識淵博者。他們或成爲文人士大夫仰慕求學的對象，如上述皮光業曾拜閭丘方遠爲師；道士錢朗少以五經登科，仕唐累官至光祿卿，唐末歸隱廬山，「武肅王（錢鏐）延至西府（杭州），以師禮事之」；〔註22〕或專心收藏、整理道教典籍，著書立說宏揚道教教義，如杭州人暨齊物，曾師玉清觀朱君緒，受法籙神符秘方，後入大滌山依巖洞爲室，「又構垂象樓，貯道書幾千卷，朝夕討論，貫穿精微，聽者莫不忘倦」，〔註23〕對道藏的保存及道教教義的傳播，都有很大貢獻。一些吳越國詩人還常從道教學說中取材，抒寫對社會，對人生的感懷。如名臣羅隱譏諷高駢迷信道士、神仙而導致滅亡而作《后土廟》，其中詩句有云：「九天元（玄）女猶無聖，后土夫人豈有靈？」「韋郎年少知何在？端坐思量《太白經》」。〔註24〕「后土」俗稱土地神；「九天元（玄）女」，俗稱九天娘娘，均爲道教神名；「無聖」，不靈。羅隱另有《送竈詩》云：「一盞清茶一縷煙，竈君皇帝上青天。玉皇若問人間事，爲道文章不值錢。」諷刺當時文人懷才不遇的社會現實。〔註25〕

總而言之，重視宗教，道、佛並重是五代時期割據東南一隅的吳越國自始至終貫徹執行的一項宗教政策。僅就道教而言，由於吳越國締造之君錢鏐對道教的高度重視，延請禮敬名道，不惜支付鉅資修整戰亂破壞的道教宮觀，使道士雲集，令一度衰落的道教得以振興。道教對吳越國的歷史有重要的影響。在五代十國這樣一個戰亂、破壞的時代，吳越國卻以社會穩定、政治清

〔註21〕《吳越備史》卷3。
〔註22〕《十國春秋》卷89，《錢朗傳》，第1293頁。
〔註23〕《十國春秋》卷89，《暨齊物傳》，第1295頁。
〔註24〕陳順烈等選注《五代詩選・吳越》，上海古籍出版社，1988年，第257頁。
〔註25〕王士禎原編《五代詩話》5卷，《羅隱》，人民文學出版社，1989年，第230頁。

明、經濟發展、文化昌盛而令人關注,其成因何在?我們可以從不同角度加以探討,見仁見智;但筆者認為,道教作為一種土生土長並有深厚群眾根基的宗教,在其中是起了積極作用的。

二、略論五代軍事叛亂

摘　要

　　五代是一個軍事叛亂頻繁發生的歷史時期。誘發這一時期軍事叛亂頻繁發生的原因，既有表面層次諸因素，更有深刻的制度性根源。對於軍事叛亂，五代統治者常以殘酷殺戮的族誅處治叛亂者，但這並未能遏制軍事叛亂的接連發生。至後周、北宋，採取相應的軍事、政治措施，剷除了方鎮賴以生存的條件，軍事叛亂才基本消聲匿迹。

關鍵詞：五代；十國；軍事叛亂

　　五代是個分裂、割據，戰爭連綿的時代。戰爭，一是敵對政權之間的戰爭，二是同一政權或軍事集團內部的軍事叛亂與平叛戰爭。連綿戰爭（尤其是內部的軍事叛亂與平叛戰爭）使中原五個王朝（後梁、後唐、後晉、後漢、後周）都祚運不長，或十餘年，或僅數年，即君死國滅。割據於周邊地區的十國（吳、南唐、吳越、閩、楚、南漢、北漢、前蜀、後蜀、南平），就政權存在的時間而言，雖多比中原政權爲長，但實際上，十國之間除了爲爭奪城池，擴大統治領域而進行的掠地之戰外，也不乏政權內部因種種原因而發生的軍事叛亂。鄭學檬先生即明確指出：「五代時期各國安定有序的時間並不長，也就是堪稱治世的時間一般較短，大多數時間屬於小亂紛紛，大亂偶有的不穩定時期。」〔註1〕這裡所說的「亂」，主要是軍事叛亂。

　　縱觀中國古代其他分裂割據時代，如春秋戰國、魏晉南北朝、宋、遼、夏、金等時期，敵對政權之間的戰爭雖多，而政權內部的軍事叛亂則似乎遠不能與五代十國時期相比。其中原因何在，實值得我們史學研究者們探索、思考。

一、五代軍事叛亂的誘因

　　筆者認爲，誘發五代時期軍事叛亂頻繁發生的原因，既有表顯層次諸因素，更有其深刻的制度性根源。從表層因素來說，誘發五代時期頻繁軍事叛亂的原因主要有：

1、覬覦皇（王）位，爭奪皇（王）權

　　在封建時代，皇（王）位皇（王）權至高無上，因而不僅成爲宗室，同時也成爲擁有較強軍事勢力的將領覬覦、爭奪的目標。在中央集權力量削弱，地方權重，尾大不掉的時代，這種對於皇（王）位、皇（王）權的覬覦、爭奪更具公開性。加之五代時期，不少將領就是乘時際會，登上皇帝寶座的，如晉軍事集團中，曾有五位將領先後登上「九五之尊」：李存勗（後唐莊宗）、李嗣源（後唐明宗）、李從珂（後唐廢帝）、石敬瑭（後晉高祖）、劉知遠（後漢高祖）。史評家趙翼曾感歎道：「唐莊宗、明宗、廢帝、晉高祖、漢高祖，皆在行間，一軍共有五帝，此古來未有之奇也。」〔註2〕在這樣的歷史背景下，儒學衰微，人們的三綱五常倫理道德淪喪，皇帝頭上的光環已黯然失色。在

〔註1〕鄭學檬：《五代十國史研究》，第14頁。
〔註2〕趙翼：《廿二史箚記》，卷二十二，「一軍中有五帝」條。

人們，尤其在手握兵柄的領將看來，皇帝並非上天命定的，誰都有資格做皇帝，關鍵在於是否具有勢力，或爭奪的時機是否掌握恰當。後晉朝成德軍節度使安重榮曾直言不諱地說：「天子寧有種邪？兵強馬壯者爲之爾！」〔註3〕一語道出了當時許多領將的心思。在這種思想的影響下，宗室（諸王）、將帥起兵反叛，企圖奪取皇權，便屬自然而然之事。此類叛亂多發生於在位之君臨死或新死，皇位處於交接之際。

後梁太祖朱溫臨終，諸子（王）朱友文、朱友珪、朱友貞因爲爭奪皇權，就演變成兵亂。朱溫長子朱友裕早死，次爲友文，朱溫特愛之，欲以皇位授之。但朱友文爲假子，因而爲朱友珪、朱友貞所不服。朱友珪於是發動了兵變。史載，朱友珪易服微行入左龍虎軍，見統軍韓勍。韓勍考慮到助朱友珪奪得皇位，自己可以因此獲得政治資本和利益，便以牙兵五百從朱友珪雜控鶴士入禁中，於中夜斬關入，弒朱溫。朱友珪奪得帝位。

後唐末年發生的秦王李從榮及潞王李從珂以及大將石敬瑭的叛亂，其目的都是爭奪皇權。明宗李嗣源在位時，以次子李從榮（長子李從璟已死）爲天下兵馬大元帥，封秦王，爲皇儲。但他不遵禮法，好昵群小，常受朝中大臣指責規諫，與大臣關係較僵。明宗病危，李從榮擔心皇位不保，遂舉兵犯宮室，欲先控制大臣，結果兵敗而死。明宗死後，第三子李從厚繼位，是爲閔帝。閔帝雖有德行，但因年少，軍國大政由權臣朱弘昭等把持。李從珂雖爲明宗養子，但追隨明宗征戰，出生入死，戰功顯赫，頗得明宗及莊宗讚賞，因而對從厚繼位不服，興兵叛亂，奪取了帝位，是爲末帝。石敬瑭爲與明宗李嗣源並肩作戰多年的晉大將，功高望重，後唐末年更是被後唐朝廷倚爲禦邊支柱。後唐以石敬瑭爲河東節度使兼大同、彰國、振武、威塞等軍蕃漢馬步總管、檢校太師、兼中書令、駙馬都尉，進封趙國公，擁重兵屯駐於北邊，力量雄盛，非他將可比。既擁有如此雄厚的政治、軍事「資本」，石敬瑭當然不甘心皇位爲明宗養子李從珂所佔據而向之俯首稱臣。於是，當李從珂企圖遷徙石敬瑭，調虎離山時，石敬瑭即與北方契丹族勾結，興兵反叛，奪取了皇位，建立後晉王朝。在前蜀國，皇太子王元膺也曾爲爭奪皇權而策動兵變，兵敗而死。

除皇權外，在向中原王朝稱臣的諸割據政權中，爲爭奪王位王權，同樣爆發了眾多的軍事叛亂。如，楚國自文昭王馬希範死後，朝臣分爲兩派。一

〔註3〕《新五代史》，第583頁。

派欲立馬希廣，另一派欲立馬希萼。終於馬希廣被扶立。馬希萼於是「大怒，興師爭國」，發兵攻陷長沙，自稱楚王。〔註 4〕閩國延綿不絕的軍事叛亂，無不是圍繞皇（王）權的爭奪而展開的。

正如史評家王夫之所言：「自唐以來，強臣擅兵以思篡奪者相沿成習，無有寧歲久矣……延及於石（敬瑭）、劉（知遠）之代，而無人不思爲天子矣。安重榮、安從進、楊光遠、杜重威、張彥澤、李守貞雖先後授首，而主臣蹀（喋）血以竟雌雄，敗則族，勝則帝，皆僥倖於不可知之數」；「位樞密，任節鎮者，人無不以天子爲可弋獲之飛蟲，敗者成者，乍成而旋敗者，相踵以興，無歲而兵戈得息」。〔註 5〕

2、政治敗壞導致的叛亂

君主或將帥政治敗壞，作風惡劣，常常也是誘發軍事叛亂的一個原因。

後唐莊宗在位僅三年，即在軍事叛亂中被弒。叛亂的發生是莊宗「失政」所致。莊宗自即帝位始，即寵任群小，造成皇后、宦官、伶人專政的局面。這些小人、姦人肆無忌憚地收受賄賂，甚至公然向朝廷官員（包括宰相）及在外的將帥索賄，敲詐勒索。能滿足其欲求者則爲之謀官職，免罪過，否則造謠中傷，必欲置之死地而後快。河中節度使李繼麟（原名朱友謙）是後唐大將，曾爲後唐立國立下汗馬功勞，與莊宗關係親密，頗受寵幸，因而獲賜姓名。宦官、伶人多次向他索賄，未能如願，便構陷其謀反，唆使莊宗發兵討之，族滅朱友謙及其眾將領，並籍沒家產。樞密使郭崇韜率軍滅前蜀，功高蓋世，也在宦官、伶人的誣陷之下慘遭滅族之災！正直無辜的大臣、將領相繼含冤被族滅，使後唐將帥大臣人心危懼。不久，貝州軍士作亂，諸軍大掠，攻佔鄴城，推趙在禮爲首，以抗衡官軍。接著，平蜀大將康延孝又率眾反叛；邢州左右步直軍四百人也據城反叛。在叛亂蠭起之際，後唐莊宗命大將李嗣源統親軍赴鄴城平叛，結果親軍又反叛，脅迫李嗣源爲帝，是爲後唐明宗。政治敗壞，忠良冤死，將士人心惶恐，蠢蠢欲動，一人倡亂，眾人隨之，毫不出人意外。

在藩鎮，也有因爲鎮帥政治敗壞而激發軍隊叛亂之事。成德軍節度使、趙王王鎔，史載其「仁而不武，征伐出於下，特以作藩數世，控制四方，高屏塵務，不親軍政，多以閹人秉權，出納決斷，悉聽所爲。皆雕靡第舍，崇

〔註 4〕《十國春秋》，第 968 頁。
〔註 5〕王夫之：《讀通鑑論》卷 30，第 1080 頁、1088 頁。

飾園池，植奇花異草，遞相誇尚。人士褒衣博帶，高車大蓋，以事嬉遊，藩府之中，當時為盛。」王鎔還惑於左道，專求長生不死，常聚集道士，合煉仙丹，或講說佛經，親受符籙，增置宮觀館宇，雕飾土木，常從道士登山臨水，訪求仙迹。每次出遊，常至數月不歸，百姓勞弊，怨聲載道。一次遊西山，樂而忘返。親軍偏將蘇漢衡率兵擐甲對王鎔進行「兵諫」，並殺其寵幸的宦官石希蒙。王鎔回歸後，對「兵諫」將士秋後算帳，結果激怒軍士，起而殺王鎔，焚其府第，煙焰衝天，兵士大亂。王氏一族在叛亂中被殺殆盡。〔註6〕

南方楚國發生的軍事叛亂，既是諸王爭國的結果，又與政治腐敗有關。據載，在馬希萼執楚國政時，軍政由其弟馬希崇執掌。馬希萼「剛狠無禮」，馬希崇「性尤狡險」。馬希萼「既得志，多思舊怨，殺戮無度，縱酒荒淫，悉以軍府事委希崇，希崇復多私曲，刑政紊亂，朗州舊將亦頗為離心。」馬希萼以府舍焚蕩，命朗州兵治宮室，勞苦而無犒賞，由此引發兵叛，馬希萼被囚。〔註7〕

3、利益受損而反叛

五代時期，方鎮擁有自己的經濟利益。這是它們得以獨立、割據、反叛的基礎。如後唐莊宗時，義武軍所轄祁、易二州，「不進戶口，租賦自贍本軍」〔註8〕；後唐朝末帝時，房知溫鎮青州，「厚斂不已，積貨數百萬。」〔註9〕後晉范延光為鄴都留守，「故魏博六州之賦，無半錢上供」〔註10〕這種「不進戶口，租賦自贍本軍」的狀況，並非個別現象，而是具有普遍性。但因為這是歷史遺留的問題，是藩鎮制度的必然結果，故五代各朝君主都不得不姑息之，默認之。在這樣的背景之下，一旦藩鎮利益受到損害，它們與中央的矛盾便趨於激化，常常演變成軍事叛亂。

後梁末年發生的影響重大的魏博軍事叛亂，即緣起於權益受損。自唐末以來，魏博藩鎮即地大兵強，桀驁不馴，成為唐朝廷及其後的後梁政權的心腹之患。但因為根深蒂固，皇權始終未能動搖魏博鎮的地位與利益，唯有姑息之。後梁貞明元年（915），魏博節度使揚師厚薨。後梁朝廷認為這是削弱魏博藩鎮力量而加強皇權的天賜良機。租庸使趙巖等為後梁末帝謀劃曰：「魏

〔註6〕《舊五代史》，第729～730頁。
〔註7〕《十國春秋》，第969頁。
〔註8〕《舊五代史》，第732頁。
〔註9〕《舊五代史》，第1197頁。
〔註10〕《舊五代史》，第1287頁。

博為唐腹心之蠹，二百餘年不能除去者，以其地廣兵強之故也。羅紹威、楊師厚據之，朝廷皆不能制。陛下不乘此時為之計，所謂『彈疽不嚴，必將復聚』，安知來者不為師厚乎！宜分六州為兩鎮以弱其權。」建議將魏博一分為二，以為如此則可無後顧之憂了。後梁末帝以為然，於是將魏博鎮分為天雄軍、昭德軍。事實上，魏博鎮在當時猶如一個長年累月營造而成的巨大的馬蜂窩，雖有潛在威脅，但當自身利益未受嚴重損害，尚不至於生變，然而，後梁統治者錯誤估計了形勢，對之實行大刀闊斧的整改。這猶如貿然捅破了馬蜂窩，遭馬蜂瘋狂襲擊，實屬必然。當時，魏博一分為二，府庫被檢察，軍士分屬二軍，姻族須辭訣，魏博軍士極不滿：「魏兵相與謀曰：『朝廷忌吾軍府強盛，欲設策使之殘破耳。吾六州歷代藩鎮，兵未嘗遠出河門，一旦骨肉流離，生不如死。』是夕，軍亂，縱火大掠」。〔註11〕叛軍舉鎮向後梁勁敵晉王投誠。魏博因而為晉所有。

　　方鎮利益受到損害有可能引致軍隊叛亂，士卒利益受到損害同樣有可能挑動或脅迫將領共同反叛。尤其是當朝廷徵調某地守軍戍邊時，因為戍邊較駐守內地生活更艱苦，一旦戰死，將葬身異鄉，因而被一些軍士視為畏途，寧可反叛也不願奉命。後唐同光二年（924）四月，有詔徵潞州兵三萬人戍涿州。「將發，其眾謀曰：『我輩事故使（指已故昭義軍節度使李嗣昭）二十年，衣食豐足，未嘗邊塞征行，苟於邊上差跌，白骨何歸？不如據城自固，事成則富貴耳。』因聚徒百餘輩，攻子城東門，城中大擾」。潞州小校楊立自稱留後，率軍民上表請授旄節。後唐朝廷命大將李嗣源與李繼珂統軍攻討，一月苦戰拔之，叛亂將士被送於闕下，皆磔於市。〔註12〕閩國發生親軍叛亂，也是緣於利益受損。閩國在康宗即位以前，君主已豢養了控宸、控鶴兩支親軍，待遇優厚。及至康宗即位，「初，帝（康宗）募勇士二千人為腹心，號宸衛都，賜予給賞獨厚於控宸、控鶴二都，或言二都怨望，將為亂，帝欲分隸漳、泉二州，二都益怨望。控宸軍使朱文進、控鶴軍使連重遇又數為帝所侮慢，內懷不平，常以微言激其軍」。最後，連重遇率二都兵焚長春宮作亂。〔註13〕

4、心懷疑懼而反

　　古語說，位高者震主，功高者身危。將領擁有豐功偉績，享有崇高權位，

〔註11〕《資治通鑑》，第8786～8787頁。

〔註12〕《舊五代史》，第972頁。

〔註13〕《十國春秋》，第1332～1333頁。

一方面得君主寵幸，另一方面又受君主猜疑。君主為著自己皇權的鞏固，尤其是憂慮身後其子嗣難以控御這些功高位崇之將，因而常常尋機、尋藉口誅滅之，以除後患。僅以後梁之主朱溫為例：驍將鄧季筠、王文靖屢立戰功，威震中原，朱溫忌其能，閱馬時以馬瘦為藉口而殺之；將領李重允、李讜以違抗軍令被斬；養子朱友恭、宿將氏叔琮受朱溫密令殺唐昭宗，事後被朱溫殺之滅口；悍將朱珍以擅殺被處死，等等。「雖然他們中確有應當處死者，但朱全忠（溫）忌才害能，藉故殺戮，終於導致上下離心，（後）梁將擁兵叛離者，接踵出現。」〔註14〕事實上，嫉妒將領，尋藉口誅戮之，是五代時期許多君主、軍閥司空見慣的表現。另外，五代時期濫刑又是一個突出的特點，一將領被誅，常常禍及整族，即所謂「族誅」。許多曾獲得君主頒發鐵券，許以犯罪不殺的將領，最終也未能例外。正如史評家趙翼所言：「五代亂世，本無刑章，視人命如草芥，動以族誅為事」；「民之生於是時，不知如何措手足也。」〔註15〕既如此，功高望重的將領自然不免時刻心懷疑懼，彷彿處處可見殺機。他們不願束手待斃，稍有風吹草動即鋌而走險，稱兵叛亂，也實屬自然而然之事。以下輒舉數例以管中窺豹。

後梁大同節度使劉知俊，「姿貌雄偉，倜儻有大志」，曾事徐帥時溥，為列校，「時溥甚器之，後以勇略見忌」。劉知俊不得已叛附朱溫。因其「勇冠諸軍」，頗受朱溫寵幸。劉知俊從朱溫討秦宗權及攻徐州，皆有功；攻海州又下之；又從平青州，以功授同州節度使。天祐三年（907），劉知俊以兵五千破岐軍六萬於美原，自是連克鄜、延等五州。劉知俊功高位重，已受朱溫疑忌；會祐國軍節度使王重師無罪被誅，「知俊不自安，乃據同州叛」。朱溫曾遣近臣喻之曰：「朕待卿甚厚，何相負耶？」劉知俊回答：「臣非背德，但畏死耳！王重師不負陛下，而致族滅！」劉知俊投奔後梁的敵對勢力岐軍，在軍事上對岐軍多有貢獻。然而也正因為如此，劉知俊同樣受到岐帥李茂貞的猜疑，並一度免其軍權，軟禁於岐下，後因李茂貞之子李繼崇勸說，才讓他恢復將領職位。劉知俊因受猜疑又投奔蜀王王建，但終究未能擺脫統治者的猜疑。王建「雖加寵待，然亦忌之」，擔心自己死後其後嗣無法駕御，臨死前捕殺了劉知俊。〔註16〕

〔註14〕陶懋炳：《五代史略》，第53頁。
〔註15〕《廿二史劄記》卷22，頁296頁。
〔註16〕《舊五代史》，第178～180頁。

後唐朝，樞密使郭崇韜為莊宗最倚信的大臣，將領朱友謙是莊宗最寵幸的大將。郭崇韜在後唐出師滅前蜀的戰役中功勳最高，就因為其對伶人、宦官干政不滿，遭伶人、宦官構陷，被族誅；朱友謙也因為無法滿足伶人、宦官的不斷索賄而遭滅族之災。在此背景下，滅蜀戰役中另一功高將領康延孝自然難免心懷疑懼，因而舉兵反叛，並由此引發後唐一連串的軍事叛亂。

後漢朝杜重威、李守貞、王景崇、趙思綰的反叛，都是疑懼所致。杜重威是後晉大將，後晉末年肩負抗擊契丹入犯的重任，卻在戰爭中消極避戰，最後率十萬漢軍向契丹投降，是後晉亡國的罪魁禍首。劉知遠入洛陽，建立後漢王朝，杜重威雖被授為宋州節度使，加守太尉，但自知罪大惡極，軍民共憤，只得閉城拒命。李守貞亦為後晉大將，亦降契丹。後漢初，雖授太保，移鎮河中，但內心不自安。及至杜重威被誅，李守貞疑懼，乃潛畜異計，繕兵甲，晝夜不息，終至據城反叛。後漢隱帝在詔書中也提到：「河府李守貞、鳳翔王景崇、永興趙思綰等，比（最近）與國家素無釁釁，偶因疑懼，遂致叛違」。〔註17〕

當然，迷信思想對五代時期的軍事叛亂也有一定的影響，誠為重要推手之一。它使一些擁有一定實力的將領對虛無縹緲的為帝為王的美好「前景」深信不疑。這進一步刺激了某些將領的狂妄或猜疑之心，而最終招致反叛。後唐末年潞王李從珂反叛奪取皇位，即與身邊相士的蠱惑有關。史載，李從珂身邊有一相士王安節，自稱得相術於奇士，曾說潞王李從珂「真北方天王相也，位當為天子」；另有一瞽者張濛，自言知術數，初至潞王府，聞潞王語聲，「駭然曰：『非人臣也』。」〔註18〕這些術士之言，使李從珂深信自己「非人臣」、「當為天子」，因而更堅定了反叛之志。又如「安重榮出鎮，常懷不軌之計久矣，但未發。居無何，殿中產朱鬃白馬，有鴉生五色雛，以為鳳，乃欣然謂天命在己，遂以兵反。」〔註19〕經術士一番吹噓，自以為真有天子之命，因而義無反顧地興兵反叛的還有後唐朝官至樞密使、加同平章事的范延光、後晉朝大將楊光遠、後漢朝李守貞等。其實，對當時許多軍閥、將領動輒吹噓其有帝王相、天子命，是許多術士投靠統治者，以求得器重、信賴的慣用伎倆之一，但他們從來沒有考慮過，也不會顧及他們的胡言亂語將會

〔註17〕《舊五代史》，第 1356 頁。

〔註18〕《舊五代史》，第 626、631 頁。

〔註19〕陶岳：《五代史補》，「安重榮叛」條。

造成怎樣的社會惡果。

二、五代軍事叛亂的危害

軍事叛亂頻生是五代之所以成為動蕩時世以及民不聊生的重要根源。

首先，叛亂令無數無辜民眾遭殃，生產遭受嚴重破壞。叛亂多為軍隊積憤而發，因而叛亂後，叛軍常將無辜民眾當作發泄不滿及怨恨的對象而大肆屠戮之。如前述魏博鎮軍隊叛亂時，「魏之士庶被屠戮者不可勝紀」。〔註 20〕後梁龍德元年（921），陳州刺史、惠王朱友能反，後梁出師征討。平叛後，「敕開封府太康、襄邑、雍丘三縣，遭陳州賊軍奔衝，其夏稅只據見（現）苗輸納」。〔註 21〕可見叛亂及平叛戰爭對三州的嚴重摧殘。汴、晉爭衡時，晉澤、潞二州叛亂，衛州、黎陽為後梁所據，「州以西，相（州）以南，寇鈔日至，編戶流亡，計其軍賦，不支半年」，〔註 22〕以至許多晉將認為形勢極不利，主張與後梁劃河為界，休兵分治。

叛軍據城反叛，全城之民都難免遭殃。一些將領反叛後，常常於心不安、疑神疑鬼，動輒殺戮無辜。如鎮州張文禮叛亂後「行步動息，皆不自安。出則千餘人露刃相隨，日殺不辜，道路以目」。〔註 23〕叛將以「日殺不辜」立威，企圖震懾軍士民眾，以此增強「凝聚力」。趙思綰據永興叛，數月後，「城中食盡，殺人而食，每犒宴，殺人數百，庖宰一如羊豕。思綰取其膽以酒吞之，語其下曰：『食膽至千，則勇無敵矣！』」〔註 24〕面臨絕境的叛亂者已喪盡理性、人性，如禽獸一般，將城中無辜平民當作俎上魚肉，任其宰割！叛軍閉城抗拒官軍，時間常長達數月、一年以至數年。城中食盡，常常以人為食。如後晉末年楊光遠叛，自開運元年（944）三月至十一月，「城中人民相食將盡」。〔註 25〕後漢朝杜重威據鄴城叛，為官軍征討，「城中糧盡，屑麯餅以給軍士，吏民逾壘而出者甚眾，皆無人色」。至叛亂被平定，「鄴城士庶，殍殕者十之六七。」〔註 26〕後漢朝平定「三叛連衡」之役，歷時近一年半，不僅是城內

〔註 20〕《舊五代史》，第 121 頁。
〔註 21〕《舊五代史》，第 147 頁。
〔註 22〕《舊五代史》，第 407 頁。
〔註 23〕《舊五代史》，第 830 頁。
〔註 24〕《新五代史》，第 606 頁。
〔註 25〕《舊五代史》，第 1293 頁。
〔註 26〕《舊五代史》，第 1436 頁。

之民，鄰近廣大地區之民都牽連遭禍。三叛被平定後，朝庭「分命使臣赴永興、鳳翔、河中，收葬用兵已（以）來所在骸骨，時已有僧聚骷髏二十萬矣。」〔註27〕在平叛中，鄰近地區廣大民眾因戰爭而需額外承擔繁重的賦役。後漢隱帝曾在詔書中說：「然以彼（指河中、鳳翔、永興三城）之生靈，朕之赤子，久陷孤壘，可念非辜，易子析骸，填溝委壑，爲人父母，寧不軫傷！」又謂：「征討以來，勞役滋甚，兵猶在野，民未息肩，急賦繁徵，財殫力匱。矜恤之澤，未被於疲羸；愁歎之聲，幾盈於道路。」〔註28〕另外，叛亂發生之時，且不說城內之民遭受叛軍剽掠，被脅迫助叛軍守城作戰，充當擋箭牌；平叛後，城中民眾還常常被朝庭視爲與叛軍沆瀣一氣，因而慘遭官軍屠戮，「盡戮之」、「橫屍於野」、「無噍類」之類記載於史籍中觸目可見。叛亂得逞後，叛將還常常號令搜刮民財以犒其軍。或平叛官軍軍備器械不足，需向民眾括馬，或詔民若干戶出一兵，器甲自備。由於叛亂頻繁發生，對封建統治造成的危害極大，爲統治者所深惡痛絕，因而，「謀亂」便成了官場上或社會上政治鬥爭或利害之爭中，一些姦人誣陷對方的最佳藉口。後唐功臣郭崇韜、朱友謙都因爲被伶人、宦官誣以「謀反」而被滅族，甚至有不少奴僕誣陷主人「謀反」而使主人遭受滅頂之災的。所有這些，都是叛亂給民眾直接或間接造成的禍害。

其次，叛亂活動加劇了北方強悍的契丹族南侵對中原地區造成的禍患。唐末五代時期，中原地區戰亂不已，北方契丹族乘時崛起，兼併了周邊各民族、部落、氏族，成爲雄盛的民族，多次趁中原內戰，無暇他顧之機，傾兵南下，燒殺擄掠，對中原地區造成了極大的破壞。而一些叛亂勢力爲苟延殘喘，常置民族利益和民眾生命、財產安危於不顧，動輒勾引契丹南下擄掠，以干擾官軍的平叛戰爭。如晉軍會兵攻伐叛亂的鎮州張文禮時，王郁即誘契丹阿保機出兵寇幽州。王郁對契丹主說：「鎮州美女如雲，金帛似山，天皇（契丹主）速往，則皆爲己物也；不然，則爲晉王所有矣。」阿保機以爲然，於是率眾南下，先後攻陷涿州，又寇定州，並引發了與晉軍的惡戰。後王都據定州叛亂，亦與王郁勾結，引契丹爲援。契丹將禿餒率萬騎來援。後唐末年，石敬瑭反叛，勾結契丹爲援，終至推翻後唐王朝，另建後晉王朝。作爲對契丹援助的報酬，石敬瑭則割讓燕雲十六州之地予契丹，並歲輸鉅額幣帛。自

〔註27〕《舊五代史》，第 1366 頁。
〔註28〕《舊五代史》，第 1356 頁。

此，中原地區失去阻擋契丹入犯的有利地理形勢，契丹南下如履平地，遺害無窮。後晉朝，青州節度使楊光遠反，亦召契丹為援。契丹遣漢降將趙延壽、趙延昭率萬騎為前鋒入寇。

再次，叛亂成為封建王朝衰弱以至滅亡的重要契機。叛亂不僅使封建王朝趨於分裂，在隨後的艱苦的平叛戰爭中，王朝損兵折將嚴重，大大削弱了軍事力量，而且，叛亂勢力還常與邊境強悍民族或敵對政權相勾結，給封建王朝及其統治造成了嚴重的危害。王夫之曾指出：叛亂和平叛戰爭，使封建王朝付出了沉重的代價：「流血成川，民財括盡，以僅夷一叛臣，而叛者又起」；即使叛亂者「幸而伏誅，國亦因是而卒斬（絕，滅）」。〔註29〕

後梁王朝在朱溫執政期間，勢力達於鼎盛；其死後，後梁統治即急劇走向衰落，其中原因，就是叛亂接連發生。自從乾化二年（912）朱友珪兵變奪位之後，統治集團內部爭權奪利的軍事叛亂就接連不斷。貞明元年（915）十月，康王朱友孜反叛，旋伏誅；龍德元年（921），陳州刺史、惠王朱友能又反，舉兵向闕，也以失敗告終。後梁末帝曾在詔書中感歎宗室內爭，反叛不止對王朝統治的嚴重危害，謂：「骨肉之內，竊弄干戈，畿甸之中，輒為陵暴。」〔註30〕另外，魏博鎮的軍亂，又在汴、晉爭衡的「天平」上為晉加上了一個重重的「法碼」。魏博叛軍投附晉軍後，「從征河上，所向有功。」〔註30〕自此，後梁在軍事上形勢急轉直下，直至滅亡。

後唐滅後梁，又滅前蜀，疆域廣大，四方來朝，影響達於鼎盛；但緊接著，軍事叛亂接連發生，莊宗被弒，後唐統治受到沉重打擊。明宗執政期間，勵精圖治，一度出現「小康」之局；但自其死後，諸子爭位，將帥叛變，政權隨之被異姓所奪。後晉朝，石敬瑭「在位七年，而反者六起」，〔註31〕內部軍事叛亂更是此起彼伏。叛亂與平叛耗盡了後晉朝的國力，以至最終無力抵禦契丹的進攻而亡國。後漢朝更是因為大規模的「三叛連衡」而迅速走向崩潰，僅存四年，曇花一現。後周是五代中較有作為的一朝，但最終也被禁軍首領趙匡胤發動陳橋兵變而奪取了政權。

在周邊的割據政權中，軍事叛亂同樣是導致政權滅亡的重要誘因。正如卞孝萱、鄭學檬先生所言：「閩在王氏子孫的內訌中，小人得勢，禁軍專橫，

〔註29〕《讀通鑒論》，卷30，第1080頁。
〔註30〕《舊五代史》，第147頁。
〔註30〕《舊五代史》，第522頁。
〔註31〕《新五代史》，第586頁。

政治腐敗，終於滅亡。」馬氏兄弟（按，指楚國）內訌，使百姓受苦，不僅剝削加重，而且人無寧日，家家戶戶都織草鞋，準備逃難時穿著」〔註32〕兩國均是在內亂之中力量削弱、人心離散而被南方強國南唐乘機出兵所滅。

三、結　語

　　除了以上所述叛亂發生的原因外，當然還有其他原因引發的叛亂；而且，引發叛亂的原因通常並非單一的，而是多種因素的綜合而促成的。

　　對於叛亂的將士，五代統治者通常都是以極其殘酷的「族誅」處置，牽連極廣，動輒數百上千的誅殺。後唐大將朱友謙被告謀反，朝廷族誅之，朱氏家族二百餘口被殺。被族誅的還有朱友謙的屬將。汴州控鶴指揮使張諫叛亂，既伏誅，「收爲亂者三千家，悉誅之」；滑州指揮使于可洪叛亂，平亂後，「斬可洪於都市，其首謀滑州左崇牙全營族誅，助亂者右崇牙兩長劍建平將校百人亦族誅」。〔註33〕盧臺軍亂，平亂後，「敕盧臺亂兵在營家屬並全門處斬。敕至鄴都，闔九指揮之門，驅三千五百家凡萬人於石灰窯，悉斬之，永濟渠爲之變赤」。〔註34〕但無論統治者如何殘酷地殺戮，五代時期軍事叛亂還是接連發生，其故何在？

　　其實，造成五代時期軍事叛亂頻頻發生，除上述表層因素外，還有更深層的根源，這就是自唐中後期以來沿襲既久的藩鎮制度。藩鎮擁有治權、財權、軍權，保持著對中央的較大的獨立性，故能動輒叛亂。

　　「方鎮勢力的存在，必然敗壞中央和地方政治，使社會不安定，它是一種惡勢力。」〔註35〕五代一些統治者已認識到這一點。他們曾試圖改變藩鎮制度，削弱藩鎮力量，如頻繁移易鎮帥；分割方鎮地盤；把一些方鎮降爲防禦州、刺史州；頒佈毀城隍、拆防城之具等命令；對各方鎮舉薦州、縣官的人數和奏辟幕僚的權力進行限制等等。但這並未能眞正削弱方鎮勢力，未能從根本上解決藩鎮擁兵叛亂的問題；有些削藩措置還反而引發了軍事叛亂，事與願違。後周朝，立志有所作爲的周世宗首先從軍事制度上入手，由諸道選募驍勇以充實禁軍，一方面削弱地方軍事力量，另一方面加強中央軍事力

〔註32〕卞孝萱、鄭學檬：《五代史話》，第 40 頁。
〔註33〕《資治通鑒》，第 8987、8988 頁。
〔註34〕《資治通鑒》，第 9004 頁。
〔註35〕《五代史話》，第 45 頁。

量。至北宋，將後周這種一時之舉發展成爲「選練」制度，又將五代時期各王朝曾推行過的以屯戍法牽制方鎮勢力的作法發展爲「更戍法」，內外相維；同時在政治上採取相應措施，例如，「制定了支郡直屬京，由朝官知州、縣等制度，設立了轉運使、通判、監當官等職。北宋王朝完全剝奪了方鎮賴以生存的條件，摧毀了割據勢力。宋代的節度使，僅是虛銜了。」〔註 36〕這才從根本上剷除了將領發動軍事叛亂的條件。

　　沈起煒先生曾說：「五代時期的混亂現象給統治者提供了許多教訓。五代後期的統治者如郭威、柴榮已經在總結經驗教訓，摸索新的出路。沒有這些教訓，宋朝人不可能提出解決的方案。」〔註 37〕這話很有道理。

引用文獻

〔1〕鄭學檬，《五代十國史研究》〔M〕，上海：上海人民出版社，1991 年。

〔2〕趙翼，《廿二史箚記》〔M〕，北京：中華書局，1984 年。

〔3〕歐陽修，《新五代史》〔M〕，北京：中華書局，1974 年。

〔4〕吳任臣，《十國春秋》〔M〕，北京：中華書局，1983 年。

〔5〕王夫之，《讀通鑑論》〔M〕，北京：中華書局，1975 年。

〔6〕薛居正，《舊五代史》〔M〕，北京：中華書局，1976 年。

〔7〕司馬光，《資治通鑒》〔M〕，北京：中華書局，1956 年。

〔8〕陶懋炳，《五代史略》〔M〕，北京：人民出版社，1985 年。

〔9〕陶岳，《五代史補》〔M〕，文淵閣四庫全書本，上海：上海古籍出版社，1978 年。

〔10〕卞孝萱，鄭學檬，《五代史話》〔M〕，北京：北京出版社，1985 年。

〔11〕沈起煒，《五代史話》〔M〕，北京：中國青年出版社，1985 年。

〔註 36〕《五代史話》，第 45 頁。
〔註 37〕沈起煒，《五代史話》，第 4 頁。

三、儒家忠義思想對唐末五代軍人的影響

摘　要

　　唐末五代，儒家忠義思想對軍人（將士）有著重要的影響。許多軍閥打著「忠義」旗號發展勢力；許多叛亂因將士的忠義思想而難成氣候；忠義思想還有效地阻止野心家的篡位，激勵將士保家衛國。忠義思想在維護封建統治、維持社會安定、鞏固國家統一等方面起著重要的作用。正因為如此，歷代封建統治者無不積極倡導忠義思想，大力表彰忠義行為，其目的正在於為廣大將帥、大臣、士卒、民眾樹立忠義的榜樣。

關鍵詞：唐末；五代；軍人；忠義

儒家思想豐富而深邃。自春秋末期孔子創立儒學伊始，至戰國時期，儒學在士階層中已有廣泛影響；至漢代，罷黜百家，獨尊儒術，儒家思想成爲統治思想，也成爲傳統文化的主流。終古代之世，儒家思想在統治階級的大力推崇之下，通過學校教育、文藝作品、社會表彰等多渠道多形式的傳揚，早已如水銀瀉地一般，對社會各階層都產生了深刻的影響。本文將聚焦考察、論述儒家忠義思想對唐末五代時期軍人階層的影響，旨在揭示在中國封建時代，儒家忠義思想不僅是維護封建統治的銳利思想武器，同時還是維護國家統一、社會穩定的有效工具；是增強民族凝聚力的強力粘合劑，在中國古代歷史發展進程中起了極其重要的積極作用。

忠義是儒家關於君臣關係及社會道德的重要思想與主張。忠義既是以臣事君的最基本準則，也是爲人處世的美德之一。這一點，孔子在《論語》中已早有明確的論述。《論語‧八佾》載：「定公問：『君使臣，臣事君，如之何？』孔子對曰：『君使臣以禮，臣事君以忠。』」《論語‧顏淵》又載：「子張問政，子曰：『居之無倦，行之以忠。』」爲臣者的職責是事君要「忠」，矢志不移。可見孔子已有忠君思想。以後，荀子、董仲舒等儒家進一步將先秦儒家「忠君」思想加以發展，使忠君成了對君主無條件的、絕對的服從，即所謂「愚忠」。義即正確合理的行爲。仁、禮、智、信是義，忠君更是義：君主以俸祿豢養大臣，使大臣養尊處優，大臣理應無條件地爲君主服務甚至獻出生命，即所謂「舍生取義」。因而，「忠」是「義」的內涵之一，這是「忠義」常常連稱的原因。先秦儒家之所以倡導對君主的忠義，是因爲春秋戰國時期，不忠不義，惟利是圖，看風駛舵，爲所欲爲是當時許多大臣的普遍現象，也是「禮崩樂壞」的重要原因之一。因此，儒家認爲臣民只有忠義於君，惟君主馬首是瞻，才能團結一致，才能力量強大，所向無敵；失去臣民對君主的忠義，天下將會大亂。儒家這一思想不無道理。即以唐末五代歷史觀照之，這一時期之所以叛亂頻仍，局勢動蕩，民不聊生，一個朝代（尤其是中原王朝），短則三四年，長不過十餘年，其中重要原因之一是部分將帥忠義觀念的淡薄缺失，動輒興兵反叛或引誘異族入犯。這一點，連當時北方的契丹人也認識得很清楚。據載，契丹出兵滅後晉後，許多漢人（包括君主、大臣）被迫遷徙至契丹。漢人胡嶠也滯留契丹。契丹人對胡嶠說：「夷狄（按，指契丹）之人豈能勝中國（中原王朝），然（後）晉所以敗者，主暗而臣不忠。」並奉勸

胡嶠「歸悉語漢人，使漢人努力事其主，無爲夷狄所虜。」〔註1〕言外之義：契丹雖爲「夷狄」，然而契丹人忠義於主，故力量強大；漢雖人眾地廣，然臣下對君主不忠不義，故國破家亡；欲改變受人欺凌的屈辱地位，須教「漢人努力事其主」，即讓忠義思想深入漢人之心。

俗語說，疾風知勁草，世亂識忠臣。封建史家歐陽修曾感歎「自古忠臣義士之難得也」。其《新五代史・死節傳》只爲後梁王彥章、晉裴約、南唐劉仁贍三將立傳，認爲五代之時，「全節之士三人焉」。〔註2〕歐陽修還就唐末五代史上忠義者文臣少而將士多的現象大惑不解，發此感慨：「予於五代得全節之士三，死事之臣十五，而怪士之被服儒者以學古自名，而享人之祿，任人之國者多矣，然使忠義之士，獨出於武夫戰卒，豈於儒者果無其人哉？」〔註3〕

「忠義之士獨出於武夫戰卒」，這確是唐末五代歷史的一大特點。一方面，部分將士出於對君主對國家的不忠不義，興兵犯上；另一方面，廣大將士出於對君主對國家的忠義，與野心家，與叛亂行爲進行殊死鬥爭，譜寫下不少可歌可泣的篇章。武夫戰卒雖地位低下，知識淺陋，然而，在封建時代，經過統治者不遺餘力的宣揚，儒家的忠義思想已在他們內心深處紮下了根。忠義思想對唐末五代軍人的思想、行爲有著深刻而廣泛的影響。

一、鑒於忠義思想深入人心，精明的軍閥在發展壯大力量過程中，都大打「忠義」旗號

唐末五代戰爭連綿。在這樣的亂世，忠義尤爲君主所渴求，亦爲民眾所敬仰。因此，這時期崛起草澤的「草莽英雄」，大都適時順勢打出「忠義」的旗號以招兵買馬，凝聚人心，爭取君主的賞賜、封號。因而，我們可以看到，善於打起「忠義」旗號的將帥，多能聚攏人心，擁有較強的戰鬥力；反之，公然反叛的將領，多旋踵而滅，即使偶有成爲帝王者（如石敬瑭），其內部也是離心離德，叛亂迭興，統治難以穩定。

唐末最大軍閥朱溫，其爲人的本質是不忠不義。他原爲農民起義領袖黃巢麾下一將，後叛黃巢歸附唐朝，這是對黃巢的不忠；他雖被李唐王朝賜以

〔註 1〕 《新五代史》卷73，《四夷附錄第二》。
〔註 2〕 《新五代史》卷32，《死節傳第二十》。
〔註 3〕 《新五代史》卷54，《雜傳第四十二》。

「全忠」美名，卻千方百計孤立並控制皇帝，最終竟慘無人道的將唐朝皇帝及宗室盡行誅殺，篡唐建立後梁王朝，這是對唐王朝的不忠。然而，朱溫在擴大勢力過程中，始終注重塑造「忠義」形象。例如，天復三年（903）正月，朱溫打敗鳳翔李茂貞，奪取控制了唐天子，「王（朱溫，時封東平王）自為天子執轡，且泣且行，行十餘里，止之。人見，咸以為忠」，被唐天子賜予「迴天再造竭忠守正功臣」稱號。〔註4〕朱溫虛偽的表現及天子的封號，將其野心實質掩蓋了起來，顯露出的是「忠義」的假面目。忠義假面目，對於朱溫凝聚力的增強起了很大的作用。

其他不甘心屈服於朱氏勢力的軍閥，同樣打出「忠心」旗號與朱氏對抗。如岐王李茂貞、燕王劉仁恭，晉王李克用、蜀王王建等，無不打著忠義旗號以凝聚人心和擴充力量。正如魏博節度使羅紹威曾對朱溫所說的：「今四方稱兵為王（朱溫）患者，皆以翼戴唐室為名」。〔註5〕後梁開平元年（907），朱溫已滅唐稱帝，各藩鎮軍閥也多有稱帝割據一方之志，但他們仍然不願放下忠義這面旗幟。如蜀王王建與弘農王揚渥移檄諸道，「云欲與岐王（李茂貞）、晉王（李克用）會兵興復唐室。」〔註6〕出師須有名，而忠義是最有感召力之「名」。這是當時各軍閥、將領們的一個共識。

五代時期，許多將領為籠絡麾下將士人心，即使在反叛君主的時候，也要裝出「忠君」的姿態。後唐朝，大將孟知祥欲背叛朝廷，割據兩川稱帝，反叛前夕，孟知祥演了一齣「忠義」戲：「是月應聖節，知祥開宴，東北望再拜，俯伏嗚咽，泣下沾襟，士卒皆為之歔欷，明日遂舉兵反。」〔註7〕後漢朝，大將郭威功高震主。後漢隱帝欲乘誅權臣楊邠、史弘肇之機，遣使傳詔誅郭威。郭威決意反叛。他召集諸將謂之曰：「吾與諸公，披荊棘，從先帝（劉知遠）取天下，受託孤之任，竭力以衛國家，今諸公（按，指楊邠、史弘肇等將帥）已死，吾何忍獨生！君輩當奉行詔書，取吾首以報天子，庶不相累」。郭威越是作出「忠」的樣子，就越是顯示了隱帝誅「忠」（功）臣的「不義」，就越能凝聚將士人心，換取將士的忠誠。果然，眾將皆支持郭威稱兵向闕！在向京城進軍途中，郭威擒獲隱帝派遣的偵察之使，讓其傳書隱帝，也是掩

〔註4〕《新五代史》卷1，《梁本紀第一》。
〔註5〕《資治通鑑》卷266，《後梁紀一》。
〔註6〕《資治通鑑》卷266，《後梁紀一》。
〔註7〕《新五代史》卷64，《後蜀世家第四》。

蓋自己的反叛面目，裝出一副「忠心耿耿」之姿態。其書云：「臣昨得詔書，延頸俟死。郭崇威等不忍殺臣，云此皆陛下左右貪權無厭者譖臣耳，逼臣南行，詣闕請罪。臣求死不獲，力不能制。臣數日當至闕庭。陛下若以臣爲有罪，安敢逃刑；若實有譖臣者，願執付軍前以快眾心，臣敢不撫諭諸軍，退歸鄴都！」〔註8〕口口聲聲的「陛下」、「臣」，顯得對君主何等忠誠，大有「君叫臣死，臣不敢不死」之意。總之，郭威對君主之「忠義」，贏得了廣大將士及後漢朝大臣對他的支持和忠誠。這正是郭威反叛君主而沒有遭到強有力的抵抗，後漢隱帝統治迅速崩潰的一個重要原因。頻具諷刺意味的是，一些禍國殃民的民族敗類，竟然也高舉「忠義」大旗以遮醜！據載，後晉朝與契丹連年作戰，後晉大將張彥澤率先投降，作爲契丹先鋒最先攻陷京城，逼辱君主。正是這個賣國賊，竟公然高舉寫著「赤心爲主」幾字的旗幟，眞可謂厚顏無恥了！〔註9〕

總之，在唐末、五代亂紛紛的局勢之中，軍閥將領們打著忠義旗號，一方面掩蓋其篡奪野心，另一方面凝聚人心，是一種普遍現象，例子俯拾皆是。

二、忠義思想是瓦解、平定叛亂的有效武器

唐末五代，由於將領專兵，因而動輒興兵叛亂，企圖於叛亂中廢黜君主，謀取政治利益。然而，許多叛亂旋即被平定。這其中，將士胸臆之中的忠義思想是立了大功的。

唐末，藩鎮割據，宦官專權，皇權衰弱。皇帝成爲藩鎮、宦官爭奪控制的目標。光化三年（900）十一月，宦官、左軍中尉劉季述及右軍中尉王仲先發動叛亂，囚禁唐昭宗，立太子爲帝，以爲傀儡。對此，朝中文臣無能爲力，只得利用忠義思想去激發控兵將帥「反正」平叛。宰相崔胤瞭解到左神策指揮使孫德昭有忠義心，「自劉季述廢立，常憤惋不平」，於是秘密派人對孫德昭說：「自上皇（昭宗）幽閉，中外大臣至於行間士卒，孰不切齒！今反者獨季述、仲先耳，公誠能誅此二人，迎上皇重定，則富貴窮一時，忠義流千古，苟狐疑不決，則功落他人之手矣！」結果，孫德昭發兵擒斬王仲先、劉季述等，迎昭宗重定。〔註10〕在君主落難之際，忠義思想還是激發將領起

〔註8〕 《資治通鑒》卷289，《後漢紀三》。
〔註9〕 《新五代史》卷52，《雜傳第四十》。
〔註10〕 《資治通鑒》卷262，《唐紀七十八》。

兵「勤王」，捍衛君主的重要精神力量。唐末，當唐昭宗被宦官劫持至鳳翔，投靠李茂貞，朱溫為爭奪昭宗兵圍鳳翔之時，宦官迫使昭宗傳詔四方，號召藩鎮「勤王」。好儒學，「以忠義自許」的青州將帥王師範，接到詔書後，「泣下沾襟曰：『吾屬為帝室藩屏，豈得坐視天子困辱如此，各擁強兵，但自衛乎！』會張浚自長水亦遺之書，勸舉義兵，師範曰：『張公言正合吾意，夫復何疑！雖力不足，當死生以之！』」〔註11〕王師範及張浚等將領並非不清楚自己力量微弱，難以與朱氏強大勢力較量；但在忠義思想激勵下，他們捨棄個人利益，決然起兵，令朱氏處於被動的地位。

忠義不僅指將士對君主的忠誠與效勞，也包括麾下中、小將領對主帥的感恩與為之賣命。當麾下將領因故反叛，主帥落難，其他麾下將領懷著對主帥的忠義，誓死平叛，是許多叛亂旋踵覆滅的一個重要原因。張文禮是五代初趙王王鎔麾下一將，因其好誇誕，自言知兵，受王鎔寵幸，養以為子，更名德明，委以軍事。野心勃勃的張文禮欲取代王鎔地位，發動兵變，殺了王鎔，並將王氏族滅，手段殘忍，喪盡天良。叛亂後，張文禮向晉王李存勗求「節鉞」（成德節度使）。當時，晉王與後梁爭戰正酣，無法分兵平叛，打算承認既成事實；但王鎔麾下將符習，激於對王鎔的忠義，立志討逆，終將張文禮叛亂平定，盡誅叛亂首領。〔註12〕

叛亂因為是極惡之罪，罪在不赦，因而反叛者常常負隅頑抗，絕不投降。這使平叛戰爭極其艱難；然而，堡壘最容易從內部攻破。只要叛亂營壘中有正義者以忠義激發將士，叛亂常常會頃刻瓦解。閩國末年，元從指揮使李仁達因長年不遷職，對閩主生怨，誘使、聯合王仁諷、陳繼珣等將領發動叛亂，佔據福州。李仁達恐眾心不服，不敢貿然自立，以雪峰寺僧卓巖明為眾所重，立以為帝，自判六軍諸衛事，使黃仁諷屯西門，陳繼珣屯北門。其後黃仁諷為忠義思想激發，後悔反叛，仁諷從容謂繼珣曰：「人之所以為人者，以有忠、信、仁、義也。吾頃嘗有功於富沙（王），中間叛之，非忠也；人以從子（按，指王繼昌，閩主延政從子）託我而與人殺之，非信也；屬者（接著）與建（州）兵戰，所殺皆鄉曲故人，非仁也；棄妻子，使人魚肉之（按，指黃仁諷反叛，家被族滅），非義也。此身十沉九浮，死有餘愧！」因撫膺慟哭。李仁達獲悉後，知二將為忠義所激，難以真心為其賣命，皆殺之。〔註13〕由於眾叛親離，

〔註11〕《資治通鑑》卷263，《唐紀七十九》。
〔註12〕《資治通鑑》卷271，《後梁紀六》。
〔註13〕《資治通鑑》卷284，《後晉紀五》。

李仁達未能成就「富貴」之夢，在後晉、南唐、吳越幾個政權之間時叛時附，惶惶然如喪家之犬。一介士大夫以忠義思想為武器，憑三寸之舌，可以化解一場危在旦夕的軍事叛亂，這樣說起來近似天方夜譚之事，在五代史上卻是確有其事。後梁開平四年（910）五月，匡國節度使（治所許州，今河南許昌市）馮行襲病重。當時，許州有牙兵二千，皆唐末黃巢將秦宗權餘黨，兇悍難制，已蠢蠢欲動。後梁統治者深以為憂，憂慮牙兵乘機反叛，自擁將帥，脫離後梁統治。後梁朱溫派儒士出身的崇政院直學士李珽前去安撫。李珽對許州將吏說：「天子握百萬兵，去此數舍；馮公行襲忠純，勿使上有所疑。汝曹赤心奉國，何憂不富貴！」史載「由是眾莫敢異議」。〔註14〕許州牙兵之所以帖然不敢動，是因為憂慮其中有忠義者，難以齊心行事。

忠義思想還使反叛者難以尋覓聯合力量。後唐明宗死，子李從厚繼位。明宗養子、鳳翔節度使兼侍中、潞王李從珂反叛。李從珂想拉攏西都留守王思同，派人「說以利害，餌以美妓，不從則令就圖之」，威迫利誘雙管齊下。王思同受忠義思想影響，拒絕與反叛者合作。他對將吏說：「吾受明宗大恩，今與鳳翔同反，藉使事成而榮，猶為一時之叛臣，況事敗而辱，流千古之醜迹乎！」遂執從珂使者，向朝廷奏報。從珂同時還向各處派遣使者，爭取鄰道的支持，但其「使者多為鄰道所執」。〔註15〕

在局勢動蕩，形勢不明之際，軍隊中會有一些野心者慫恿將領反叛君主，另擇去就，但被富有忠義感的將領所拒絕。此類事例在唐末五代歷史上也屢見不鮮。

對於瓦解和平定叛亂而言，將士內心的忠義思想是一種不比刀槍劍戟遜色的銳利武器。

三、將士的忠義思想是某些政治野心家篡奪皇（王）權的絆腳石

五代亂世，一些軍事將領自覺擁有實力與威望，便不願甘居人下，急欲篡奪，以為人上之人。他們以為，誰擁有勢力，誰就可以稱皇稱帝，正如後晉成德軍節度使安重榮所言：「天子寧有種邪？兵強馬壯者為之爾！」然而事實上，通往帝王之路並不平坦，有許多「絆腳石」，甚至有堅不可摧的「銅牆鐵壁」；將士胸中的忠義思想促進他們對這些野心家持不合作態度，終使野心

〔註14〕《資治通鑑》卷 267，《後梁紀二》。
〔註15〕《資治通鑑》卷 279，《後唐紀八》。

家知難而退。一個典型事例是吳國大將張顥篡奪陰謀的失敗。《資治通鑒》中有一段生動的描述：

> （張）顥集將吏於府廷，夾道及庭中堂上各列白刃，令諸將悉去衛從然後入。顥屬聲問曰：「嗣王已薨，軍府誰當主之？」三問，莫應，顥氣色益怒。幕僚嚴可求前密啓曰：「軍府至大，四境多虞，非公主之不可；然今日則恐太速。」顥曰：「何謂速也？」可求曰：「劉威、陶雅、李遇、李簡皆先王之等夷（平輩），公今自立，此曹肯爲公下乎？不若立幼主輔之，諸將孰敢不從！」顥默然久之。可求因屏左右，急書一紙置袖中，麾同列詣使宅（節度使居處）賀，眾莫測其所爲；既至，可求跪讀之，乃太夫人史氏教也。大要言：「先王（楊行密）創業艱難，嗣王不幸早世，隆演次當立，諸將宜無負楊氏，善開導之。」辭旨明切，顥氣色皆沮，以其義正，不敢奪，遂奉威王弟隆演稱淮南留後、東南諸道行營都統。既罷，副都統朱瑾詣可求所居，曰：「瑾年十六七即橫戈躍馬，衝犯大敵，未嘗畏懾，今日對顥，不覺流汗，公面折之如無人；乃知瑾匹夫之勇，不及公遠矣。」因以兄事之。〔註16〕

張顥企圖以武力逼使眾將推舉他爲吳王，取代楊氏權位；但他打錯了算盤。終於，他明白，眾將心中對楊氏的忠義，不僅是其篡奪的絆腳石，而且簡直就是一座無法攻克的捍衛王權的堅固城防！區區一幕僚竟敢違背殺氣騰騰的張顥的意志，「面折之如無人」，也是因爲他深明，有眾將心中對楊氏的忠義在，張顥取代楊氏吳王地位絕不可能得逞。最終，張顥不得不放下屠刀，收起野心，順從眾將意願，扶立楊氏後裔楊隆演繼位。不久，張顥被殺。這是不忠不義惹的禍！張顥死後，淮南軍政大權落入大將徐溫手中。儘管不斷有人「勸進」，但徐溫至死不敢取代吳王地位，不敢步張顥之後塵。

四、忠義思想激勵將士保家爲國，堅貞不屈，誓死不降

後晉末年，契丹南侵。一些後晉將領降附契丹，爲虎作倀，成爲民族敗類。然而，也不乏忠貞報君報國者。他們堅守城池，死不降敵，表現了鮮明的對君主對國家的忠義情懷。如，契丹軍自恒州還，以羸兵驅趕所掠牛羊過祁州城下。刺史沈斌出兵擊之。契丹將（後唐降將）趙延壽知城中兵有限，

〔註16〕《資治通鑒》卷266，《後梁紀一》。

引契丹兵急攻之。見沈斌在城上指揮作戰，趙延壽對他說：「沈使君，吾之故人，擇禍莫若輕，何不早降！」沈斌回答說：「侍中（按，趙延壽在後唐朝加侍中）父子失計陷身虜廷，忍帥犬軍以殘父母之邦；不自愧心，更有驕色，何哉！沈斌弓折矢盡，寧爲國家死耳，終不效公所爲！」表現出對君、國的忠心耿耿。次日，城被攻陷，沈斌自殺。〔註 17〕沈斌寧願犧牲性命也不願像趙延壽那樣賣主求榮，苟且偷生。在唐末五代史上，像沈斌這樣忠義於君主、國家，視死如歸的將士還有很多。

面對戰勝者的威脅利誘，敗軍之將本著對君國的忠義，寧死不屈，事例也頻多。後梁大將王彥章是典型的一例。後梁末年，由於統治集團內部腐敗，後梁軍隊節節敗退。最終，大將王彥章被宿敵晉軍所擒。晉王欣賞王彥章之將才，欲爭取王彥章爲晉軍效勞，先是給予所擄獲的王彥章家屬種種優厚待遇，未能使王彥章動心，擒獲王彥章後，「賜藥傅其創，屢遣人諭之」。王彥章對晉王李存勗說：「余本匹夫，蒙（後）梁恩，位至上將，與皇帝（李存勗）交戰十五年；今兵敗力窮，死自其份，縱使皇帝憐而生我，我何面目見天下之人乎！豈有朝爲梁將，暮爲（後）唐臣！此我所不爲也。」〔註 18〕在王彥章的思想中，自己由一介匹夫而成爲統率千軍萬馬的統帥，是因爲得到後梁王朝的賞識和重用；既如此，自己就理應竭其忠誠地爲後梁王朝效勞。晉（後唐）與後梁敵對，自然也是自己的仇讎，不共戴天。「朝爲梁將，暮爲唐臣」，是典型的不忠不義，是奇恥大辱，事載史冊，必遺臭萬年，因此，寧死不屈，絕不爲敵所用。南唐大將劉仁贍在後周軍隊南征過程中，率軍堅守壽春城，令後周軍久攻不克，也是受「忠義」思想的激勵。此類事例不勝枚舉。這些忠義將領都認爲，降敵是莫大的屈辱，以死報主報國是忠義的表現，是無上的榮光，因而他們常能如宗教徒爲神爲主獻身一樣，舍生取義，視死如歸！

五、忠義是將領激發士卒鬥志，提高軍隊戰鬥力的重要法寶

軍隊由君主（國家）供養，其職在爲君主指使，保家衛國。因此，忠義思想可以激勵將士在形勢不利的背景下，奮勇作戰，提高戰鬥力，扭轉被動態勢。

〔註 17〕《資治通鑒》卷 284，《後晉紀五》。
〔註 18〕《資治通鑒》卷 272，《後唐紀一》。

　　唐末，農民軍圍攻陳州。陳州刺史趙犨恐眾心離異，以「死於為國，不猶愈於生而為賊之伍耶！」激勵其眾。其眾「由是眾心靡不踴躍」，「每戰皆捷」，「凡圍陳（州）三百日，大小數百戰，雖兵食將盡，然人心益固」。〔註19〕後唐時，鎮易定十餘年的義武節度使兼中書令王都欲行割據，「謀復河北故事」（按，欲傲傚唐末河北諸鎮世襲，不輸朝廷貢賦，不受朝廷徵調）。後唐削奪王都官爵，以大將王晏球為北面招討使，調兵遣將會討王都。王都勾結契丹入援。兩軍大戰於曲陽城南。「晏球集諸將校令之曰：『王都輕而驕，可一戰擒也。今日，諸君報國之時也。悉去弓矢，以短兵擊之，回顧者斬！』於是騎兵先進，奮檛揮劍，直衝其陣，大破之，僵屍蔽野；契丹死者過半，餘眾北走；（王）都與禿餒得數騎，僅免。」具有諷刺意味的是，王都在窮途末路之際，竟也想利用王晏球及其軍隊的忠義思想擺脫被動地位。他讓前帝莊宗的一個養子李繼陶披上黃袍坐於城堞間，對王晏球說：「此莊宗皇帝子也，已即帝位。公受先朝舊恩，曾不念乎！」但王晏球不是一個「愚忠」者，此舉未能動搖其平叛的決心。〔註20〕南方楚國馬希廣與兄馬希萼爭權，馬希萼發兵進攻京城（長沙）。在叛軍咄咄逼人的不利形勢下，楚步軍指揮使吳宏也是以「以死報國，此其時矣！」激勵將士為君、國奮戰，曾一度擊潰叛軍。〔註21〕

　　總而言之，在唐末五代征討叛亂、保家衛國、開拓境土等軍事活動中，儒家的忠義思想，不僅有利於君主維護其封建統治，也有利於抑制變亂，維持穩定的社會秩序；不僅如此，在對外拓疆及抵禦外敵入侵中，忠義思想又是激發將士鬥志的「鉦鼓」；在勾心鬥角的政治鬥爭中，忠義思想又是阻擋野心家篡權的「銅牆鐵壁」……正因為如此，歷代封建統治者無不積極倡導忠義思想，大力表彰忠義行為，其目的正在於為廣大將帥、大臣、士卒、民眾樹立忠義的榜樣。

引用文獻

〔1〕〔宋〕歐陽修，《新五代史》〔M〕，北京：中華書局，1974年。

〔2〕〔宋〕司馬光等，《資治通鑑》〔M〕，北京：中華書局，1956年。

〔3〕〔宋〕薛居正等，《舊五代史》〔M〕，北京：中華書局，1976年。

〔註19〕《舊五代史》卷14，《列傳第四》。

〔註20〕《資治通鑑》卷276，《後唐紀五》。

〔註21〕《資治通鑑》卷289，《後漢紀四》。

四、儒士與五代歷史

摘　要

　　五代是個戰亂的時代，也是重武輕文，儒學式微的時代；但儒士卻得到了許多政權統治者的賞識重用。作爲一個社會群體，儒士們在政治上積極參與各國的禮儀制度建設，以儒學政治理念影響統治者，對君主的錯誤直言諫諍，努力推行仁德之政；在軍事上，儒士爲軍閥將帥執掌書檄，運籌帷幄，化解危機，甚至統兵作戰；在文化上推行教化，保存整理文化典籍，著書立說。儒士在五代歷史上有重要的貢獻。

關鍵詞：儒士；五代；政治；軍事；文教

　　唐末五代是個戰爭連綿的動蕩時代，也是一個儒學式微，賢人隱退的時代。然而，正如俗語所云，文能安邦，武能定國，社會的治理又離不開文化之士的參與與貢獻。因此，五代時期以軍事起家的統治者儘管自身文化學識膚淺，但多對儒學之士禮遇與重用。如後唐明宗以碩儒端士爲端明殿學士，以爲政治顧問；南唐國主李昇「接禮儒者」，「以寬仁爲政」，並「起延賓亭以待四方之士……士有羈旅於吳者，皆齒（錄）用之」；﹝註1﹞前蜀國主王建，「當唐之末，士人多欲依（王）建以避亂。建雖起盜賊，而爲人多智詐，善待士」，許多士人被授以要職。﹝註2﹞其他割據政權，如南漢、楚、閩等，儒士都受到君主的禮遇重用。儒士在協助歷朝君主推行仁德之政，協助將帥處理軍政事務，積極倡議推動文化教育事業的發展等方面，都發揮了重要的作用，對五代歷史的發展作出了重要的貢獻。

一、儒士與五代政治

　　儒學是政治倫理學說，其中許多理念符合社會政治發展的客觀規律，對國家建設及社會治理有著積極的意義，因而自西漢武帝獨尊儒術以後，儒學就成爲了歷代統治者利用以維持封建統治的施政原則及控制社會的重要精神武器。儒學雖然在某些時期（多爲國家分裂、戰爭連綿、社會動蕩時期）受到過其他社會意識形態（如佛教、道教等）的衝擊，地位有所下降，但始終未被統治者所放棄。儒學既然是封建政治的重要助手，則儒學之士便常爲歷代封建統治者所禮遇重用，並對歷朝、各政權的政治有重要的影響。五代也不例外。

（一）儒士積極參與各政權政治制度的建設

　　政權建設不可缺少各項政治制度的維持。制度猶如路軌，能使政治之車沿著路軌正常運行；缺乏制度的約束，凡事隨心所欲，政治決不可能清明，社會也絕不可能穩定。歷史實踐證明，唐宋之際，在統治中原廣大地區的五個朝代（後梁、後唐、後晉、後漢、後周）及周邊各割據政權建立之初，各項政治制度的定立、完善，儒士之功都是不可抹煞的。

　　後梁立國之初，集太常卿李燕、御史蕭頃、中書舍人張袞、戶部侍郎崔沂、大理卿王鄯、刑部郎中崔浩等共同刪定律、令、格、式，撰成《大梁新

﹝註1﹞《新五代史》卷62，《李昇傳》。
﹝註2﹞《新五代史》卷63，《王建傳》）。

定格式律令》。「《大梁新定格式律令》的刊定，標誌著後梁王朝在唐朝法律制度的基礎上完成了法律的修訂工作，有利於封建秩序的恢復和穩定」。〔註3〕

後唐長興四年（933），勅御史中丞龍敏、中書舍人盧道、尚書刑部侍郎、大理卿李延範等詳定《大中統類》。後唐清泰二年（935）四月，經整理後的清泰以前莊宗、明宗兩朝十一年制勅394道，彙編成集，計30卷。另外，明宗當政之初，「有意使民知禮」，以禮治國，於是組織一批儒臣整頓禮儀制度。史載「初，鄭餘慶嘗採唐士庶吉凶書疏之式，雜以當時家人之禮，為《書儀》兩卷。明宗見其有起復、冥昏之制，歎曰：『儒者所以隆孝悌而敦風俗，且無金革之事，起復可乎？婚，吉禮也，用於死者可乎？』乃詔（劉）岳選文學通知古今之士，共刪定之」。劉岳與太常博士段顒、田敏等增損其書，雖存在不足，「然猶時有禮之遺制」，「公卿之家，頗遵用之」，「其後世士庶吉凶，皆取（劉）岳書以為法」。〔註4〕儒臣們把禮儀制度建設視為神聖使命，如後唐朝，進士出身的趙光胤拜平章事，「朝廷每有禮樂制度、沿革擬議，以為己任」。〔註5〕

後周廣順元年（951）六月，郭威敕侍御史盧億、刑部員外郎曹匡躬、大理正段濤同議定重寫法書一百四十八卷，目為《大周續編勅》，命省寺行用。顯德四年（957），世宗差侍御史知雜事張湜等十人重新刪定法律，至顯德五年七月完成，定名為《大周刑統》，21卷。

在南漢國，王定保、倪曙、劉濬、李（殷）衡、周傑、楊洞潛、楊光裔等儒士皆受到劉氏君主重用，「為國制度，略有次序，皆用此數人焉」。〔註6〕江文蔚，後唐長興中舉進士，因故投奔南唐，官拜中書舍人，「時國家禮儀草創，文蔚撰述朝覲會同、祭祀宴饗、禮儀上下，遂成一代紀綱」，又「與韓熙載、蕭儼共議葬禮，稱為精練」。〔註7〕前蜀國的開國制度號令、刑政禮樂是由儒臣韋莊負責制定的。可以說，五代時期各國的政治禮儀制度都毫無例外地主要是在儒士的主持和參與下制定和不斷完善的。

（二）儒士以儒學理念影響君主，力圖「致君堯舜」

五代十國時期，各國統治者多出自軍閥、將帥。他們大多文化水平低下，

〔註3〕鄭學檬：《五代十國史研究》，第72頁。
〔註4〕《新五代史》卷55，《劉岳傳》。
〔註5〕《舊五代史》卷58，《趙光胤傳》。
〔註6〕《新五代史》卷65，《劉隱傳》。
〔註7〕《十國春秋》卷25，《江文蔚傳》。

當政之後，常常不顧國家治安，無視民眾利益和民心向背，爲所欲爲。這是五代時期政治敗壞的一個重要原因。這時期受到封建君主重用的儒士，常常不失時宜地以儒學理念影響君主，努力「致君堯舜」。在這方面，馮道可謂一個典型。馮道自後唐受到君主重用，歷後晉、後漢、後周，都高居顯職，對君主施政有重要影響。其中，後唐明宗所受其儒學思想影響尤深。明宗能成爲五代時期較有作爲之主，並創造了後唐國泰民安的「小康」之局，其中馮道有著重要的貢獻。

明宗李嗣源是一位出自沙陀族的能征慣戰的將領，即皇位時已六十高齡，本身學識淺陋，施政頗感艱難。爲彌補不足，明宗專設端明殿學士一職，專以儒臣充任，以備顧問。馮道是明宗首選的端明殿學士之一。史載，有一次，一位水運軍將得到一個玉杯，杯上有「傳國寶萬歲杯」幾個字，明宗很喜歡，拿出來讓馮道看。馮道說：「此前世有形之寶爾，王者固有無形之寶也。」明宗問無形之寶是什麼？馮道說：「仁義者，帝王之寶也。故曰：『大寶曰位，何以守位曰仁』。」明宗是武人出身，聽得不甚明白，事後召侍臣講說其義，終於明白了，並「嘉納之」。〔註8〕馮道「仁義爲帝王之寶的治國思想，符合明宗的主張，對他以民爲本，政皆中道的治國方略的形成有深刻的影響。客觀上有其積極的一面」。〔註9〕又如，長興三年（932）三月，久雨成災，後唐明宗「顧謂宰臣曰：『春雨稍多，久未晴霽，何也？』馮道對曰：『水旱作沴，雖是天之常道，然季春行秋令，臣之罪也。更望陛下廣敷恩宥，久雨無妨於聖政也。』」〔註10〕儒學認爲，天人感應，人間政治狀況與自然界的氣候變化是息息相關的，人主施行德政，則風調雨順，五穀豐登，國泰民安；否則，便風雨不時，災難頻生。受儒學這一思想的影響，每當發生自然災害，有爲之君表示憂慮之時，儒士大夫便籍此時機以儒學倡導的仁德之政影響君主。馮道亦然。依馮道所言，如果君主「廣敷恩宥」，推行「聖政」，就可以令上天風雨調順；即使不能影響上天，「聖政」的推行也可以使國泰民安，自然災害無奈封建統治何。五代史家陶懋炳說：「明宗雖目不識書，卻甚留意治道，愛聽儒生講經，以從中吸取治國之道」。〔註11〕後唐明宗體會到君主親近儒士的好處，特地選擇儒臣爲皇子從榮之師；當獲悉從榮「有暇讀書，與諸儒講經論義」後很高興，對從榮說：「經有君臣父

〔註 8〕《新五代史》卷 54，《馮道傳》。
〔註 9〕《五代十國史研究》，第 104 頁。
〔註10〕《舊五代史》卷 43，《明宗紀第九》。
〔註11〕陶懋炳：《五代史略》，第 84 頁。

子之道，然須碩儒端士，乃可親之。」〔註12〕

（三）直言諫諍，糾正君主過失

封建時代，君主高高在上。他們常常妄自尊大，為所欲為。而普通大臣多為了保職取祿，對君主的錯誤緘口不語，明哲保身，使君主像一匹沒有韁繩籠絡、約束之馬，錯誤容易轉變為事實，這對封建統治造成了極大的危害。五代時期許多儒士出身的官員，都能本著「致君堯舜上」的宏志，將個人得失置之度外，對君主的錯誤直言諫諍，那怕為此而丟官失職甚至生命不保也在所不辭，使許多君主在錯誤的道路上懸崖勒馬。

李琪在唐末「應博學宏詞居第四等」，曾官居左拾遺、殿中侍御史，「自（李）琪為諫官，凡時政有所不便，必封章論列」。五代時，李琪曾在後梁、後唐二朝中央任職，仍然保持這種直言敢諫的作風，以至得罪了不少權貴，仕宦常不得志。〔註13〕李愚「（後唐）長興季年，秦王（李從榮）恣橫，權要之臣避禍不暇，邦之存亡，無敢言者。（李）愚性剛介，往往形言，然人無唱和者。」〔註14〕後唐明宗曾寵信僧侶和術士，在趙鳳的諫諍之下而疏遠之，避免了因此而助長佛教的過度發展和迷信思想對社會秩序的消極影響。後唐朝舉進士為洛陽令的何澤，值「（後）唐莊宗好畋獵，數踐民田，（何）澤乃潛身伏草間伺莊宗，當馬諫曰：『陛下未能一天下以休兵，而暴斂疲民以給軍食。今田將熟，奈何恣畋遊以害多稼？使民何以出租賦，吏以何督民耕？陛下不聽臣言，願賜臣死於馬前，使後世知陛下之過。』莊宗大笑，為之止獵。」〔註15〕「少以儒學知名」的薛融，在後晉朝拜吏部郎中，兼侍御史知雜事，累拜左諫議大夫，遷中書舍人，「時詔修洛陽大內，（薛）融上疏切諫，高祖（石敬瑭）褒納其言，即詔罷其役。」〔註16〕荊南（治江陵）與前蜀國毗鄰而不和，「峽上有堰，或勸高祖（前蜀國主王建）宜乘江漲決之，以灌江陵，（毛）文錫諫曰：『高季昌不服，其民何罪？陛下方以德懷天下，忍以鄰國之民為魚鱉食乎！』高祖乃止。」〔註17〕對荊南統治者遇事多所匡正的還有梁震、王保義、司空薰等儒臣。王審知據有全閩而終其身為節將，沒有稱帝，

〔註12〕《新五代史》卷15，《秦王從榮傳》。
〔註13〕《舊五代史》卷58，《李琪傳》。
〔註14〕《舊五代史》卷67，《李愚傳》。
〔註15〕《新五代史》卷56，《何澤傳》。
〔註16〕《新五代史》卷56，《薛融傳》。
〔註17〕《十國春秋》卷41，《毛文錫傳》。

也是得益於黃滔等儒士的「規正有力」。

儒士知書識禮，看問題深刻、周詳，不僅能糾正君主的過失，對於當時許多學識淺陋、目光短淺的將領，也有重要裨益，使他們的為人行事符合封建禮儀規範。如後唐將帥霍彥威的受君主寵幸，就得益於其器重的儒士淳于晏的教導及規正。霍彥威在明宗朝頗受寵幸，「內外機事，皆決彥威」。其實，霍彥威是個性識愚魯的人，對於君臣禮儀所知甚少；霍彥威之所以少犯錯誤，是因為身邊有位儒士淳于晏的襄助。史載「彥威客有淳于晏者，登州人也，少舉明經及第，遭世亂，依彥威，自彥威為偏裨時已從之。……彥威高其義，所歷方鎮，常辟以自從，至其家事無大小，皆決於晏，彥威以故得少過失。」霍彥威借助儒士的幫助、規諫而少犯錯誤在當時還影響了不少將帥：「當時諸鎮辟召僚屬，皆以（淳于）晏為法。」〔註18〕

（四）推行仁德之政

五代時期，武夫崛起，大者帝，小者王，不以兵戈，勢利弗成，不以殺戮，威武難行，民被其害久矣。然而，各國統治者在立國之後，都推行過一些民眾渴望已久的「仁德」之政，有利於社會的穩定，經濟的發展；而這些仁德之政，多是儒士出身的在朝中但任顯職、受到君主信用的官員推動而得以貫徹實施的。

後唐莊宗在位之初，不懂得與民休息的重要性，對民眾苛徵急斂，在賦稅徵收時又實行「折納」（賦稅從原徵的米麥、絹帛等改徵其他財物）、「紐配」（攤派的一種，多指臨時增加的稅課）等辦法，加重了民眾的負擔，成為蠹國害民之政。時任吏部尚書的李琪上書莊宗，「陳經國之要」，引孔子「百姓足，君孰與不足」之語，批評莊宗的錯誤施政，建議推行「惠農」政策。其曰：「如以六軍方闕，不可輕紓，兩稅之餘，猶須重斂，則但不以折納為事，一切以本色輸官，又不以紐配為名，止（只）以正耗加納，猶應感悅，未至流亡。」莊宗覽疏，「深重之」。不久，任命李琪為國計使，主持財政，使其「惠農」主張得以推行，並有任相之意（後遇變亂而止）。莊宗在位期間，雖政治多有紕繆，但也多次頒佈詔令，減免民眾賦役，要求地方官要存恤百姓。這顯然與包括李琪在內的儒士大夫的建言有關。以「好學知名燕、薊之間」的儒士劉昫，在後唐末年任吏部尚書、門下侍郎兼判三司，他「性察，而嫉三司蠹敝尤甚，乃句計文薄，覆其虛實，殘租積負悉蠲除之。往時吏幸積年

〔註18〕《新五代史》卷46，《霍彥威傳》。

之負蓋而不發，因以把持州縣求賄賂，及昀一切蠲除，民間歡然以爲德，而三司吏皆沮怨。」〔註19〕

南唐是五代時期推行文治，以儒學爲治國指導方針並且重用儒士，取得顯著政績的割據政權之一。其中，宋齊丘尤其得到南唐君主的器重，官至丞相。史載，宋齊丘少孤貧而好學，曾「游學於諸郡」，「自以世亂，乃篤志於商君長短機變權霸之術」，似乎應屬法家人物；但他受南唐主重用後，「因說先主（李昪）廣延儒素」；史家評論宋齊丘時又說「以草野之人，遭逢英傑，言聽謀從，身居顯位，儒家之榮，於斯爲盛」，可見，質而言之，宋齊丘還是一個博學兼綜，融會貫通的儒士。宋齊丘受南唐國主重用，對南唐政治、歷史都有重要影響。宋齊丘協助南唐統治者「務農訓兵，黜陟臧否，進用公廉，修舉廢墜，制御奸雄，凡數年間，府廩盈積，城濠完峻，士卒驍勇……乃修復政理，動據禮法，務輯民庶，罷其不經，總以要務，寬省徵賦，農有定制，官無虛祿，輯睦公族，撫存將校，優給卒伍，爵賞有功，刑辟中度，斥捕攘寇，上下咸乂（治理、安定），皆齊丘帷幄之謀焉」。不僅如此，宋齊丘還引導南唐國主「以虛懷待士，博訪藝能，遂立延賓亭，招納賢豪，以敦時望」，爲眾多儒士進入南唐國家機構敞開了方便之門；又「使人於淮上延接北土歸義之士，大夫孫忌、韓熙載等數十人皆以仁愛惠義致之，推以心腹，故得人莫不樂爲之用」。〔註20〕南唐國在諸割據政權中，政治較清明，社會較安定，文化有突出成就，這是南唐君主重用儒士，以文治國的結果。吳越國也是五代時期與南唐國可以相比美的國家長治久安，經濟得以發展，人民安居樂業，文化可圈可點的割據政權。究其原因，亦與眾多儒士在吳越國中央和地方任職，依儒家學說推行仁德之政有密切關係。〔註21〕

爲官清廉是儒學的政治理想之一，亦是許多儒士自覺遵守的仕宦準則之一。五代時期，因爲是戰亂時代，武將必然受重用。武將一旦執掌政權，在「禮崩樂壞」，制度幾近虛設，行政缺乏監督機制的歷史背景下，多有恃無恐地以權謀私，貪污受賄，無惡不作。反之，深受儒學政治理想薰陶的儒士，卻多有以國家、民眾利益爲重，兩袖清風，正直爲官者。他們秉承儒家「君子謀道不謀食」的教誨，爲官追求的是政治清明，社會安定，民眾安居樂業，

〔註19〕《新五代史》卷55，《劉昀傳》。
〔註20〕《江南野史》卷四，《宋齊丘傳》。
〔註21〕曾國富：《儒學對五代吳越國歷史的影響》，載《孔子研究》2007年第5期。

而對自身的仕途沉浮、物質生活則常常置諸度外。例如，官至後唐宰相的李愚，「初不治第，既命爲相，官借延賓館居之。嘗有疾，詔近臣宣諭，延之中堂，設席惟管秸，使人言之，明宗特賜帷帳茵褥」。〔註22〕在五代歷史舞臺上對治國安邦有重要貢獻，連塞外契丹主也敬重有加的馮道，更是爲官清廉的典範，新、舊五代史《馮道傳》均有詳盡記錄。身居顯職而以清廉著名的儒臣還有姚顗、崔居儉等。

清廉是官吏推行仁德之政的前提條件。五代史上，儒士出身而在地方爲官廉潔、政聲良好者不乏其人。諸如，後梁朝，以儒士李琭出知曹州，「曹州素劇（複雜、繁難）難理，前刺史十餘輩，皆坐廢，（李）琭至，以治聞」。〔註23〕後唐朝烏震，少年時曾「自勤於鄉校」，弱冠從軍後仍不廢詩書，「略涉書史，尤嗜《左氏傳》，好爲詩，善筆箚」。烏震以軍功授深、趙二州刺史，他「以清直御下，在河北獨有政聲」。〔註24〕賈馥於後唐朝「累爲鎮、冀屬邑令，所涖有能政，性恬澹，與物無競，乃鎮州士人之秀者也」。〔註25〕南唐周彬，「少不治產業，服膺儒學，刻苦進修，俾晝作夜」。周彬任官其間，「爲政廉平，恩仇不錄。將辭任，邑中耆艾淄黃輩數百人詣郡上疏乞留，遂連任七考」，並且「持法平直，不阿權要，朝廷（權要）憚之」。〔註26〕儒士江夢孫受南唐先主李昇器重，不願在朝廷作官，堅持要求到地方任職，爲民謀福利。任天長（今安徽天長縣）令後，江夢孫「召鄉里高年存問疾苦，蠲其非徵，任其便利，有害於政者必表罷之」。江夢孫後以疾代還，「邑之老幼遮道乞留殆數十里」。〔註27〕此類事例不勝枚舉。總之，在五代時期地方官中，出身儒士，清廉而施仁政者多，政績較突出；而出身武夫，貪黷而施暴政者多，民怨沸騰。

二、儒士與五代軍事

唐末五代，戰亂頻仍，科舉廢弛。不少儒士奉行儒家「世有道則見，世

〔註22〕《舊五代史》卷67，《李愚傳》。
〔註23〕《新五代史》卷54，《李琪附李琭傳》。
〔註24〕《舊五代史》卷59，《烏震傳》。
〔註25〕《舊五代史》卷71，《賈馥傳》。
〔註26〕《江南野史》卷七，《周彬傳》。
〔註27〕《江南野史》卷八，《江爲傳》。

無道則隱」的處世原則，隱姓埋名，銷聲匿迹，即使君主聞名亦屢徵不起；然而，也有不少富於學識和胸懷政治理想的儒士，本著儒家的入世精神，不甘埋沒，他們立志經世致用，期望能以自己的學識爲社會、爲國家、爲民眾獻智慧，謀福利。在科舉停廢而軍閥林立的歷史背景下，他們中許多人只能投靠當地軍閥（藩鎮），爲軍閥的軍事活動服務，以爲自己晉身政壇之階。他們或者爲軍閥草擬書檄，或者爲軍閥的軍事活動出謀劃策，或者直接身任軍事職務。因而，儒士便對軍事有著直接或間接的影響。

（一）爲軍閥、將帥執掌羽檄軍書

唐末五代時期，藩鎮在日常工作中，與鄰藩媾和、征戰、安民等，都離不開書檄。書檄在軍事活動中起著溝通各方、激勵士氣、滅敵威風等重要作用，不可等閒視之。這些文字工作，於武夫是無能爲力，而於儒士則是駕輕就熟。不少儒士因爲所掌文翰出色，頗受軍閥將帥器重，以致名聲遠揚，如梁祖朱溫「西抗邠、岐，北攻澤潞，出師燕、趙，經略四方，暫無寧歲，而（李）琪以學士居帳中，專掌文翰，下筆稱旨，寵遇逾倫。是時，琪之名播於海內」。〔註 28〕晉王李克用滅幽州劉仁恭，和汴梁朱全忠（溫），掌書記李襲吉有重要功勞。他「博學多通，尤諳悉國朝近事，爲文精意核實，動據典故，無所放縱，羽檄軍書，辭理宏健……乾寧末，劉仁恭負恩，其間論列是非，交相聘答者數百篇，警策之句，播在人口，文士稱之」。他代晉王所作書檄，不僅唐昭宗嘉歎，大軍閥朱溫也大爲讚賞佩服，說：「李公（克用）斗絕一隅，安得此文士，如吾之智算，得襲吉之筆才，虎傅翼矣。」〔註 29〕事實上，當時許多軍閥軍事勢力的發展壯大，儒士都有著不可抹煞之功，正如史家所言：「自（唐）廣明大亂之後，諸侯割據方面，競延名士，以掌書檄。是時梁有敬翔，燕有馬郁，華州有李巨川，荊南有鄭準，鳳翔有王超，錢塘有羅隱，魏博有李山甫，皆有文稱，與（晉）李襲吉齊名於時」。〔註 30〕

（二）運籌帷幄之中，決勝千里之外

在藩鎮，掌書記、節度判官、推官、參軍等職多由儒士充任。他們不僅執掌藩鎮文翰，還常在藩鎮的軍事活動中運籌帷幄，成爲軍閥、將帥深爲倚

〔註 28〕《舊五代史》卷 58，《李琪傳》。
〔註 29〕《舊五代史》卷 60，《李襲吉傳》。
〔註 30〕《舊五代史》卷 60，《李襲吉傳》。

賴的軍事顧問。

在唐末科舉不得志的儒士敬翔，投靠朱溫後大受器重，「每令從軍」。「太祖（朱溫）與蔡賊相距累歲，城門之外，戰聲相聞，機略之間，翔頗預之，太祖大悅，恨得翔之晚，故軍謀政術，一以諮之。」正因為敬翔對朱氏軍事有重要襄助，顯示出其卓越的軍事才能，因而朱溫篡唐建立後梁王朝後，讓敬翔知崇政院（由唐樞密院改名）事，託付軍事重任。開平三年（909），邠、岐侵擾，朱溫調軍西討。朱溫深憂軍事不濟，設宴顧問敬翔，「翔剖析山川郡邑虛實，軍糧多少，悉以條奏，如素講習，左右莫不驚異，太祖歎賞久之。」事實上，敬翔對朱氏軍事活動的支持與貢獻是長期的：「起中和（881～885）歲，至鼎革大運，其間三十餘年，扈從征伐，出入帷幄，庶務叢委，恒達旦不寢，唯在馬上稍得晏息。」〔註31〕

後唐立國不久，於同光三年（925）發動了滅前蜀的戰役。此役僅兩月即大功告成，其中，李愚的謀議功不可沒。在這次戰役中，當時任職主客郎中、翰林學士的李愚被辟為都統判官。進軍途中，不少將領鑒於蜀道險阻，主張「宜緩師待變而進」，反映出諸將對戰役信心不足。都統郭崇韜徵求李愚意見。李愚說：「王衍（前蜀國後主）荒怠，亂國之政，其人厭之，乘其倉卒，擊其無備，其利在速，不可緩也。」郭崇韜認為李愚的意見合理，於是採取速戰速決的戰略，終於取得輝煌戰績。〔註32〕

這僅是儒士運籌帷幄而致勝的兩個史例。這樣的史例還有許多。連北方一些少數民族首領也愛以漢族儒士為軍事參謀，如幽州儒士韓延徽，原為幽州軍閥劉守光參軍，後奉守光命出使契丹，契丹主遂用以為謀主，為其軍事征服出謀劃策，屢戰屢勝。實際上，當時各政權統治者身邊都有一個「智囊團」，為其政治、軍事謀劃，而這些「智囊團」的成員主要都是儒士。

儒家學說重政治而輕軍事，儒士何以能對軍事有許多真知卓見？究其原因，是戰亂時代，科舉仕進之途堵塞，儒士欲尋求政治出路，就必須投靠軍閥；而要得到軍閥的賞識器重，僅靠滿腹經綸顯然是不能如願的，還必須能為軍閥的軍事活動作出貢獻。這就促使許多儒士在熟讀儒家經典之餘，還深入鑽研兵家等各派學說。如朱溫所倚賴的敬翔就以「知兵」聞名。據史載，敬翔科舉失意投奔朱溫時，朱溫問敬翔：「足下通《春秋》久矣，今吾主盟，其為戰欲效春

〔註31〕 《舊五代史》卷18，《敬翔傳》。
〔註32〕 《新五代史》卷54，《李愚傳》。

秋時可乎？」敬翔答：「不可。夫禮樂猶不相沿襲，況兵者詭道，其變化無窮。若復如春秋時，則所謂務虛名而喪其實效，大王之事去矣。」朱溫大悅，以爲知兵，遽延之幕府，委以軍事。〔註33〕另外，儒士們在長期追隨軍閥的過程中，對軍事成敗多耳聞目睹，於實踐中積纍了經驗，增長了智慧。

（三）化解軍事危機

五代是個社會充滿矛盾的時代，許多軍閥對於各種矛盾，動輒訴諸武力解決。這是戰爭連綿的一個重要原因。儒士以其出色的辯才，卓越的見識，常常可以憑著三寸之舌化解軍事危機，爲社會創造和平安定的環境。

五代初期，割據鎮州的趙王王鎔暗中與晉聯結，得罪了後梁朱溫。朱溫統率大軍征討，欲一舉兼併鎮、定二州而滅趙氏。面臨大兵壓境，形勢危急之際，王鎔判官周式主動請纓出見朱溫。當時朱溫盛怒，對周式指責王鎔違背了與後梁王朝的盟約，危害了後梁的統治，因此，軍事征討絕不可免！周式說「公（朱溫）爲唐室之桓（齊桓公）、文（晉文公），當以禮義而成霸業，反欲窮兵黷武，天下其謂公何！」一語消了朱溫盛怒，「梁祖（朱溫）喜，引（周）式袂而慰之曰：『前言戲之耳！』即送牛酒貨幣以犒軍。」〔註34〕從朱溫所言，戰爭不可避免；而儒士周式以儒家「以禮義而成霸業」的政治說教爲武器，終於使不可一世的朱溫收起咄咄迫人的氣勢，與王鎔握手言和。朱溫不願意因爲自己「窮兵黷武」的形象而損害其霸業。後梁朝，許州將帥馮行襲病重。馮行襲有牙兵二千，桀驁難馴，長期半割據於一方。後梁朝廷擔心許州軍亂，自立將帥，於是以儒士李珽代馮行襲爲留後。李珽到許州，引導馮行襲以君臣禮儀接受詔書，並以忠義思想說服許州將士，從而化解了軍亂危機，受到後梁朝廷的贊許。

軍閥身邊充任謀士的儒士還是一股反對、阻止戰爭的力量。他們本著儒家注重和平，反對不義之戰的精神原則，當軍閥們急欲以軍事手段擴充領域之時，他們常常以德政理論感化說服之，使之接受以德服人的政治理念，偃旗息鼓。如南漢國主原來窮兵黷武，並且「所向無敵」，後在侯融等儒臣的倡議、引導下，採取「弭兵息民」的政策，爲嶺南地區創造了和平安寧的社會環境，使經濟、文化得到發展。西川王建與鳳翔李茂貞爲鄰藩，當李茂貞衰

〔註33〕 《五代史補》卷1，「景（敬）翔禪贊」條。
〔註34〕 《舊五代史》卷54，《王鎔傳》。

弱時，蜀諸將多勸王建乘茂貞之衰而攻取鳳翔。進士出身的判官馮涓卻反對戰爭，主張與李茂貞「和親」，為王建接受。〔註35〕而當統一已成歷史發展的必然趨勢之時，儒士們又力勸割據統治者放棄抵抗，接受統一。荊南（南平）接受北宋的和平統一，荊南判官孫光憲就功不可沒。據載，宋初，割據湖南的周行逢卒，其將張文表作亂。建隆四年（963），宋太祖命師出征。宋師假道荊南，約以兵過城外。荊南將李景威認為宋師志在滅荊南，勸荊南主高繼冲嚴兵以待；而判官孫先憲「叱之曰：『汝峽江一民爾，安識成敗！且中國（中原王朝）自周世宗時，已有混一天下之志，況聖宋受命，真主出邪！王師豈易當（阻擋）也！』因勸繼冲去斥候，封府庫以待，繼冲以為然。」結果，高繼冲迎宋師於郊，宋師前鋒遽入其城，荊南亡。〔註36〕吳越國接受和平統一，提議者也是通儒院學士、宰相崔仁冀。

此外，許多儒士還能文能武，成為軍事將帥（節度使、節度副使、刺史等），如後唐朝參與征討前蜀戰役並領兵平定康延孝叛亂的任圜、後周朝統率後周軍征討南唐並取得輝煌戰績的李谷等，都是儒士出身。他們統率軍隊征戰，對於平定內亂，消除割據，實現統一，作出了重要的貢獻。

三、儒士與五代文化教育

五代是個文化教育相對衰落的歷史時期，然而，在廣大儒士的努力下，文化教育也取得了一定的成績。

（一）興辦學校，推廣教化

儒學一向注重文化教育，認為教育是提高國民道德水平，達到治國安邦的重要途徑。受此影響，儒士為官後，常在自己職責範圍內倡導教化，興辦學校，招徒講學。如楊洞潛任南漢國宰相，他「陳吉凶禮法，請立學校，開貢舉」，〔註37〕對於南漢國推廣封建禮法，發展文教事業，提高嶺南地區文化水平，有重要貢獻。前蜀國主王建於永平元年（911）作新宮，集四部書於其中。宰相王鍇「因勸高祖（王建）興用文教」。他在奏疏中，引用歷史故事，論證「下武尊文」，以文治世的重要意義，謂：「秦滅墳典，以愚黔首，

〔註35〕《十國春秋》卷40，《馮涓傳》。

〔註36〕《新五代史》卷69，《高季興傳》。

〔註37〕《十國春秋》卷62，《楊洞潛傳》。

遂使聖人糟粕，掃地都盡；漢承秦弊，下武尊文，蕭何入關，唯收圖籍，文帝修學校，舉賢良，海內晏然，興崇禮義」，還有唐太宗、唐玄宗，都是重視儒學，重用儒士之主，在宮廷中廣聚圖書，推廣文教，於政治大有裨益。〔註38〕這對推動前蜀君主重視文教無疑是有積極意義的。「博學有才名」的母昭裔對後蜀的文教事業也有突出貢獻。史載「蜀土自唐末以來，學校廢絕，昭裔出私財營學宮，立黌舍（學校），且請後主鏤版印《九經》，由是文學復盛。」〔註39〕王審知據閩，以進士出身的翁承贊爲相。「承贊勸太祖（王審知）建四門學，以教閩土之秀者」，爲王審知接受。其「興學右文」之功載在史冊。〔註40〕在王審知的身邊，依附著一批避戰亂而來的「唐衣冠卿士」。王審知興辦四門學以教閩中秀士，教育使命理當由這些儒士承擔。

五代時期由於戰亂多，社會動蕩，財政困難，因而官學凋敝，文化教育主要由在朝仕宦或隱居泉林的儒士私人教授承擔。如南唐江夢孫，「祖禰不仕，以儒道自高。夢孫少傳先業，頗蘊經義，旁貫諸書，籍籍聲譽，遠近崇仰。諸生弟子不遠數郡而至者百人，春誦夏絃，以時開講，鼓篋函文，庠序常盈。」江夢孫曾被南唐徵聘入朝爲官，致仕後仍操教授之業，「就庠序集門生弟子說釋經義，一如往時」。江夢孫在教育事業上貢獻顯著，史載「其後門人弟子仕途強半通顯者」，爲南唐及其後北宋政權造就了不少政治之才。〔註41〕在南唐積極從事教育事業的儒士還有「精究經史」的黃載、「舉明經第一」的朱弼、「孤貧力學，積書至數千卷」的陳貺等。其他政權中也不乏熱衷於招徒教授的儒士。

（二）保存、整理文化典籍

圖書是文化傳承的載體。在五代，一些有遠見卓識的統治者，在極困難的條件下，仍積極地從事圖書的搜集與收藏工作。而這其中，儒士在背後的推動之功是不可忽視的。從史籍記載來看，當時幾乎所有熱衷於典籍搜集收藏的君主、將領，他們身邊通常都有一群受賞識的儒士。如後梁朝魏博節度使羅紹威，「性復精悍明敏，服膺儒術，明達吏理，好招延文士，聚書萬卷，開學館，置書樓」。〔註42〕書籍雖由將帥出資搜購收藏，但具體搜求、保存

〔註38〕《十國春秋》卷41，《王鍇傳》。
〔註39〕《十國春秋》卷52，《母昭裔傳》。
〔註40〕《十國春秋》卷95，《翁承贊傳》。
〔註41〕《江南野史》卷8，《江爲傳》。
〔註42〕《舊五代史》卷14，《羅紹威傳》。

工作無疑是由其身邊的儒士承擔的。後唐朝韓惲，家世軍職，他「親狎儒士，好爲歌詩，聚書數千卷」。〔註43〕在後唐、後晉、後漢數朝均在朝中任職的翟光鄴，「好聚書，重儒者，虛齋論議，唯求理道」。〔註44〕

儒士爲官後，更成爲當時典籍的主要搜求、收藏者，並且在從政之餘，手自校勘刊誤。如鎮州儒士賈馥，曾爲鎮州節度使王鎔判官，後唐朝累爲鎮、冀屬邑令，他「家聚書三千卷，手自刊校」。〔註45〕前蜀國王鍇，「家藏異書數千本，多手自丹黃」。〔註46〕南平國孫光憲，「性嗜經籍，聚書數千卷，或自抄寫，孜孜校讎，老而不廢」。〔註47〕南唐魯崇範，出身貧寒而讀書自若，「九經子史，廣貯一室，皆手自校定」。〔註48〕一些隱遁不仕的儒士，儘管生活窘迫，也於山中構室，會聚圖書至千餘甚至數千卷。他們在讀書、講學之餘，還常常做典籍的整理校定工作，糾謬補闕，對文化典籍的保存貢獻良多。

一些儒士出身的官員爲推動儒學的傳播，爲封建統治服務，組織碩儒對儒家九經（唐以《三禮》、《三傳》、《易》、《書》、《詩》合稱《九經》）進行校定並刻板廣泛印行。在這方面，後唐宰相馮道及後蜀宰相毋昭裔貢獻最突出。馮道倡議所刻「九經」於後周廣順三年（953）全書刻成，因由國子監負責雕印，後來稱作「監本」。毋昭裔是以私人財力刻書印行，除「九經」外，還有《文選》、《初學記》等。

（三）著書立說

儒士們在繁忙的政治、軍事活動之餘，還著書作文，著作種類涉及政論、文學（論）、史學、科技、哲學、藝術等，一些儒士的著作還流傳到高麗、契丹等地，爲異國他鄉的知識人士所喜愛和敬仰。其中，儒士在史學上的成就較突出。

後梁時，李琪歷職兵、禮、吏部侍郎，受命與馮錫嘉、張充、郤殷象等同撰《梁太祖實錄》30 卷。由於李琪所撰《梁太祖實錄》敘述欠工，事多漏略，後梁朝廷復詔儒臣敬翔補緝其缺，撰成《大梁編遺錄》30 卷，與李琪實

〔註43〕《舊五代史》卷92，《韓惲傳》。
〔註44〕《舊五代史》卷129，《翟光鄴傳》。
〔註45〕《舊五代史》卷71，《賈馥傳》。
〔註46〕《十國春秋》卷41，《王鍇傳》。
〔註47〕《十國春秋》卷102，《孫光憲傳》。
〔註48〕《十國春秋》卷29，《魯崇範傳》。

錄並行。後唐朝，李琪又以在內署時所爲制詔，編爲《全門集》10 卷，大行於世。李愚於後唐朝受命監修國史，與諸儒修成《創業功臣傳》30 卷。後唐趙州軍事判官賈緯，長於史學，鑒於唐自武宗以後無實錄，史官之職廢，賈緯採次傳聞，撰成《唐年補錄》65 卷。該書雖存在闕誤，但「喪亂之際，事迹粗存，亦有補於史氏」。後漢朝，賈緯又與竇儼、王伸等儒臣同修後晉高祖（石敬瑭）、出帝（石重貴）、後漢高祖（劉知遠）等多位五代君主實錄，至後周初修成。〔註49〕張昭遠徵集唐昭宗朝史料，撰成《昭宗本紀》，後趙熙刪削訂正，於後晉開運二年（943）撰成《唐書》（《舊唐書》）220 卷。儒士賈緯、張昭遠均是秉筆撰作者。「在《二十四史》中，這部書不算上乘之作，但保存唐代史料之功，決不可以抹煞。」〔註50〕

避亂於荊南的儒士孫光憲，他搜集大量圖書，校勘抄寫到老不止；又集所知士大夫軼事和社會風俗，寫成《北夢瑣言》一書，對今人研究唐、五代歷史有重要參考價值；他所作的詞，意識高超，大部分見於《花間集》。少舉進士的高越也有史才，南唐後主時，他與徐鉉、喬匡舜、潘祐等士人共同撰成《吳錄》20 卷，又自撰《（南唐）元宗實錄》10 卷。南唐保大初進士郭昭慶，曾撰《唐春秋》30 卷，另有政論《經國論》等行於世。南漢王定保撰有《摭言》15 卷。前蜀毛文錫有《前蜀紀事》2 卷。等等。

五代儒臣所修有關唐末、五代歷朝之史，保存了大量真實的歷史資料，爲宋代史臣纂修五代史著創造了便利條件。而史學在五代取得較顯著的成績，一方面當然是眾多儒臣的努力；另一方面又與君主重視，設立史館，委任儒士出身的宰臣監修，並組織一批善長史學的儒臣共同修撰，有莫大關係。

四、餘　論

總而言之，儒士在協助五代出身於武夫的愚魯統治者開創霸業、立國施政、安定社會、恢復發展經濟、推廣教化等等方面，都作出了重要的貢獻。在五代十國之中，後唐、後周、吳越、南唐等國統治者是最重視並廣泛任用儒士爲官的，因而這幾個王朝的政治就較清明，社會較穩定，文化有所成就，備受後世史家讚揚；而後漢王朝統治者是最鄙視儒士的，當時任職樞密院的史弘肇、楊

〔註49〕《新五代史》卷 57，《賈緯傳》。
〔註50〕沈起煒《五代史話》，第 153 頁。

邠都是武夫出身，史弘肇曾揚言：「安朝廷，定禍亂，直須長槍大劍，至如毛錐子（毛筆，喻儒士），焉足用哉！」〔註 51〕楊邠也說：「爲國家者，但得帑藏豐盈，甲兵強盛，至於文章禮樂，並是虛事，何足介意也。」〔註 52〕因此，後漢朝，儒士在政治上幾無立足之地，甚至像李崧這樣在前朝頗受君主重視並對政治有積極作用的儒臣竟遭滅族慘禍。由於朝野均爲武夫把持，後漢統治很快陷於內亂，僅三年而崩潰，可謂曇花一現。其他政權，如南漢國，前期重用儒士爲官，政治清明，國勢蒸蒸日上；後期疏遠斥逐儒臣，陷入宦官專權，政治黑暗，終至亡國。〔註 53〕儒士在治國安邦中的積極作用是顯而易見的。正因爲如此，後周兩位君主對儒士都格外器重，把一批著名儒士推上了重要的政治舞臺，如范質爲兵部侍郎；李谷爲戶部侍郎，判三司，並爲宰相；以張昭爲戶部尚書；王易爲禮部尚書；張沆爲邢部尚書；段希堯爲工部尚書；李詳爲吏部尚書，等等，將政治、軍事、財政等大權均託付儒士。「郭威所起用的文官，多屬才幹出眾，有治國經驗者，這對健全和加強三省六部職能，改變馬上治天下的陋習，是有積極的意義的。」〔註 54〕周世宗當政後，後周朝重要官職應由科舉出身的儒士充任已形成爲統治集團的一種共識，以至周世宗欲用非科舉出身的魏仁浦爲相時竟招致一片非議之聲。這改變了唐末五代以來長期武夫執政的局面，爲其後北宋推行文治政策，崇文抑武開闢了道路。

引用文獻

〔1〕歐陽修，《新五代史》〔M〕，北京：中華書局，1974 年。

〔2〕鄭學檬，《五代十國史研究》〔M〕，上海：上海人民出版社，1991 年。

〔3〕薛居正，《舊五代史》〔M〕，北京：中華書局，1976 年。

〔4〕吳任臣，《十國春秋》〔M〕，北京：中華書局，1983 年。

〔5〕陶懋炳，《五代史略》〔M〕北京：人民出版社，1985 年。

〔6〕龍袞，《江南野史》〔M〕，四庫全書本。

〔7〕曾國富，《儒學對五代吳越國歷史的影響》〔J〕，孔子研究，2007，（5）。

〔8〕陶岳，《五代史補》〔M〕，文淵閣四庫全書本。

〔註 51〕《舊五代史》卷 107，《史弘肇傳》。

〔註 52〕《舊五代史》卷 107，《楊邠傳》。

〔註 53〕曾國富：《士人的任廢與南漢王朝的興衰》，載《嶺南文史》1995 年第 2 期。

〔註 54〕鄭學檬：《五代十國史研究》，第 106 頁。

〔9〕沈起煒，《五代史話》〔M〕，北京：中國青年出版社，1983 年。

〔10〕曾國富，《士人的任廢與南漢王朝的興衰》〔J〕，嶺南文史，1995，（2）。

五、唐末五代將帥身後的女性

摘　要

　　唐末五代將帥身後的女性，是當時社會的一個特殊群體。雖然她們人數不算眾多，但是由於她們與將帥生活貼近，因而對將帥、對歷史有著不可忽視的影響和作用。爲了謀求政治、軍事利益，將帥們在多方面利用了他們身後的女性。受時代的影響，這些女性雖然也有過榮華與安逸，但她們的人生結局卻大多不幸。透過唐末五代將帥身後女性的生存狀態，可以窺見封建時代婦女的地位及其命運。

關鍵詞：唐末五代；將帥；女性

中國古代歷史上，女性的活動常常為封建史家所忽略，史書中難覓有關女性的史料。然而，在五代十國這樣一個戰爭連綿的時代，佔據史籍大量篇幅的是軍事將帥的傳記。史家在記述這些將帥事跡過程中，自覺或不自覺地將將帥身後的一些女性的事跡及其命運也作了極簡略的記錄。透過這些稀疏而零散的史料，我們可以概略地瞭解到唐末五代時期活躍在軍事、政治歷史舞臺上的將帥們身後的女性（他們的母親、妻子、女兒、姐妹、妾、妓、侍婢等）的生存狀態及其命運。以下從身後女性對將帥的影響、將帥對身後女性的利用及將帥身後女性之命運幾個方面展開考察與論述。

一

當今社會，當我們注目於那些功成名就的男性人物時，我們會發現，這些成功男人的身後，往往都有一位賢慧可敬的女人（多為妻子）給予了男人以積極的影響和支持，謂之「男人的一半是女人」。當我們將目光聚焦於五代將帥（可視為軍事上的成功者）時，我們同樣可以發現，這些將帥儘管叱吒風雲，頤指氣使，不可一世，但他們身後的女性（主要是母親、妻子）還是或多或少地對他們的為人甚至軍事行動有所影響，而且是積極影響大於消極影響。

朱溫是唐末軍事勢力崛起迅速的一員將帥，也是五代後梁政權的開創者。朱溫以獨斷專橫著名，常常目空一切。然而，其母，其妻，卻仍以子視之，以夫視之，對其諄諄教誨，甚至對其發號施令！朱溫成為大權在握的節度使後，「盛飾輿馬」，衣錦還鄉。然而，母親王氏仍然鄙視朱溫的為人，對來迎接的使者說，朱溫「落拓無行，何處作賊送死，焉能自致富貴？」當確證鎮汴（今河南開封）大將真的是自己的兒子時，王氏並未大喜；當朱溫向老母親誇耀自己已成為顯赫的節度使，譏諷其父「業儒，不登一命」時，王氏嚴肅批評其道：「汝致身及此，信為英特，行義未必如先人」，「英特即有，諸（其他）無取也」。指出其子朱溫除了乘天下動亂得以崛起成名之外，其餘為人行事一無是處！老母的肺腑之言對朱溫觸動極大，「（朱）溫垂涕謝罪」。在其後的軍事活動中，朱溫「嚴察用法，無纖毫假貸」，王氏以女性特有的仁慈之心影響朱溫，常常規勸之，使朱溫「頗為省刑」。王氏所以能對朱溫的為人行政有積極影響，除了朱溫對母親孝敬，奉母親「未嘗少失色，朝夕視膳，為士君子之規範」之外，王氏淡泊名利，鄙視權勢，對兒子始終

嚴於要求，也是一個重要原因。〔註1〕朱溫之妻張氏，不僅有姿色，也有見識，朱溫對其深加禮異。張氏出身於將帥之家（其父為宋州刺史），又隨朱溫征戰，因而熟悉軍事，並參與了朱溫軍事行動的謀劃甚至指揮。據載，「張（氏）賢明有禮，（朱）溫雖虎狼其心，亦所景伏，每謀軍國計，必先延訪，或已出師，中途有所不可，張氏一介請旋，如期而至。其信重如此」。張氏被朱溫視作軍師，可知其戰勝攻取及勢力的壯大，其妻張氏是有貢獻的。封建史家也給予了張氏很高的評價，謂「能以柔婉之德，制豺虎之心，如張氏者，不亦賢乎？」〔註2〕

在唐末幾乎與朱溫勢均力敵並且成為宿敵的河東節度使、晉王李克用身後，也有幾位賢明而且富有政治遠見、軍事才能的女性，一是其妻曹氏，據載其「姿質閑麗，性謙退而明辨」。作為軍事將帥，李克用與朱溫有著相似之處：「性嚴急，左右有過，必峻於譴罰，無敢言者」，但曹氏例外，「（曹氏）從容救諫，即為解顏」。曹氏雖然沒有在軍事上對李克用有多大襄助，但她「恭勤內助，左右稱之」。李克用死後，曹氏仍對其子李存勗施加積極影響：一是協助李存勗消除內難，確立了晉王的軍事地位。李存勗繼位之初，李克用弟李克寧與大將李存顥等圖謀兵變奪權。曹氏與監軍張承業等當機立斷，先發制人，誅殺了李克寧、李存顥等叛將，消除了內難。二是時時規正李存勗的過失。史載李存勗「善音律，喜伶人諧浪」，曹氏「嘗提耳誨之」。〔註3〕如果說曹氏對丈夫、對兒子的幫助和影響主要在「內助」方面，那麼劉氏對李克用的幫助和影響則主要在軍事方面。據《北夢瑣言》記載，「晉王李克用妻劉夫人，常隨軍行，至於軍機，多所弘益」。中和四年（884）五月，發生汴京上源驛事變：朱溫誘騙李克用至汴京上源驛，一方面虛偽地盛情設宴款待，另一方面發兵突襲，企圖消滅晉軍，剷除競爭者。從大難中逃脫的李克用「憤恨，欲回軍攻之」。劉氏認識到出師有名很重要，況且在當時貿然與勢力強大的朱氏軍事集團決戰，形勢未必有利，劉氏及時阻止了李克用的衝動：「夫人（劉氏）曰：『公為國討賊，而以杯酒私忿，必若攻城，即曲在於我。不如回師，自有朝廷可以論列。』於是班退。」劉氏建議李克用借助唐朝廷的支持與朱氏鬥爭，確實是明智之舉。天復中（901～904），晉大將

〔註1〕《舊五代史》卷11，第155～156頁。
〔註2〕《北夢瑣言》卷17，第268頁。
〔註3〕《舊五代史》卷49，第671～672頁。

周德威爲朱氏汴軍所敗，汴軍乘勝進逼，圍困李克用晉軍於河東（太原）。「晉王（李克用）危懼，與周德威議，欲出保雲州」，即承認失敗，打退堂鼓；又是劉夫人阻止了李克用的錯誤之舉：劉夫人對李克用說：「存信（最早提出退保雲州者）本北方牧羊兒也，焉顧成敗？王常笑王行瑜棄城失勢，被人屠割，今復欲傚之何也？王頃歲避難轗軻，幾遭陷害，賴遇朝廷多事，方得復歸。今一旦出城，便有不測之變，焉能遠及北藩？」李克用接受了劉夫人的正確建議，堅守城池。「居數日，亡散之士復集，軍城安定，夫人之力也」。〔註4〕可見，晉軍在艱難時刻不致分崩離折，一蹶不振，而能重整旗鼓，卷土重來，並在李存勖的統率之下屢戰屢勝，最終推翻了朱氏建立的後梁政權，劉夫人的運籌帷幄之功是不可抹煞的。

後漢大將郭威（後通過兵變篡奪後漢政權，建立後周王朝）之妻柴氏、後周將帥柴榮之妻符氏、割據政權吳國將帥李昇（後篡奪吳國政權建立南唐）之妻宋氏，都有「賢內助」的美名。史載，郭威「壯年，喜飲博，好任俠，不拘細行」。柴氏「規其太過，每有內助之力焉」。〔註5〕柴榮在繼位前是後周的一員將帥，其妻符氏「性和惠」，深知柴榮情性。柴榮「或暴怒於下」，符氏「必從容解救」，很令柴榮敬重。〔註6〕南唐開國之主李昇原爲吳國大將徐溫的義子，借助義父資蔭成爲吳國將帥。徐溫死後，徐溫諸子想利用奔喪之機解除當時已大得人心的李昇的兵權，以除後患。李昇正準備啓程赴會，其妻宋氏「密以大計諫止」，使李昇逃過浩劫。〔註7〕否則，李昇勢必落入陷阱，建國（南唐）稱帝之事自然也無從談起。

身後女性對將帥的積極影響，不僅表現在她們成爲將帥的「賢內助」，規正其過失，爲其軍事活動出謀劃策，還表現在對將帥的重要決定堅決支持，即使爲此而需要作出重大的親情犧牲也在所不辭。南唐大將劉仁贍之妻薛氏支持丈夫殺子即爲典型一例。後周朝，周出師征南唐。南唐以大將劉仁贍督師堅守壽春城，使後周軍久攻不下。劉仁贍少子劉崇諫自料壽春城終難堅守，「夜泛小舟渡淮，謀紓家禍，爲軍校所執」。劉仁贍怒其子動搖軍心，下令腰斬之。有人求救於仁贍之妻薛氏。薛氏說：「崇諫幼子，固所不忍，

〔註4〕《北夢瑣言》卷17，第273～274頁。
〔註5〕《舊五代史》卷120，第1599頁。
〔註6〕《舊五代史》卷121，第1603頁。
〔註7〕陸游：《南唐書》卷130，《后妃諸王列傳第十三》。

然貸其死，則劉氏爲不忠之門」，促命斬之，然後成喪，聞者皆出涕」。〔註8〕在丈夫的衛國事業及親情之間，當二者不可兼得時，薛氏義無反顧地捨後者擇前者，給了劉仁贍堅定的支持。劉仁贍病死後，薛氏絕食五日而卒，可見其對丈夫的忠貞不渝。

當然，身後女性對將帥的影響並非都是正面的、積極的，也有負面的事例。一些女性爲著急功近利，鼓搗將帥爭權奪位，鋌而走險，招致失敗。但這類事例很少。

上述唐末五代將帥身後的女性，她們都有一個共同點：並不因爲兒子或丈夫是地位高、權勢重的軍事將帥而奉之若神明、俯首帖耳，唯唯諾諾；而是敢於對他們耳提面命，勇於規正他們的過失，甚至分擔他們的重擔，爲其排憂解難。他們對將帥改善爲人處世作風，發展軍事勢力，成就帝王霸業，都有著重要的貢獻。

二

唐末五代，身後的女性常常成爲將帥們利用以謀取軍事、政治利益的工具。

1、利用身後女性締結軍事同盟，鞏固自身地位

唐末五代是戰爭連綿的年代，軍事將帥都在想方設法團結一切可以團結的力量，以壯大自己，消滅對手，建立霸業。他們發現，利用身後的女性（主要是姐妹、女兒），通過婚姻形式，與並立的將帥或麾下的將領，形成親屬關係，可以比普通的軍事聯盟或隸屬關係，更有效地凝聚軍事力事，防止這一時期司空見慣的軍事火拼或叛亂的發生。這是唐末五代將帥常用的致勝「法寶」之一，事例俯拾皆是。

在唐末開始的汴（朱溫）、晉（李克用）爭衡中，成德節度使、趙王王鎔是介乎其間的一股軍事力量，兩方都在極力爭取。光化三年（900）九月，因爲與晉軍交通，王鎔受到朱氏汴軍的大舉進攻。爲防弱肉強食，王鎔遣判官周式遊說朱溫，指陳利害，請求停戰。朱溫接受停戰請求。爲了媾和，王鎔以其子、節度副使王昭祚及大將子弟爲人質，羈留於汴軍；爲了爭取並長期聯結、利用王鎔，使其成爲汴梁軍事集團的一個組成部分，朱溫「以女妻昭

〔註 8〕陸游：《南唐書》卷 13，《劉仁贍傳》。

祚」，將女兒作爲一根「繩索」，企圖「綁定」王鎔趙軍，爲其所用。〔註9〕河東節度使、晉王李克用，與定州義武節度使王郜結成軍事聯盟，也是通過兒女婚姻的辦法。同年十月，朱溫責讓定州依附河東，發兵攻之。當時被定州軍推爲留後的王郜之弟王處直對朱氏的責讓辯解道：「吾兄與晉王同時立功，封疆密邇，且婚姻也，修好往來，乃事常理耳。」〔註10〕

　　利用身後女性聯合其他軍事力量爲己所用，最成功的範例大約當數朱溫。他認識到魏博節度使羅紹威勢力的重要，先後將兩個女兒嫁給羅紹威之子羅廷規，使羅紹威不僅不構成對自己的威脅，還在軍事上、經濟上全力支持自己，爲其成就霸業作出了重要貢獻。值得注意的是，將帥們僅僅是利用其女兒、姐妹聯結其他軍事力量，對於其女兒、姐妹的情感生活甚至生死，常常是漠不關心的；一旦與之聯結的軍事力量失去了利用價值，他們會棄之如弊履，包括其女兒、姐妹，充分表現了軍閥、將帥的自私本性和冷酷無情。如朱溫以女妻魏博節度使羅紹威子羅廷規，在羅廷規死後迫使其女兒出家爲尼，以示對羅氏的「忠城」。〔註11〕李克用以女連姻河中節度使王珂，當王珂被朱溫攻擊，勢窮力屈時，無論其女兒如何修書求救，李克用也百般推辭，不肯施以援手，都爲顯例。〔註12〕

　　不僅在並立的軍事集團中存在著爭戰，即使在同一軍事集團中，勾心鬥角，爭權奪利，仍然難以避免。身後的女性依然是將帥們利用來聯合力量，化解矛盾，以立於不敗之地的法寶。如晉將李克寧（晉王李克用弟）之妻是晉將孟知祥之妹；而孟知祥之妻則是晉將李克讓（亦爲李克用弟）之女。一些將帥在勢力強大，建立政權，即皇帝位後，這種利用身後女性籠絡將帥，鞏固政權，維持統治的作法，仍被沿用。這就是五代時期公主嫁與將帥多，嫁與文臣少的奧秘所在。

2、利用身後女性取寵於君主或權臣以獲取政治利益，或剷除隱患

　　將帥在戰場上出生入死，爲的無非是獲得政治利益；而當他們發現利用身後女性同樣可以獲得政治利益時，他們會毫不猶豫地捨前者而取後者！後梁朝，朱溫養子朱漢賓歷職磁、滑、宋、亳、曹五州刺史、安遠軍節度使。

〔註9〕　《資治通鑒》卷262，第8534頁。
〔註10〕　《資治通鑒》卷262，第8537頁。
〔註11〕　《舊五代史》卷14，第192頁。
〔註12〕　《舊五代史》卷14，第199頁。

後唐莊宗滅梁後，朱漢賓被罷爲右龍武統軍，莊宗「待之頗薄」。「後莊宗因出遊其第，漢賓妻有色而慧，因侍左右，進酒食，奏歌舞，莊宗歡甚，留至夜漏二更而去，漢賓自此有寵」。〔註13〕將帥爲避免受到猜疑或鞏固既得地位，將女兒嫁與權臣或將帥之子，結爲親家者，在唐末五代史上亦屬常見現象。

當將帥之間有了嫌隙難以消除，已至你死我活境地，身後女性還被一些將帥用作消滅對方的誘弭。朱瑾利用妻子、家妓誘殺徐知訓即爲一例。徐知訓爲吳國大將徐溫之子，子憑父勢，不可一世，與將帥朱瑾產生了矛盾。朱瑾想利用身後女性去化解矛盾，「遣家妓通候問於知訓，知訓強欲私之」，使二將帥間矛盾更深。朱瑾決定以色誘殺徐知訓。據載，朱瑾「寵妓有絕色，知訓過（拜訪）別瑾，瑾置酒，自捧觴，出寵妓使歌，以所愛馬爲壽。瑾因延之中堂，伏壯士於戶內，出妻陶氏拜之，知訓答拜，瑾以笏自後擊之踣地，呼壯士出斬之」。〔註14〕朱瑾利用妻子及家妓殺了徐知訓，最終也不免被殺。其身後女性也成了將帥之間爭鬥的工具和犧牲品。

3、利用將帥身後的女性爭取反叛或敵對將帥的歸附

由於各種原因，或是內爭，或勢窮，將帥反叛或降敵是常常發生的事。這時候，反叛或降敵將帥身後的女性常可被利用以爭取他們的反正。

後梁貞明五年（919），吳國與吳越國發生軍事爭戰。吳國馬軍指揮使曹筠叛奔吳越。通常情況下，曹筠身後的女性難免被誅戮。然而，吳國大將徐溫卻將曹筠身後的女性視爲籠絡曹筠的一根長長的「繩索」：「徐溫赦其妻子，厚遇之，遣間使告之曰：『使汝不得志而去，吾之過也，汝無以妻子爲念。』」後吳越國派曹筠率軍與吳國作戰，曹筠果然感念吳國之恩叛逃回歸吳國。〔註15〕在汴晉爭衡中，晉王李存勗擄獲汴將王彥章之妻、女，對之善待有加，目的也是爭取王彥章的歸附。唐末五代，許多將帥都運用此道，以爭取反叛者或敵對者，並且屢顯奇功。畢竟，將帥與其身後的女性，總有一種割捨不斷的情愫牽連其中。

在戰爭中，善待敵對方將帥身後的女性，既可籍之爭取對方，亦可爲自己留下後路。

〔註13〕《新五代史》，第 496 頁。
〔註14〕《資治通鑒》，卷 270，第 8828 頁。
〔註15〕《資治通鑒》，卷 270，第 8846 頁。

　　勝敗乃兵家常事。將帥率軍作戰，輾轉奔走，其身後的女性留守城中，難免落入敵手，逃不出誅死的命運。而一些目光深遠的將帥，卻將這些敵對將帥身後的女性視作奇貨可居，善而待之。例如，唐末，朱溫西攻鳳翔，青州王師範乘虛分兵突襲朱梁諸州縣。其中，劉鄩突襲兗州，虜獲朱溫大將葛從周家屬。劉鄩「徙從周家屬外第，親拜其母，撫之甚有恩禮」。劉鄩善待葛從周老母及其家屬，目的在於爭取葛從周反叛朱溫，同時也可為自己留下一條後路。朱溫遣葛從周反攻劉鄩。「（劉）鄩以版輿置從周母城上，母呼從周曰：『劉將軍待我甚厚，無異於汝。人臣各為其主，汝可察之！』從周為之緩攻」。後劉鄩兵敗投降。正因為劉鄩善待了葛從周身後的女性，身為敗軍之將的劉鄩也得到了葛從周及朱溫的善待。葛從周「為具齋裝，送（劉）鄩歸梁」，並允許劉鄩「乘馬而衣裘」。朱溫對劉鄩也肅然起敬，「賜之冠帶，飲之以酒」，以為元從都押衙，身居顯職，以致朱溫「諸將見鄩，皆用軍禮」。〔註16〕如果劉鄩虐待或殘殺了葛從周身後的女性，其結局可想而知。

　　實際上，將帥對其身後女性的利用還有多種目的，諸如以之贈送其他將帥，以刺探其軍事情報；在面臨戰敗，形勢危急之時，又以之賄賂征服者，以求取生路，等等，不一而足。

三

　　唐末五代將帥身後的女性，由於有將帥的蔭庇，她們確曾有過錦衣玉食、歌舞昇平的令人嚮往的生活，似乎比當時戰亂時世其他女性更幸運，更優越；然而，從結局來看，她們的命運大多以悲劇告終。這是因為，五代是個風雲變幻的動盪時代，軍事上勝敗無常，政治上爾詐我虞，處急流、漩渦之中，將帥的命運也很不幸，或受君主猜疑而被誅殺，或兵敗而成擒。「樹倒猢猻散」。當將帥這棵大樹轟然而倒時，其身後的女性，自然也如依靠大樹生存的猢猻一般，難得如意結局。

　　當將帥兵敗被殺或被俘，他們身後的女性以自殺維護名聲及貞潔，或如財物一樣被擄掠瓜分，是屢見不鮮的現象。

　　據有兗、鄆二州的大將朱瑾與朱溫曾結拜為兄弟，後因利益衝突而爭戰，朱瑾兵敗奔吳，朱溫執朱瑾妻而歸。〔註17〕後唐末年，潞王李從珂反叛。西

〔註16〕《新五代史》，第226頁。
〔註17〕《北夢瑣言》卷17，第268頁。

都留守王思同被朝廷任命爲平叛主帥，兵敗後，叛軍將帥「盡取思同家資及妓妾」。〔註18〕甚至有時候將帥旋興旋滅，他們身後的女性也如走馬燈一樣，歸屬於不同的主人。後晉天福五年（940），安州將帥李金全反叛，投奔南唐。後晉發兵討之。南唐遣鄂州屯營使李承裕將兵三千接應。李承裕欺負窮途末路的李金全，將其妓妾資財全部搶奪去。後南唐軍被後晉軍打敗，李承裕被斬，其所掠得的妓妾資財自然也歸晉將帥所有。〔註19〕楚國舒川刺史楊昭暉有女而美。值軍將陸孟俊發動兵變，廢楚王馬希萼，改立馬希崇爲楚王，並殺揚昭暉，取其女獻給馬希崇。後南唐滅楚，馬希崇舉族遷徙入南唐。後周攻南唐，入揚州，馬希崇以楊氏送後周將帥韓令坤。〔註20〕正因爲將帥一旦失勢或被誅死，其身後女性難免被掠奪、受淩辱，因此，不少將帥在面臨絕境時，首先迫使她們自殺或親自將她們殘忍殺害。

不僅是敗軍之將身後的女性遭到搶奪，即使在同一軍事集團中，不同將帥之間互相爭奪身後女性之事也經常發生，並由此引發激烈內爭以致反叛。後唐時，任圜出將入相，妾妓如雲。一日，樞密使安重誨拜訪任圜。任圜出妓妾侍候。妓妾善歌而有色。安重誨索要。任圜不給。二人由是相惡。後值大將朱友殷被誣告反叛，安重誨乘機誣陷任圜與朱守殷勾結，矯詔殺之。〔註21〕壽州刺史盧文進有女而美，後唐莊宗之弟李存矩求之爲側室，文進以其大將不敢拒，雖與，心常嫌之，後殺李存矩而叛，投奔契丹。〔註22〕徐知訓與李德誠均爲吳國大帥。李德誠有家妓數十，徐知訓向德誠乞取。李德誠婉言拒絕謂：「家之所有皆長年，或有子，不足以待貴人，當更爲公求少而美者。」徐知訓大怒，對李德誠的使者說：「會當殺德誠並其妻取之！」〔註23〕徐知訓又欲奪取將帥朱瑾的妓妾，結果被朱瑾以妓妾誘殺！

將帥身後的女性還常常被作爲人質而羈留於敵方或京師，成爲敵方或君主控制將帥的「韁繩」。受淩辱，被誅殺常常是這些女性揮之不去的噩夢！

朱溫攻克邠州，將靜難軍節度使楊崇本的妻子作爲人質羈留身邊。「本妻美，全忠（朱溫）私焉，既而歸之」。楊崇本怒，與李茂貞連兵反抗朱溫。

〔註18〕《資治通鑒》卷279，第9110頁。
〔註19〕《資治通鑒》卷282，第9214頁。
〔註20〕《資治通鑒》卷293，第9553頁。
〔註21〕《北夢瑣言》卷18。
〔註22〕《新五代史》，第539頁。
〔註23〕《資治通鑒》卷270，第8827頁。

〔註24〕君主調遣將帥出征，憂慮將帥不忠，常將其母、妻等羈留京師。一旦將帥叛降或兵敗，其身後的女性便成為替罪羊，慘遭屠戮。後周征南唐，南唐大將朱元降。其妻、女理當受誅。朱元之妻查氏是南唐權臣、大將查文徽之女。查文徽竭力救女。後主不許，批示道：「只斬朱元妻，不殺查家女」，堅持誅殺。〔註25〕對於一些降將身後的女性，即使君主想開恩不殺，也會遭到朝中大臣的極力反對而不得不「照章行事」。將帥降敵，妻女受誅，是唐末五代社會一種普遍現象。

一些將帥對身後的女性冷酷無情，一旦感到利益受損或被危及，便斷然將她們逐出或殺害，棄如敝履。吳王楊行密夫人楊氏，是其麾下將領朱延壽之姊。當朱延壽勢力越發壯大，楊行密感到朱延壽難以控制時，便利用夫人楊氏誘殺朱延壽，並「出夫人使更嫁」。〔註26〕後晉朝，天雄軍節度使范延光反，以馬步都監李彥珣守城。招討使楊光遠奉命征討，久攻不下。楊光遠「知彥珣邢州人也，其母尚在，乃遣人之邢州，取其母至城下，彥珣望見，自射殺之。」〔註27〕

將帥身後的女性依靠將帥而生存，一旦將帥失勢或死亡，他們身後女性感到前景黯淡，悲觀失望，出家為尼成了她們通常的選擇。失去榮華，歸於平淡，猶勝於落泊受辱。晉王李克用臨終之際，其夫人陳氏「侍醫藥，垂泣言：『妾為王執掃除之役，十有四年矣，王萬一不幸，妾將何託！既不能以身為殉，願落髮為尼，為王讀一藏佛經，以報平昔。』」李克用死，陳氏「果落髮持經，法名智願」。〔註28〕兗、鄆將帥朱瑾被朱溫打敗，其妻被朱溫擄得。朱溫之妻張氏憐憫之，「度為尼。」〔註29〕此類事例還有不少。將帥身後的女性出家為尼，多為自願者，也有被迫者。

唐末五代將帥身後的女性，因為與將帥生活貼近，與將帥利害相關，她們關注將帥的事業，為其出謀劃策，對其過失嚴於督責，對將帥的為人、行政多有積極影響；然而，身處戰亂之世，政治、軍事利益為重，親情為輕，許多將帥將他們身後的女性視作可以利用來為自己謀取利益，擺脫厄運的工

〔註24〕《資治通鑒》卷264，第8626頁。
〔註25〕《江南野史》卷5，《朱元傳》。
〔註26〕馬令：《南唐書》卷8，《朱匡業傳》。
〔註27〕《新五代史》，第580～581頁。
〔註28〕《舊五代史》卷49，第673頁。
〔註29〕《舊五代史》卷11，第156頁。

具。時代風雲變幻，將帥興滅無常，這些女性的命運自然也坎坷多舛。她們的不幸，根源不止在於動亂的時代，更在於男尊女卑、君主專制的封建制度！

引用文獻

〔1〕薛居正，《舊五代史》〔M〕，北京：中華書局，1976 年。

〔2〕孫光憲，《北夢瑣言》〔M〕，西安：三秦出版社，2003 年。

〔3〕陸游，《南唐書》〔M〕，四庫全書本。

〔4〕司馬光，《資治通鑒》〔M〕，北京：中華書局，1956 年。

〔5〕歐陽修，《新五代史》〔M〕，北京：中華書局，1974 年。

〔6〕龍袞，《江南野史》〔M〕，四庫全書本。

〔7〕馬令，《南唐書》〔M〕，四庫全書本。

六、唐末五代時期北方民族將帥行事述論

摘　要

　　唐末五代連綿的戰爭，爲北方民族人氏以軍功晉身登上歷史舞臺創造了契機。他們具有勇悍善戰的作風，在克敵制勝、禦敵安邊、開拓疆土、平定叛亂等方面都有著顯赫的功勳。然而，由於種種原因，他們又有著許多人格缺陷，包括貪虐、多疑、不忠不義等。這些缺陷使他們很多人最終走上了反叛的道路，落得身死族滅的可悲結局。歷史給我們的啓迪是：馬上打天下，不可以馬上治天下；武可定國，文能安邦。

關鍵詞：唐末；五代；北方民族；將帥

　　唐末五代，中原地區農民起義，軍閥混戰。戰爭造成了社會動盪，邊防削弱，北方民族紛紛南遷定居。沙陀部族出身的軍閥李克用利用這些混居雜處的各族人氏，組成了一支強悍善戰之師 —— 晉軍（常稱蕃漢馬步軍），在為唐朝平叛定亂中發揮了重要的作用，功勳顯赫，並在軍閥混戰之中屢戰屢勝，開創了霸業。在晉軍長期的征戰中，許多勇悍善戰的民族人氏由士卒而晉身為將帥，並成為統治一方的行政長官（節度使、刺史等）。因此，在《新五代史》、《舊五代史》的人物傳記中，出身於北方民族的將帥就有 30 多位（不計算他們的後裔）。然而，實際上，當時活躍於戰場上及政壇的北方民族出身的人氏是眾多的，只是由於封建史家在記載他們事迹時，只記其定居地，以為籍貫，而沒有記錄他們的民族出身，使人誤以為漢族人氏而已。如康延孝，《新五代史》本傳只記其為「代北人也」，隻字不提其民族屬性，似乎是漢族人氏；然而《舊五代史》本傳則明確記其為「塞北部落人也」；又如康福，《新五代史》本傳記其為「蔚州人也」，但篇末卻透露了其民族成份：「康福世本夷狄。夷狄貴沙陀，故常自言沙陀種也。」當時，北方民族以沙陀族人眾勢大，康福也許是冒稱沙陀出身；但從其「狀貌類胡人而豐厚」，並且善於飼養羊馬，曾被後唐莊宗委任牧馬於相州，「逾年馬大蕃滋」看，康福出身於北方民族而非漢人是可以肯定的。再如安金全，《新五代史》本傳謂其為「代北人也」，隻字未提其民族出身；而《舊五代史》安審琦傳謂：「安審琦，字國瑞，其先沙陀部人也，父（安）金全，安北都護，振武軍節度使」。可見安金全是沙陀人而非漢人。安審暉，《舊五代史》不記其民族出身，而只提及其為「（安）審琦之兄也」，可知也是沙陀人。由此可見，累積軍功活躍在當時歷史舞臺上的出身於北方民族的將帥，並不僅止於本文提及姓名者，當還有不少因史籍沒有明確記載而被忽略者。這些民族人氏積極參與戰爭，立功受爵，平步青雲，以至為將為相為帝王。其中，出身於沙陀族而登上「九五之尊」大位的最高統治者有後唐莊宗李存勗、明宗李嗣源、後晉高祖石敬瑭、後漢高祖劉知遠等，因此史稱五代時期後唐、後晉、後漢為「沙陀三王朝」。如果將劉知遠兄弟劉旻在今山西建立的北漢政權也算在內，則是「沙陀四王朝」。除「五胡十六國」時期外，在中國古代歷史上，出身於少數民族而晉身將帥以致即皇帝位者人數之多，對歷史影響之深遠，大約僅見於五代時期。這是因為，唐末五代時期的連綿戰爭，為以勇悍、善戰著稱的北方民族人氏提供了廣闊的歷史舞臺，使他們得以大顯身手，成就功名。

一、勇悍的作風，顯赫的功勳

　　這些出自北方民族的將帥都具有一個共同的特點，即作戰異常勇悍，常常將個人生死置之度外。這勇悍不僅表現在他們為軍閥爭奪政權而逐鹿中原的內戰中，還特別表現在抵禦當時北方強悍民族契丹族的入寇戰爭中。例如，李存勗，沙陀族人，李克用之子，李克用死後繼位為晉王。雖貴為王，然而其勇悍作風仍為諸多將領歎服。唐天祐十九年（922）春，晉軍與汴軍爭戰正酣，晉軍後方受到威脅。在此危急之際，又逢契丹渡沙河內侵。處背腹受敵窘境之中，晉軍「諸將相顧失色」，「皆請旋師」。然而晉王李存勗不允。他親自率領親騎至新城勇敢迎戰契丹軍。「契丹萬餘騎，遽見帝（李存勗，滅後梁後稱帝，建立後唐王朝）軍，惶駭而退」。李存勗率軍「追躡數十里，獲阿保機之子。時沙河冰薄，橋梁隘狹，敵爭踐而過，陷溺者甚眾。阿保機方在定州，聞前軍敗，退保望都」。在與契丹軍隊作戰中，李存勗「身先士伍，馳擊數四」。契丹軍大潰，俘斬數千，追擊至易水，獲氈裘、罍幕、羊馬不可勝紀。〔註1〕李存勗的勇悍連素以作戰勇悍著稱的契丹軍隊及其將帥都望而生畏，屢戰屢敗。李嗣源，沙陀族人，亦以作戰勇悍聞名。他自小就「善騎射」，能「仰射飛鳥，控弦必中」。在朱溫發動對晉王李克用突襲的軍事事變中，他護衛李克用逾垣脫難；在與後梁軍隊的爭戰中，他常常身先士卒，以少勝多。晉王李克用「嘉其功，即以所屬五百騎號曰『橫衝都』，侍於帳下」，時人稱為「李橫衝」。乾寧四年（897），晉軍與後梁軍戰於青山口，在形勢不利之際，李嗣源堅貞不屈，主動請戰，「四中流矢，血流被股」而不退縮，終將後梁軍打敗。李嗣源「自青山之戰，名聞天下」。面對強悍的契丹軍，李嗣源依然毫不畏懼，如，天祐十四年（917）四月，契丹阿保機率眾攻幽州（今北京）。晉王李存勗召諸將議進取之計。「諸將咸言：『敵勢不能持久，野無所掠，食盡自還，然後躡而擊之可也。』」反映了諸將對契丹軍作戰的畏懼心理。然而，當時晉將周德威孤軍堅守幽州，危亡在即，諸將的持久之計顯然不合時宜。李嗣源力排眾議，請求晉王以突騎五千讓他率領去迎敵。晉王即以李嗣源率軍為前鋒。在與契丹軍遭遇，晉軍「失色」之際，李嗣源激勵晉軍將士說：「為將者受命忘家，臨敵忘身，以身殉國，正在今日。諸軍觀吾父子與敵周旋！」然後「挺身入於敵陣，舞楇奮擊，萬眾披靡，俄挾其帥而還。」充分體現了李嗣源父子身先士卒，對敵大無畏的勇悍作風及精神。受李嗣源父子的激勵，晉軍「呼躍奮擊，敵眾大敗，勢如席卷，委棄鎧

〔註1〕《舊五代史》卷29，第400頁。

仗羊馬殆不勝紀」，解了幽州之圍。正因爲李嗣源對敵作戰勇悍異常，功勳卓著，因之，當晉王李存勖滅後梁建立後唐王朝時，以頭觸碰李嗣源說：「吾有天下，由公之血戰也，當與公共之！」〔註2〕以勇悍著名的北方民族將帥還有很多，如李克用從父弟李克修，「每戰皆捷，勇懾諸軍」；〔註3〕李克用之仲弟李克讓，「少善騎射，以勇悍聞」。〔註4〕吐谷渾將帥李金全，「以驍勇善騎射，常從戰伐，以功爲刺史」。〔註5〕

由於具備勇悍的作風，又兼精於騎射，因之，這些出自北方民族的將領，在軍事上屢立戰功，出類拔萃，累積軍功而致顯位。

1、克敵制勝

自李克用應唐朝之召率蕃漢之師南下鎮壓唐末農民起義，平定軍閥叛亂，至晉王李存勖滅後梁，建立後唐王朝，其間二十餘年，戰爭無數。晉軍能屢戰屢勝，正是依靠了一批包括出自北方民族的將士奮勇作戰。諸如：李存信，「本姓張，其父君政，回鶻李思忠之部人也」。李存信少善騎射，能四夷語，通六蕃書，從李克用起代北，入關破黃巢，累以戰功爲馬步軍都指揮使，遂得寵，獲賜姓名，養以爲子。「存信數從征伐，以功領彬州刺史。」〔註6〕張從進，本「突厥南鄙人」，「事唐武皇（李克用），以騎射著名，攻城野戰，奮不顧命。嘗與（後）梁軍對陣，持銳首短刀，躍馬獨進，及兵刃既刜，則易以大鎚，左右奮擊，出沒進退，無敢當者。（後）唐莊宗、明宗素憐其雄勇，復獎其戰功，故累典大郡。」〔註7〕安審暉，沙陀人，後唐、後晉、後漢三朝大將安審琦之兄，「從莊宗平幽、薊，戰山東，定河南，皆預其功」。〔註8〕

在汴、晉長達15年的爭戰中，晉最終能滅後梁，建立後唐王朝，李嗣源、康延孝二將是功勳尤爲顯赫的。李嗣源，《資治通鑑》謂：「嗣源本胡人，名邈詰烈，無姓。（李）克用擇軍中驍勇者，多養爲子，……皆冒姓李氏。」〔註9〕李嗣源因爲勇悍善戰而成爲頗受晉王寵幸的大將。後唐同光元年（923）是汴、晉爭衡最關鍵，戰爭最艱苦的時刻，於晉而言可謂「黎明前的黑暗」。此時，後

〔註2〕《舊五代史》卷35，第485～487頁。

〔註3〕《舊五代史》卷50，第682頁。

〔註4〕《舊五代史》卷50，第681頁。

〔註5〕馬令：《南唐書》卷12，《李金全傳》。

〔註6〕《新五代史》卷36，第390～391頁。

〔註7〕《舊五代史》卷88，第1157頁。

〔註8〕《舊五代史》卷123，第1616頁。

〔註9〕《資治通鑑》卷255，第8308頁。

梁集結大軍阻擋於前，欲與晉軍決戰；北方強勁的契丹又「屢入寇，抄掠饋運」；晉的一些城池爲後梁攻取；晉後方重鎮潞州還發生了叛亂。當此之時，「人情岌岌，以爲（後）梁未可取，帝（晉王李存勗，同年稱帝，是爲後唐莊宗）患之」。危難時刻，是進還是退？晉諸將中主退者眾，連富有進取精神的重要謀臣郭崇韜也不例外。李存勗與信任的大將李嗣源謀議。李嗣源認爲汴、晉爭戰十多年，生民疲弊，如果不是出奇取勝，霸業如何可成？並表示「臣願當此役」，即願意率軍爲前鋒以滅後梁。於是，李存勗遣李嗣源將所部精兵五千，自德勝趨鄆州，一舉而拔之，使後梁統治集團人心驚恐，陣腳大亂。李嗣源因功授天平軍節度使。

康延孝，定居於代北（今山西代縣）的沙陀人，原效命於晉，後因避罪投奔後梁，以作戰勇猛成爲後梁大將。後梁末年，看到後梁政治腐敗，統治集團內爭激烈，他決定棄暗投明，帥百騎奔晉。康延孝給李存勗分析了汴、晉雙方形勢，指出後梁政治敗壞，軍事措置失當，滅亡在即，認爲如果晉王能「帥精騎五千自鄆州直抵大梁（今河南開封），擒其僞主，旬月之間，天下可定矣。」李存勗接受了康延孝的建議，再遣李嗣源爲前鋒攻取大梁，後梁果然旋踵而亡。

後梁王朝將領之中，雖出自北方民族的甚少，但亦有以軍功通顯者。除上述康延孝外，還有賀德倫。賀德倫，「其先河西部落人也」，「德倫少爲滑（州）之牙將。太祖（朱溫）領四鎮，德倫以本軍從，繼立軍功。累歷刺史、留後，遷平盧軍節度使。」〔註10〕可以說，名載史冊的眾多出自北方各民族的將帥，無一不是在戰爭中克敵制勝，累立戰功者。

2、禦敵安邊

五代時期，中原地區戰爭不止。北方強盛的契丹族經常乘虛而入寇，四處殺掠，使北邊地區不得安寧。在抵禦契丹族入寇的多次艱苦卓絕的戰爭中，出自北方民族的將領多次肩負重託，出色地完成了君主或將帥託付的使命。

五代初期，乘汴、晉爭戰之機，契丹屢屢入犯。晉王李存勗於戎馬倥傯之中多次率師親征，有效地阻擋了契丹的犯塞。天祐十四年（917），契丹軍大舉入寇。「是時言契丹者，或云五十萬，或云百萬，漁陽以北，山谷之間，氈車毳幕，羊馬彌漫」。在「上下恐懼」之際，沙陀名將李嗣源卻主動向晉王請纓，願以突騎五千迎擊契丹入犯之軍。結果，李嗣源率三千騎爲前鋒，與

契丹萬騎激戰。「契丹大敗，委棄氈幕、氊廬、弓矢、羊馬不可勝紀，進軍追討，俘斬萬計」。〔註11〕後唐清泰（934～936）初，契丹寇雁門。沙陀將帥安叔千從石敬瑭迎戰，敗之，進位檢校太保、振武節度使。

後晉末年，後晉與契丹關係惡化。契丹族傾國入犯。後晉軍隊頑強抗戰，取得多次勝利，使契丹軍隊苦戰多年而未能滅後晉。其中，不少出身於北方民族的將帥浴血奮戰於沙場上，在衛國戰爭中立下了不朽的功勳。

開運元年（944）正月，契丹軍大舉入寇。其中一支進犯太原。劉知遠（沙陀人）與白承福（吐谷渾人）合兵二萬擊之，破契丹偉王於秀容，斬首三千級。契丹自鴉鳴谷遁去。朝廷以劉知遠為幽州道行營招討使，寄予禦敵重任。又遣右武衛上將軍張彥澤（突厥族人）等將兵拒契丹於黎陽；命護聖都指揮使白再榮（「蕃部人」）守馬家口。七月，朝廷以河東節度使劉知遠為北面行營都統，督十三節度（使）以備契丹。開運二年正月，契丹寇邢、洺、磁三州，殺掠殆盡，入鄴都境。濮州刺史慕容彥超（吐谷渾人）與漢將皇甫遇率軍迎敵，與契丹大軍遭遇於榆林店。雖寡不敵眾，二將仍毅然決定布陣作戰，力戰百餘回合，殺敵甚眾。正當二將與契丹軍交戰不已時，將帥安審琦（沙陀人）意識到二將為契丹軍所困，衝破一些懷有畏敵情緒的漢將的阻擋，毅然發兵增援。契丹軍望見塵起，知後晉援軍趕來，立即解圍撤退。由此，「軍中皆服二將（按，指慕容彥超與安審琦）之勇。〔註12〕開運三年九月，契丹三萬寇河東。劉知遠又敗之於陽武谷，斬首七千級。史評家王夫之對劉知遠在抗擊契丹入寇中的功勳也評價很高，謂：「護河東片土，休兵息民，免於打草穀之掠殺，而待契丹之退，收拾殘疆，慰安殺戮之餘民，知遠之於天下也，不可謂無功。」〔註13〕張彥澤（突厥族人）敗契丹於定州北，又敗之於泰州，斬首二千級。史載「陽城之戰，彥澤之功出於諸將之右，其後與敵（契丹）接戰，頻獻捷於闕下」。〔註14〕在逐退契丹將麻荅的戰事中，白再榮「名次在諸校之右」，被諸軍請權知真定留後事。白再榮，「本蕃部人也。」〔註15〕吐谷渾首領白承福也率部協同後晉作戰，抗擊契丹的入寇。

這些出身於北方民族的將帥除了在抵禦入犯之敵的作戰中屢立戰功

〔註11〕《舊五代史》卷28，第390頁。
〔註12〕《資治通鑒》卷284，第9282頁。
〔註13〕《讀通鑒論》卷30，第1076頁。
〔註14〕《舊五代史》卷98，第1306頁。
〔註15〕《舊五代史》卷106，第1399頁。

外，在駐邊防邊方面也有突出貢獻。他們由於出身於北方民族，對當時北方民族情況熟悉，通曉蕃語，又勇悍能戰，因而常常成爲朝廷考慮邊將時的首選。實踐證明，他們許多人不辜負朝廷重託，能有效地禦敵於國門之外，使邊鄙得以安靖。如後唐初建，契丹屢入寇，造成了嚴峻的邊防形勢，莊宗深以爲憂。在多年戰爭已令威名宿將零落殆盡的景況下，最終選定了沙陀族出身的大將李嗣源駐邊防守，使邊鄙得以寧靜。同光三年（925），後唐出兵攻前蜀。在選擇軍事總指揮時，眾人共舉李嗣源，但因「契丹方熾，總管（李嗣源）不可離河朔」而只得另作考慮。這也說明了禦邊重任非一般將帥可勝任。李嗣源即帝位後，以石敬瑭（沙陀人）爲北京留守、河東節度使，兼大同、振武、彰國、威塞等軍蕃漢馬步總管。在其駐邊期間，契丹不敢南下。出自回鶻的張從訓，「讀儒書，精騎射，初爲散員大將，天祐（904～923）中，轄沙陀數百人，屯壺關（今山西壺關縣）十餘歲，節度使李嗣昭委遇之」。〔註16〕石敬瑭建立後晉，雖與契丹締結爲「父子」關係，但仍未喪失禦邊的警惕性。他以最受信任的劉知遠（沙陀人）爲河東節度使，肩負禦邊重任。康福，因爲出自北方民族，善於牧馬，被後唐莊宗任爲小馬坊使，令其牧馬於相州，「逾年而馬大蕃滋」。後唐發生內亂，莊宗被弒，李嗣源被亂兵迫反，兵過相州時，康福獻馬二千匹，李嗣源「軍勢由是益盛」。明宗繼位，康福拜飛龍使，領磁州刺史。康福在後唐朝最大的功績是治理西北邊疆。五代時期，西北爲党項、吐蕃民族所居。受中原地區戰亂的影響，西北邊疆地區也不得安寧，叛亂不時發生。朝廷命官多不得善終。靈武（今寧夏靈武縣西南）作爲西北一重鎮，其在遏止西北地區動亂，保持一方和平中具有重要意義，命官向來爲中原朝廷所重視。但「靈武深入夷境，爲帥者多遇害」，因而許多將帥視靈武爲畏途。時任樞密使的安重誨乃拜康福爲涼州刺史、朔方、河西軍節度使。康福赴任，採取突襲的辦法，「分其兵爲三道，出其不意襲之。吐蕃大駭，棄車帳而走，殺之殆盡，獲其玉璞、綾綿、羊馬甚眾，由是威聲大振。」康福的作法雖有民族壓迫的色彩，但它使吐蕃及党項等西北少數民族對於中原朝廷產生了畏懼心理。史載「（康）福居靈武三歲，歲常豐稔，有馬千馱，蕃夷畏服」。可見其治邊頗有成績，使後唐王朝的西北一隅局勢安定。〔註17〕

〔註16〕《舊五代史》卷91，第1204頁。
〔註17〕《新五代史》卷46，第514～515頁。

3、開拓疆土

後唐立國後的第三年，同光三年（925），在瞭解了前蜀國富饒而政治腐敗，人心離析之後，莊宗決定出兵滅前蜀，開拓疆土。此戰役以莊宗子、魏王李繼岌（沙陀人）為西川四面行營都統（總指揮），以康延孝（沙陀人）為先鋒排陣斬斫使。此戰役功勳最顯著者當屬康延孝。他率領先鋒軍下鳳州，收固鎮，降興州，敗王衍（前蜀國君）軍於三泉，晝夜兼程，進軍神速。前蜀國斷吉柏津浮梁，企圖阻擋後唐軍的攻勢。康延孝復造浮橋以渡，攻取綿州。王衍又斷綿江浮梁。康延孝以為，後唐軍千里遠襲，入入之國，利在速戰速決，如若待造浮橋，必得拖延時日，為敵軍提供了喘息之機，不如號令軍隊乘馬浮江，但得百騎過鹿頭關，前蜀君臣必然破膽，迎降不暇。結果，軍士隨之冒險過江者千餘人，遂入鹿頭關，下漢州。前蜀君臣果然迎降。平蜀之役，「延孝功為多」。康延孝也頗以自己的顯赫戰功自豪，曾謂其麾下曰：「南平（後）梁，西取（前）蜀，其謀盡出於郭公（崇韜），而汗馬之勞，攻城破敵者我也」。〔註18〕這並非自我吹噓，而是言之有據的。滅前蜀有功的北方民族出身的將帥還有安審琦（沙陀人）。王師伐蜀，安審琦充行營馬軍都指揮使，滅前蜀後以功改龍武右廂都校，領富州刺史。

4、平叛定亂

唐末五代是個動亂混戰的時期，農民起義蜂起雲湧；大小軍閥各自擁兵，自由調遣，或由於狐疑，或出於爭權奪利，稱兵作亂之事頻繁發生；邊境一些少數民族，也為著自身利益，乘中原王朝內戰，國力削弱之機，時起叛亂。在鎮壓農民起義，平定叛亂，維持王朝封建秩序穩定的軍事活動中，出自北方民族的將帥常常成為君主倚靠的重要對象。他們在平叛定亂戰爭中多有突出貢獻。

在唐末，沙陀族出身的李克用及其統率的蕃、漢之師就是唐朝利用以鎮壓農民起義及軍閥叛亂的重要力量。唐末，農民起義如秋風掃落葉，給唐朝統治以沉重打擊。內地各軍閥或不堪一擊，或為積蓄力量而袖手旁觀。沙陀將帥李克用以「雄武之略，為眾所推」，被唐朝任命為雁門節度使。中和二年（882）十月，李克用率忻、代、蔚、朔、達靼之軍三萬五千騎向京師長安進軍。次年二月，李克用軍在梁田陂打敗農民軍十五萬；三月又於零口打敗赴援的農民軍。四月，李克用軍收復長安。唐朝天子因其顯赫戰功而授予

〔註18〕《新五代史》卷44，第485～487頁。

李克用金紫光祿大夫、檢校左僕射、河東節度使。不僅政治地位提升，威望隆盛，而且軍力大增。史載李克用「既收長安，軍勢甚雄，諸侯之師皆畏之」。〔註19〕農民起義風暴基本平息後，各路軍閥展開了利權之爭。其中，鳳翔李茂貞、邠州王行瑜、華州韓建就聯合行動，「稱兵向闕，同弱王室，殺害宰輔」，氣勢咄咄迫人。當此之時，李克用及其蕃、漢之師再度成為朝廷藉以抗衡跋扈藩鎮的重要力量。乾寧二年（895）六月，李克用率蕃、漢之師自晉陽趨三輔，討李茂貞、王行瑜、韓建之亂。李克用「移檄三鎮，三鎮大懼」。至十月，李克用軍打敗叛軍，「收其城，封府庫，遽以捷聞」。因平定內亂有顯赫之功，李克用被唐朝廷賜以「忠貞平難功臣」稱號，進封晉王。唐天子遣使對李克用說：「苟非英賢竭力，朕何由再謁廟庭！」將唐朝統治得以延續之功歸於李克用。〔註20〕總之，在唐末，沙陀將帥李克用父子統率的蕃、漢之師成了唐朝倚賴的擎天之柱，為唐朝統治的延續提供了極大的支持。

五代（尤其是後唐、後晉、後漢三朝）時期，叛亂仍然多發。歷次平叛戰爭中，都活躍著北方民族出身的將帥的身影。

「沙陀三部落」出身的藥彥稠就多次參與平叛戰爭：曾從王晏球討伐定州王都之亂，「平之」；河中指揮使楊彥溫作亂，藥彥稠改侍衛步軍都指揮使，充河中副招討使，「將兵討平之」；西北党項族劫掠回鶻入朝使，朝廷詔藥彥稠屯駐朔方，「就討党項之叛命者，搜索盜賊，盡獲回鶻所貢駝馬、寶玉，擒首領而還；還曾逐退西北騷擾的「蕃戎」，「獲陷蕃士庶千餘人，遣復鄉里」；後唐末年，閔帝嗣位，潞王李從珂於鳳翔起兵奪位，藥彥稠又受任為副招討使，奉命與漢將王思同同攻鳳翔，結果兵敗被害。〔註21〕後唐天成（926～930）初，王都據定州叛，王師征討。「沙陀三部落之種也」的安叔千受命為先鋒都指揮使。叛平，安叔千以功授泰州刺史，連判涿、易二郡。參與平定王都之叛的還有李從敏，被任為副招討使。李從敏，「唐明宗之猶子也」，沙陀人，「善騎射，多計數」。〔註22〕

後晉朝，天福二年（937），范延光據鄴都叛。朝廷命宣武軍節度使、沙陀人揚光遠率師討平之。朝廷以其功高，授青州節度，封東平王，奄有登、

〔註19〕《舊五代史》卷25，第337頁。
〔註20〕《舊五代史》卷26，第354頁。
〔註21〕《舊五代史》卷66，第880頁。
〔註22〕《舊五代史》卷123，第1618頁。

萊、沂、密數郡。〔註23〕參與平定范延光之叛的，還有出自突厥族的將帥張彥澤，以功授華州節度使。天福五年（940），李金全據安州叛，詔馬全節爲都部署，安審暉爲副，領兵討之。安審暉，沙陀人也。叛平，安審暉進位檢校太傅。次年，襄州安從進叛，舉漢南之眾北攻南陽。南陽素無城壁，唯守衙城。安審暉率軍堅守，使叛軍不克而退。叛平，安審暉就加檢校太尉。「本突厥之族」的郭金海，曾於後晉天福二年（937）從王師討范延光於魏州，以功轉本軍都指揮使，領黃州刺史，後又先後參與平定楊光遠、安重進等叛亂，皆有功。

這些出自北方民族的將帥，不僅在壯年時期率軍叱咤於沙場上，爲國立功，而且有些在年老退休之後，當形勢危急，仍然不辭老病，毅然披掛上陣。如安金全，出自沙陀部落，爲人驍果，工騎射，事晉王爲騎將，數從莊宗用兵有功，官至刺史，以疾居於太原。當時，晉王李存勗率軍攻克魏博，晉與汴兩大軍事集團對峙於河上。後梁將王檀偷襲太原，攻城甚急。由於晉軍集中於河上，太原空虛，城守岌岌可危。在此根據之地行將失陷的危急時刻，老將安金全「強起謂（張）承業曰：『太原，晉之根本也。一旦不守，則大事去矣！老夫誠憊矣，然尚能爲公破賊！』承業喜，授以甲兵。金全被甲跨馬，召率子弟及故將吏得百餘人，夜出北門，擊（王）檀於羊馬城中，檀軍驚潰，而晉救兵稍至。」〔註24〕若非安金全的臨危披甲上陣指揮作戰，太原城被後梁攻陷，前線晉軍能否在汴、晉爭衡中取得最終勝利，則未可知也。

二、人格缺陷及其人生結局

出自北方民族的將帥在唐末五代歷史舞臺上立下了顯赫功勳，這是無可置疑的事實，也是他們得以晉身政治舞臺的資本。然而，當這些將帥從戰場轉向政壇，他們的形象，他們的作用，便迥然不同。由於存在著許多共同的人格缺陷，他們不僅在政治上沒有多少建樹，而且許多將帥是「爲官一方，危害一方」，以致鋌而走險，稱兵反叛，落得身死族滅的悲慘結局。

1、貪　虐

即爲官貪婪，爲人殘酷。因戰功而得出任一方行政官員（節度使、刺史等）的出身於北方民族的將帥，在任期間，多有貪婪表現。貪欲與手中的權

〔註23〕《五代史補》卷3，「楊光遠叛」條。
〔註24〕《新五代史》卷25，第273頁。

力相結合，加之缺乏應有的監督與獎懲機制，其結果自然是這些官員的以權謀私，為所欲為，荼毒一方，招致民怨沸騰。

「本蕃部人」的白再榮就以「貪昧」而知名。他在鎮定為官期間，曾企圖殺害宰相以掠奪其家財：「再榮以（宰相）李崧、和凝攜家在彼，令軍士數百人環迫崧、凝，以求賞給。崧、凝各出家財與之，再榮欲害崧以利其財。前磁州刺史李穀謂再榮曰：『公與諸將為契丹所擄，淩辱萬端，且夕憂死。今日眾力逐出蕃戎，鎮（州）民死者不下三千人，豈獨公等之功！纔得生路，便擬殺一宰相，他日到闕，儻有所問，何以為辭？」李穀義正辭嚴的斥責阻止了白再榮殺人越貨的企圖。宰相尚且想殺，則殺平民以掠其貨當是不難想像之事。白再榮「又欲括率在城居民家財，以給軍士，李穀又譬解之，乃止。其漢人曾事（契丹將）麻荅者盡拘之，以取其財」。由於「為政貪虐難狀」，鎮州民眾稱之為「白麻荅」。未幾，移授滑州節度使，又「箕斂誅求，民不聊生」。多行不義必自斃。後漢末年，郭威稱兵向闕，軍士圍攻白再榮第宅，「迫脅再榮，盡取財貨」，並奮刃擊之，挈其首而去。〔註25〕出自沙陀部族的劉信，也是「黷貨無厭」者，「在鎮日，聚斂無度，會高祖（劉知遠）山陵梓宮經由境上，（劉）信率掠吏民，以備迎奉，百姓苦之」。〔註26〕出自吐谷渾部的慕容彥超「為人多智詐而好聚斂」，後唐、後晉之間，「歷磁、單、濮、棣四州，坐濮州造曲受賕，法當死」，賴劉知遠自太原上章論救，得減死，流於房州。〔註27〕後晉朝，沙陀出身的楊光遠為平盧節度使，封東平王，「及赴任，僕從妓妾至千餘騎，滿盈僭侈，為方岳之最。下車之後，唯以刻剝為事」。〔註28〕沙陀人安審信「歷許、兗州鎮，所至聚斂為務，民甚苦之」；突厥族人郭金海在任職地方時「惟利是貪」等等。在《新五代史》、《舊五代史》等有關出身於北方民族的將帥的傳記中，幾乎都有他們貪殘的記錄！除貪婪於財物之外，還有對生靈的殘酷虐待。如出自沙陀的劉信，後漢朝為侍衛馬軍都指揮使、檢校太傅，兼義成軍節度使。「（劉）信性昏懦，黷貨無厭，喜行酷法。掌禁軍時，左右有犯罪者，召其妻子，對之臠割，令自食其肉；或從足支解至首，血流盈前，而命樂對酒，無仁愍之色」。〔註29〕出自突厥的張彥澤叛變

〔註25〕《舊五代史》卷106，第1399～1400頁。
〔註26〕《舊五代史》卷105，第1386頁。
〔註27〕《新五代史》卷53，第607頁。
〔註28〕《舊五代史》卷97，第1292頁。
〔註29〕《舊五代史》卷105，第1386頁。

投靠契丹後，率師攻陷京師，「數日之內，恣行殺害，或軍士擒獲罪人至前，彥澤不問所犯，但瞋目出一手豎三指而已，軍士承其意，即出外斷其腰領焉」。〔註 30〕出自沙陀的將帥劉知遠爲了掠奪吐谷渾貴族的財物，曾誅白承福等五族凡四百餘人。

對財物的貪婪及對生靈的恣意殘害，似乎是古代社會邊疆少數民族的一個較突出的特點。由於經濟水平低下，他們對財物有著強烈的欲求；又由於勇悍善戰，因而殺掠又成爲他們謀取財物的重要手段。如史載「契丹主阿保機強盛，室韋、奚、霫皆役屬焉。奚王去諸苦契丹貪虐，帥其眾西徙媯州，依劉仁恭，號西奚」；又謂「諸奚畏契丹之虐，多逃叛」。〔註 31〕在這些出自北方民族的將帥看來，貪虐習以爲常，並不屬於罪惡。

2、多　疑

多疑是許多出自北方民族的將帥所共有的另一特點。白再榮素以「舉止多疑」而著稱，「出入騎從，露刃注矢，諸校不相統攝，互有猜貳」。〔註 32〕彷彿處處都有暗箭似的，時刻提防。安審信也以「疑忌」出名，「在蒲中時，每王人告諭，騎從稍多，必潛設備，以防其圖己」。〔註 33〕李金全（吐谷渾人）以力戰有功得連典大郡，其最後叛變投奔南唐也是因爲狐疑。後晉天福五年（940），朝廷命馬全節爲安州節度使以代李金全。這本屬正常調遣。五代時期，統治者爲了防止地方將領久治一地，根深葉茂，形成割據勢力，因而頻頻遷移節帥。李金全經其身邊奸吏挑唆，懷疑朝廷是以遷徙爲藉口追究其罪衍，於是，「懼，使其從事張偉奉表詣金陵（南唐）請降」。〔註 34〕

這些出自北方民族的將帥之多疑性格，一方面的原因是五代時期政治形勢險惡，官場上君臣爾詐我虞，勾心鬥角，你死我活，因而官員大多心懷疑慮；另一方面的原因是，這些將帥雖有戰功，受君主的寵遇、姑息，但他們爲官一方，大多政績不佳，加之爲人殘酷、貪婪，以聚斂爲務，招致民怨沸騰，因此，他們擔心朝廷追究，受到懲治甚至誅戮，故而疑慮重重，動輒或興兵反叛，或投奔他方。當然還與他們少數民族的出身有關。古代社會，統治者的民族歧視時刻存在，他們認爲邊疆民族人氏「非我族類，其心必異」，

〔註 30〕《舊五代史》卷 98，第 1307 頁。
〔註 31〕《資治通鑒》卷 281，第 1700 頁。
〔註 32〕《舊五代史》卷 106，第 1399 頁。
〔註 33〕《舊五代史》卷 123，第 1617～1618 頁。
〔註 34〕《南唐書》卷 10，《李金全傳》。

因而一方面是利用，另一方面則是提防。正如唐末沙陀將帥李克用對朝廷所言的：「朝廷當阽（臨近）危之時，則譽臣為韓、彭、伊、呂；及既安之後，則罵臣為戎、羯、胡、夷」。〔註35〕不少功勳顯赫的出自北方民族的將帥，都曾無端地遭受過朝廷的猜疑，如李嗣源、安重誨、康福等。既如此，這些將帥也難免疑慮重重。

3、忠義觀念淡薄

在封建時代，儒家學說及封建統治者都極力宣揚和激勵為人臣者要忠於君主、國家，以至為忠義而拋頭顱，灑熱血。受此影響，五代時期，漢族將士中，多有以忠義而獻身者。他們為君主而賣命，寧死不屈，因而名垂史冊。然而，總觀這時期出身於北方民族的將帥的事迹，可以發現，他們當中，大多數人忠義觀念淡薄，因而常常是看風駛舵，唯利是圖。只要對己有利，他們不惜背叛君主、國家。這是因為，他們出身於文化教育落後的邊疆民族，很少受過儒家學說的薰染，頭腦中忠義觀念淡薄。

後晉末年，契丹南犯。在家國存亡的危急時刻，一些將帥卻暗地裏與契丹串通。沙陀出身的將帥安叔千是其中之一。契丹滅後晉後，安叔千因「遠輸誠款」而得契丹授為鎮國節度使。契丹敗退後，安叔千失去靠山，得不到重用，抑鬱而終。康義誠，沙陀人，以騎射事晉王李存勗，後唐初為突騎指揮使。從李嗣源討伐叛亂的趙在禮，至魏州而遇兵變。康義誠「前陳莊宗（李存勗）過失，勸明宗南向」，鼓動李嗣源反叛奪權。李嗣源即帝位後，康義誠歷任侍衛親軍馬步都指揮使、領河陽三鎮節度使；出為山南東道節度使，復為親軍都指揮使，領河陽，加同中書門下平章事，可謂榮寵已極。然而，當明宗（李嗣源）臨終，秦王李從榮急於登極而舉兵時，「明宗涕泣召義誠」，「而義誠卒不出兵」，坐觀成敗。後唐末年，潞王李從珂為奪權而反叛。康義誠主動請纓，請求統率禁軍前去平叛。愍帝以為然，任命康義誠為招討使，並親給將士以獎勵。然而，康義誠實際上是率親軍投奔新主李從珂去的。〔註36〕張彥超，沙陀部人，曾以騎射事後唐莊宗、明宗，擢授蔚州刺史。後唐末年，因與石敬瑭不協投奔契丹。契丹滅後晉，張彥超被授晉昌軍節度使。契丹北撤，劉知遠入洛陽，建立後漢王朝，張彥超「飛表輸誠」，被授保大軍節度使。郭威舉兵向闕，後漢隱帝令張彥超董騎軍拒敵。劉子陂兵亂，張彥超「先謁

〔註35〕《資治通鑒》卷258，第8409頁。
〔註36〕《新五代史》卷27，第296〜297頁。

見太祖（郭威）」，被授神武統軍。〔註37〕後唐末年，大將石敬瑭勾結契丹反叛。後唐朝廷以張敬達爲總指揮，督師討亂。在形勢危急之際，漢將張敬達寧死不降。楊光遠及安審琦合謀殺張敬達而降敵。楊、安二將均爲沙陀人。此類事例還有很多。總之，北方民族出身的將帥中，看風駛舵，叛服無常者多，而忠君愛國，舍生取義者則鳳毛麟角。在重要戰役中，朝廷多以漢族將帥爲主帥，而以出自北方民族的將帥爲副帥，似乎體現了朝廷以此互相監督、牽制的旨意之外，還體現了統治者對於漢族將帥的信任大於其他民族出身的將帥，因爲漢族將帥的忠義思想一般而言較濃厚，而民族將帥的忠義觀念則較淡薄。

正因爲具有上述較突出的人格缺陷，使五代時期許多出身於北方民族的將帥，難以取得良好政聲，難以取得君主信任；同時由於上述人格缺陷，不少曾多次參與平叛並且功勳顯赫的將帥最終卻走上了反叛之路，落得了身死族滅的可悲結局。

前已述及，出自「塞北部落」的康延孝，在晉滅後梁的戰爭及後唐滅前蜀的戰爭中，都立下了顯赫戰功。然而他最終卻死於反叛。後唐滅前蜀不久，後唐發生內亂，莊宗遇弒。康延孝即舉兵反叛，「自稱西川節度，三川制置等使，以檄招諭蜀人」。結果兵敗被殺。康延孝的反叛，固然與統治集團內部權力之爭有關，同時也是其看風駛舵，企圖割據川蜀政治野心的體現。封建史家評論「延孝性驍健，殉利奮不顧身」，可謂一針見血。〔註38〕後唐明宗死後，皇位爲其諸子（包括養子）爭奪。當時石敬瑭（沙陀人）正率大軍屯駐於邊疆，擁有雄厚實力，自然也對皇位垂涎三尺。最終，石敬瑭勾結契丹爲援，發動叛亂，奪取了後唐朝政權，建立後晉王朝。楊光遠（沙陀人）在後唐朝頗得莊宗、明宗重用；然而，在石敬瑭勾結契丹反叛之時，作爲朝廷委任的平叛副總指揮，不是督軍戮力作戰，爲君爲國效命，而是襲殺平叛軍總指揮張敬達，向叛軍投誠，與叛亂合流。參與反叛的還有馬軍都指揮使安審琦，亦爲沙陀人。張彥澤（突厥人），在後晉末年抵抗契丹入寇的戰爭中曾有顯赫功勳，但當形勢不利時，也舉兵反叛，向契丹投降，並作爲契丹的先鋒軍一馬當先攻陷首都，凌辱君主，殺害大臣。出自北方民族而最終走上反叛之路的還有振武索葛部人安重進、吐谷渾人李金全、沙陀人安審信等。

〔註37〕《舊五代史》卷129，第1706～1707頁。
〔註38〕《舊五代史》卷74，第967～969頁。

這些將帥，雖然也有以此登上皇位者，如李嗣源、石敬瑭，但更多的是身死族滅。如康義誠，於後唐清泰元年（934）四月，被「斬於興教門外，夷其族」。〔註39〕後晉朝，山南東道節度使安從進（索葛部人）反，兵敗自焚而死，其子安弘受及其將佐四十餘人被執送京師斬首。於後周朝反叛的慕容彥超，兵敗後夫妻皆投井死，其子繼勳率其徒五百人出奔被擒，「遂滅其族」。〔註40〕投靠他方如李金全者，因得不到重用而抑鬱度日，客死異鄉。正因為如此，這些出自北方民族，以勇悍著稱，以軍功晉身的將帥，多旋興旋滅，只受寵、活躍於後唐、後晉、後漢三朝，至後周朝，這些北方民族出身的將帥已基本上退出了歷史舞臺。

後晉開運三年（946）十二月，契丹苦戰三年終於滅了後晉。契丹主欲直接入主中原，並任命其將帥為地方節度使。契丹翰林承旨、吏部尚書張礪（漢人）就對契丹主說：「今大遼已得天下，中國（中原地區）將相宜用中國人（漢族人）為之，不宜用北人（北方民族人氏）及左右近習。苟政令乖失，則人心不服，雖得之，猶將失之。」張礪認識到「北人」不熟習漢族封建傳統文化，讓「北人」執政，其結果必然是「政令乖失」，「人心不服」；而「中國人」有文化，有政治經驗，讓他們執政，方可使中原地區由亂至治。張礪的見解是頗有道理的。封建史家也評論說：「使（假如）契丹主用張礪言，事未可知也」。〔註41〕然而，契丹主沒有接受張礪的意見，結果，一些被任為地方節度使的契丹將帥（如以「貪猾殘忍」知名的安國節度使麻荅、以「性殘虐」著稱的鎮寧節度使耶律郎五等）胡作非為，激起了中原地區漢族民眾廣泛的反抗。最終，契丹無法統治中原地區，只得倉惶北撤。

結合本文之述論，我們可以獲得一個歷史啟迪：馬上打天下，不可以馬上治之；武可定國，文能安邦。打天下固然要依靠勇悍而善戰者，但治天下則必須依靠受過良好的文化教育，素質修養俱佳者。中國歷代統治者都重視官員的選拔，或察舉徵辟，或科舉考試，其道理皆在於此。文武結合，方可長治久安。而唐末五代是個特殊的歷史時代，戰火紛飛，社會動盪，統治者要依靠勇悍善戰者打天下，同樣要依靠他們去治天下。其結果，由於官員（尤其是出身於北方民族的將帥）文化水平低下，素質修養欠佳，貪贓枉法，漁

〔註39〕《舊五代史》卷27，第297頁。
〔註40〕《新五代史》卷53，第610頁。
〔註41〕《資治通鑒》卷285，第9319～9320頁。

肉民眾，犯上作亂成了司空見慣的社會現象，以致民不聊生，戰爭不止。北宋建國後，以「杯酒釋兵權」的辦法，剝奪了將帥的兵權，而以文臣去治理地方，社會得以穩定，政治較清明，正是從唐末五代這段歷史中獲得的啓迪。

引用文獻

〔1〕薛居正，《舊五代史》〔M〕，北京：中華書局，1976 年。

〔2〕馬令，《南唐書》〔M〕，四庫全書本。

〔3〕歐陽修，《新五代史》〔M〕，北京：中華書局，1974 年。

〔4〕司馬光，《資治通鑒》〔M〕，北京：中華書局，1956 年。

〔5〕王夫之，《讀通鑒論》〔M〕，北京：中華書局，1975 年。

〔6〕陶岳，《五代史補》〔M〕，四庫全書本。

〔7〕陸游，《南唐書》〔M〕，四庫全書本。

七、五代「盜賊」簡論

摘　要

　　五代是個多「盜賊」的時代。官府的壓迫剝削、饑荒、軍事活動、犯罪活動等，是引發「盜賊」的主要原因。「盜賊」雖有破壞社會秩序的一面，同時也有打擊封建統治、保家衛國的一面。嘯聚山林，借助宗教以發展力量並且向官軍轉化，是五代「盜賊」活動的顯著特點。嚴刑峻法、殘酷殺戮、以「盜」攻「盜」、利用地方力量防「盜」治「盜」及赦罪招撫，是五代時期封建統治者常用的治「盜賊」的對策，但收效甚微。

關鍵詞：五代；「盜賊」；政治；軍事

　　唐末五代是戰爭連綿，社會動盪的時代，也是一個「盜賊」此起彼伏的時代。《新五代史》載：黃巢領導農民起義後，「所在盜起，往往據州縣」。〔註1〕黃巢領導的農民起義在唐朝官軍的聯合鎮壓之下歸於失敗，各地蜂起的「盜賊」多為各路軍閥招致麾下，其中不少人以勇悍善戰著稱，並以此積纍戰功，由普通軍卒而裨將以致成為統治一方的大軍閥。朱溫（後梁王朝建立者）、楊行密（吳國建立者）、王建（前蜀國建立者）、王審知（閩國建立者）等五代史上叱咤風雲的軍事、政治名流都出身於「盜賊」。

　　五代半個世紀的歷史中，「盜賊」依然活躍，並對社會治安和封建統治秩序造成了重大影響。然而，對於五代史上的「盜賊」問題，學術界迄今未見研究者關注；有關五代歷史的著述中也極少有人提及，在五代史研究中還是一個空白。筆者不揣淺陋，在廣泛搜集、爬梳相關史料的基礎上，嘗試對此問題略作考察和論述。

一、五代「盜賊」的緣起

　　在五代史記中，封建史家將所有反抗官府，對社會治安造成了不良影響的人及武裝力量，一概以「盜賊」稱之。實際上，五代時期，「盜賊」的性質不盡相同，既有屬於刑事犯罪的真正的「雞鳴狗盜」者，這是真正意義的盜賊，以打家劫舍，殺人越貨為行動目標；但更多的「盜賊」，則是民眾在走投無路的窘境之下，聯合起來，拿起武器，走上了反抗官府的鬥爭之路，屬於農民起義性質，只是這些「盜賊」規模較少，影響範圍及力度都有限，並時見侵犯民眾行為，常常讓人與真正盜賊等同而視。

　　歸納而言，導致五代「盜賊」蜂起的原因，主要有：

　　1、官迫民反，起而為「盜」

　　五代時期戰爭不止，人口銳減，經濟凋敝。然而，龐大的官僚機構及軍隊需要維持，民眾的賦稅負擔相當苛重；頻頻進行的平叛戰爭，糧餉要輸送，工事要修築，民眾的徭役負擔也極繁重。正是在這樣的背景之下，許多地方的民眾起而為「盜」。

　　南漢在殤帝（劉玢）當政期間，「盜賊」群起，即是政治敗壞的結果。南漢在高祖劉龑在位期間，大興土木，廣建離宮別館，又頻頻發動對北方馬楚

〔註1〕《新五代史》第466頁。

及南方交州的戰爭，民眾負擔繁重；又在國內推行嚴刑峻法，已使階級矛盾極端尖銳；劉龑死，子劉玢繼立，「果不能任事。（劉）龑在殯，召伶人作樂，飲酒宮中，裸男女以爲樂，或衣墨縗與倡（娼）女夜行，出入民家」。最高統治者如此腐敗，地方官吏必然胡作非爲，貪贓枉法，「由是山海間盜賊竟起」，以至「嶺東皆亂」。〔註2〕前蜀在後主王衍統治時期，君主沉湎聲色，政歸臣下，大臣、地方官吏、將領爲謀私利，紛紛巧立名目刻剝民眾。例如，王承休爲秦州節度使，到任後，「即毀府署，作行宮，大興力役，強取民間女子教歌舞，圖形遺韓昭，使言於蜀主……」導致當地民眾逃離家園，聚而爲「盜」。後主王衍不聽群臣的諫諍勸阻，堅持要出遊秦州時，秦州節度判官蒲禹卿上表二千言，其中言及「蜀都強盛，雄視鄰邦，邊庭無烽火之虞，境內有腹心之疾，百姓失業，盜賊公行」。〔註3〕由此可見，南漢國及前蜀國的「盜賊竟起」、「盜賊公行」都是政治敗壞的結果，「盜賊」的成分都是普通民眾，是面臨絕境的勇敢抗爭。

2、軍事活動引發的「盜賊」

這表現在兩個方面，一是紀律不嚴明的軍隊對民眾造成嚴重的搔擾，導致民眾的逃亡反抗；二是逃亡、被遣散或反叛的軍隊轉而爲「盜」。

後梁朝，「是時，梁、晉兵爭山東，群盜充斥道路，行者必以兵衛」。〔註4〕後唐滅前蜀時，就一度「盜賊群起，布滿山林」。〔註5〕後董璋、孟知祥分別據東川、西川反。後唐發兵征討。由於道路險狹，進軍不易，運輸更難，「關右之人疲於轉餉，往往竄匿山谷，聚爲盜賊」。〔註6〕契丹滅後晉之後，「縱胡騎打草穀」，四出搶掠，民不堪命，「於是所在相聚爲盜，多者數萬人，少者不減千百，攻陷州縣，殺掠吏民」。〔註7〕後周出師征南唐，南唐民眾本來「爭奉牛酒迎勞」，然而，部分後周軍隊「將帥不之恤，專事俘掠，視民如土芥；民皆失望，相聚山澤，立堡壁自固，操農器爲兵，積紙爲甲，時人謂之『白甲軍』。」〔註8〕這些「白甲軍」對後周朝廷而言，當然是「盜賊」。陸游《南唐書》亦謂：「（後）

〔註2〕《新五代史》，第814頁。
〔註3〕《資治通鑒》，第8937～8938頁。
〔註4〕《新五代史》，第524頁。
〔註5〕《資治通鑒》，第8952頁。
〔註6〕《資治通鑒》，第9054頁。
〔註7〕《資治通鑒》，第9342～9343頁。
〔註8〕《資治通鑒》，第9558頁。

周侵淮南，中外震駭，盜投罅（裂縫，喻機遇）多竊發」。〔註9〕

　　另外，逃亡、反叛、潰敗或被遣散之軍隊（人）轉變爲「盜」者也爲數不少。

　　五代時期，一些軍閥、將帥治軍紀律甚嚴，或對待士卒苛酷，使士卒產生離心而逃亡。按軍法，逃亡者當斬，因而不敢回鄉，只能聚集山林川澤爲「盜」。如朱溫「在藩鎮用法嚴，將校有戰歿者，所部兵悉斬之，謂之跋隊斬，士卒失主將者，多亡逸不敢歸。帝（朱溫，907年建後梁稱帝）乃命凡軍士皆文其面以記軍號，軍士或思鄉里逃去，關津輒執之送所屬，無不死者，其鄉里亦不敢容。由是亡者皆聚山澤爲盜，大爲州縣之患。」〔註10〕後梁貞明三年（917），晉軍攻陷楊劉城，擄獲後梁守將安彥之。後梁軍反攻楊劉城，「安彥之散卒多聚於兗、鄆山谷爲群盜，以觀二國成敗。晉王招募之，多降於晉」〔註11〕

　　不論出自何種原因，反叛朝廷的軍人都被封建統治者視爲「盜賊」。如後唐明宗天成元年（926），戍卒據鄴都反叛。後唐調兵征討，其將史彥瓊「戟手大罵曰：『群死賊，城破萬段！』」封建史家在記述此事時亦云：後唐諸道兵攻鄴都，「賊知不赦，堅守無降意」。〔註12〕在統治者看來，這些手執銳利兵器，佔據堅城，且訓練有素的「盜賊」，比其他各類「盜賊」對封建統治的威脅性都更大，因而及時而且堅決鎮壓乃當務之急，在平叛後，常常還要對參與者實行族誅酷刑，以殘酷殺戮徼戒效尤。其實，對待此類「盜賊」，招安往往比殘殺更有效。

　　另外，朝廷在形勢危急之時，感覺到正規軍隊不敷所需，臨時抱佛腳，將鄉民組織起來，加以訓練，並給予一定優待，冀望成爲正規軍的後備力量；而一旦發現這些鄉兵不堪所用，或危急形勢解除，爲了節省財政開支，朝廷常常採取遣散鄉兵的辦法。鄉兵迷戀於由朝廷供養的生活方式，不願歸農，對遣散不滿，便群聚爲「盜賊」，攻擊官府，擄掠鄉間。

3、饑荒發生，流民轉而為「盜」

　　唐末五代時期，自然災害頻生，水、旱、蝗災接連不斷。社會經濟本已

〔註 9〕陸游《南唐書》卷8，《朱匡業傳》。
〔註10〕《資治通鑒》，第8687頁。
〔註11〕《資治通鑒》，第8824頁。
〔註12〕《資治通鑒》，第8962～8963頁。

凋敝，民眾生活本已艱難，天災來臨，官府無力救災，饑荒隨之而來，民眾不得不離鄉別井四處「就食」，成為流民。流民彙聚在一起，常常執起器械為「盜」。後唐同光三年（925），「是歲大饑，民多流亡，租賦不充，道路塗潦，……軍士乏食，有雇妻鬻子者，老弱採蔬於野，百十為群」，轉而為「盜」。〔註13〕後晉開運三年（946）夏六月，「河決漁池。大饑，群盜起」。〔註14〕後晉末年，中原政權與北方強盛的契丹族矛盾激化，戰爭連綿，民眾負擔已重，加之「時河北大饑，民餓死者所在以萬數，兗、鄆、滄、貝之間，盜賊蜂起，吏不能禁」。〔註15〕

4、受脅迫而為「盜」

「盜賊」在流竄過程中，為了增強與官府、官軍鬥爭的力量，需要擴充隊伍，常常以暴力脅迫一些人隨之為「盜」。這些人既上了「賊」船，就不得不與之同流合污，共進共退。如唐末，「賊」帥、壽州人王緒率眾攻陷固始（今安徽臨泉縣），聞知王潮、王審知兄弟以「材勇」著名，於是將其兄弟招致隊伍中，以王潮為軍校。王氏兄弟非並自願應召，而是被脅迫的，不從有生命之虞。王潮軍次南安（今福建南安縣），曾對其前鋒將說：「吾屬棄墳墓、妻子而為盜者，為（王）緒所脅爾，豈其本心哉！」〔註16〕這支隊伍迅速發展壯大，王審知正是依靠這支隊伍在閩地站穩了腳跟，建立起閩國的。從封建統治者招撫詔書中常常提到脅從者不予追究來看，此類「盜賊」當不在少數。

5、無賴、犯罪為盜

在封建時代，太平時世，一般按部就班，上下有序，處於最底層的勞動人民幾乎沒有改變自己貧賤地位的機會；反之，時處亂世，一切都在發生變化，高高在上者一落千丈；而最底層的一些不能安分守己、敢想敢為者（這些人常常被視為「無賴」），往往可以乘時際會，平步青雲。因此，在唐末五代這一動蕩時世，不少不甘貧賤寂寞的社會底層人物攘臂而起，希望藉此躋身社會上層。史載，「唐末，群盜起南方，（譚）全播謂（盧）光稠曰：『天下洶洶，此真吾等之時，無徒守此貧賤為也！』乃相與聚兵為盜」。〔註17〕

〔註13〕《資治通鑒》，第 8950 頁。
〔註14〕《新五代史》，第 96 頁。
〔註15〕《資治通鑒》，第 9304 頁。
〔註16〕《新五代史》，第 845 頁。
〔註17〕《新五代史》，第 443 頁。

譚全播一席話，形象地勾畫了當時許多「無賴」者的心態。唐末五代，許多著名軍閥、將帥都是由「無賴」為「盜」而得以崛起的。如李罕之，「為人驍勇，力兼數人。少學，讀書不成，去為僧，以其無賴，所至皆不容，乃乞食酸棗市中，市中人皆不與，罕之擲器於地，裂其衣，又去為盜」。〔註18〕前蜀國的創立者王建，「少無賴，以屠牛、盜驢、販私鹽為事，里人謂之『賊王八』」〔註19〕吳越國的創立者錢鏐，「及壯，無賴，不喜事生業，以販鹽為盜」〔註20〕這些人往往是不學無術，又不願安分守己，對於各行各業高不成低不就，唯有勇力和膽氣，而這正適合為「盜」。五代軍閥多出自「盜賊」，正如馬令《南唐書》所言：「有唐失御，方鎮之帥或浸長於健士，或崛起於群盜」。〔註21〕

此外，歷代封建統治者都信奉「亂世用重典」，因此，五代時期，不論是中原王朝，還是周邊割據政權，都制定了嚴酷的法律，民眾搖手觸禁。既已違法犯禁，為了免遭嚴刑處罰，犯罪者只得拋妻棄子，逃離家園，轉而為「盜」。如後來成為後梁、後唐朝大將的朱友謙，「初名簡，以卒隸滩池鎮，有罪亡去，為盜石濠、三鄉之間，商旅行路皆苦之。」〔註22〕這些犯罪為盜者雖然以個體為主，但因為是「亡命之徒」，無所顧忌，為圖生存，不得不打家劫舍，搶掠行旅，成了社會秩序的危害因素，民眾都期望官府嚴屬懲處這類害民之盜。

二、「盜賊」的活動及其特點

「盜賊」是被逼上梁山者。他們既然不能回鄉，一旦被官府捕捉，將難免處以酷刑。為求生存，他們便肆無忌憚地擄掠財物，甚至盜掘陵墓。如後梁時，「華原賊帥溫韜聚眾嵯峨山，暴掠雍州諸縣，唐帝諸陵發之殆遍。」〔註23〕從這方面來說，「盜賊」對民眾生活、生產的搔擾，對社會秩序的破壞是不可否認的。

然而，「盜賊」的活動並非全是負面的、破壞性的。除了衝擊了封建腐朽統治外，在契丹入犯，官軍抵禦不力的背景下，「盜賊」團聚力量，與進犯的

〔註18〕《新五代史》，第835頁。
〔註19〕《新五代史》，第783頁。
〔註20〕《新五代史》，第835頁。
〔註21〕馬令：《南唐書》卷30，《世裔譜第二十八》。
〔註22〕《新五代史》，第492頁。
〔註23〕《資治通鑒》，第8705頁。

契丹軍展開英勇的鬥爭，有效地阻擋了契丹進軍的步伐，使其君臨中原的政治野心無法得逞，在保家衛國鬥爭中立下了顯赫的功勳。

據《資治通鑑》卷 285 記載，後晉末年，「會（後）晉與契丹絕好，北邊賦役煩重，寇盜充斥，民不安其業。（孫）方簡、（孫）行友因帥鄉里豪健者，據寺爲寨以自保。契丹入寇，方簡帥眾邀擊，頗獲其甲兵、牛馬、軍資，人挈家往依之者日益眾。久之，至千餘家，遂爲群盜。懼爲吏所討，乃歸款朝廷。朝廷亦資其禦寇，署東北招收指揮使。」〔註24〕後漢入主中原，契丹北歸後，孫方簡「帥其黨三千人保狼山故寨，控守要害。契丹攻之，不克。未幾，遣使請降，（後漢）帝復其舊官（按，指義武節度使），以扞契丹。」孫方簡又奏請以其弟行友爲易州刺史，方遇爲泰州刺史，「每契丹入寇，兄弟奔命，契丹頗畏之。於是（後）晉末州縣陷契丹者，皆復爲（後）漢有矣。」〔註25〕

除了孫方簡兄弟統率的這支「盜賊」隊伍之外，其他各路「盜賊」對於入犯契丹軍隊的打擊也是得力的。契丹滅後晉後，曾企圖直接入主中原，任命其貴族爲地方節度使、刺史，但遭到官軍及「盜賊」的襲擊，不少契丹貴族、士卒被殺。其中，「盜賊」的攻擊更令契丹軍恐懼，成爲其放棄入主中原政治野心而急急北撤的一個重要原因。如滏陽「賊帥」梁暉率眾數百人夜襲相州，「殺契丹數百，其守將突圍走」。契丹主任命其貴族耶律郎五爲鎭寧節度使，耶律郎五「性殘虐，澶州人苦之。賊帥王瓊帥其徒千餘人，夜襲據南城，北度浮航（浮橋），縱兵大掠，圍郎五於牙城。契丹主聞之甚懼，始遣天平節度使李守貞、天雄節度使杜重威還鎭，由是無久留河南之意。」契丹攻入後晉都城大梁（今河南開封），擔心後晉降將李守貞、杜重威反叛，故羈留於大梁；但地方「盜賊」蠭起，契丹貴族及其軍隊根本無法維持地方秩序，只得將二將遣還，冀望他們肩負起鎭壓「盜賊」之重任。其後，「盜賊」越來越多。史載「東方群盜大起，陷宋、亳、密三州。契丹主謂左右曰：『我不知中國之人難制如此！』亟遣泰寧節度使安審琦、武寧節度使符彥卿等歸鎭」。〔註26〕這些「盜賊」實質上是北方民眾自發組織的反抗契丹入寇、統治的武裝力量，正是因爲這股力量的強大，使契丹雖滅後晉而無法在中原

〔註24〕《資治通鑑》，第 9304 頁。
〔註25〕《資治通鑑》，第 9389 頁。
〔註26〕《資治通鑑》，第 9344〜9346 頁。

地區建立政權實行統治。

總觀這時期的「盜賊」活動，概括而言，其特點有以下幾點：

一、利用宗教（神）吸附徒眾，凝聚力量，開展活動，並試圖建立政權

活動於南漢與南唐兩國之間的「盜賊」，是此時期勢力及影響都較大的一股。史載，「是時，南海（南漢）劉龑死，子（劉）玢初立，嶺南盜賊起，群盜千餘人，未有所統，問神當為主者，神言遇賢，遂共推為帥。遇賢自號中天八國王，改元永樂，置官屬，群賊盜皆絳衣，攻剽嶺外，問神所向，神曰：『當過嶺取虔州。』遂襲南康，節度使賈浩不能御。遇賢據白雲洞，造宮室，有眾十餘萬，連陷諸縣」。這支實質上是一次小規模的農民起義的「盜賊」隊伍，從領導人的確定到進軍方向，都打出「神」的旗號，旨在增強首領的威望及號召力；當隊伍發展到數以十萬計之時，起義者改元、置官屬，造宮室，試圖建立農民政權，以更有力地打擊南漢腐敗的封建統治。

後梁時期，陳州母乙、董乙「妖賊」起事，實際上也是一支醞釀發展中的農民起義隊伍。後梁立國前後，由於與晉連年戰爭，民眾賦役負擔沉重，怨聲載道。這是導致農民起義的主要原因。這支被封建官府蔑稱為「盜賊」的起義隊伍就是通過改造佛教而吸引民眾力量的。《舊五代史》卷十記載：

> 陳州里俗之人，喜習左道，依浮圖氏之教，自立一宗，號曰「上乘」。
> 不食葷茹，誘化庸民，揉雜淫穢，宵聚晝散。州縣因循，遂至滋蔓。
> 時刺史惠王友能恃戚藩之寵，動多不法，故奸慝之徒，望風影附。
> 母乙數輩，漸及千人，攻掠鄉社，長吏不能詰。是歲秋，其眾益盛，
> 南通淮夷，朝廷累發州兵討捕，反為賊所敗，陳、潁、蔡三州大被
> 其毒。群賊乃立母乙為天子，其餘豪首，各有樹置。〔註27〕

深受「左道」影響的陳州民眾改造「浮圖氏之教，自立一宗號曰『上乘』」，利用宗教發展力量，並立母乙為「天子」，「其餘豪首，各有樹置」，建立了政權的雛型。其他「盜賊」隊伍，立首領為「天子」並借助神的力量以號召徒眾的事例還有。正如《新五代史》所謂：「自唐失其政，天下乘時，黥髡盜販，袞冕峨巍」。〔註28〕

〔註27〕《舊五代史》，第144頁。
〔註28〕《舊五代史》，第74〜75頁。

二、多利用山林川澤為據點與官軍展開持久鬥爭

五代的「盜賊」，規模一般都較小，力量分散，如星星之火，未成燎原之勢，不能像力量強大的唐末「盜賊」那樣採取流動作戰方式，攻城掠地，所至克捷，對封建統治造成了極大的衝擊；只能佔據易守難攻或偏僻的山林川澤，作為鬥爭的據點，積蓄力量。這給官軍的征討、鎮壓造成了很大的困難。五代「盜賊」普遍存在且延綿不斷，這是其中原因之一。

三、「盜賊」隊伍大多向官軍轉化

在通常情況下，「盜賊」處於無政府狀態，各自為政，雖有搶掠民眾資財現象，主要的鬥爭目標及對象則是封建官府。但在特殊情況下，只要符合一定的條件，他們也願意放棄既定鬥爭目標，原意被納入封建統治體系，聽命於封建王朝的調遣。這時候，「賊帥」被朝廷授予官職，「盜賊」便轉化為地方官軍。這是因為，唐末五代，戰爭連連，封建王朝常常需要擴充軍隊；而「盜賊」具有勇悍無畏精神，富有戰鬥力，正適合統治者的需要。通過轉化為官軍，由不合法轉而為合法，也是許多「盜賊」的願望。後梁貞明二年（916），天平節度使兼中書令、忠毅王王檀就「多募群盜，置帳下為親兵」。〔註29〕募「盜」為兵，既可解除後顧之憂，又可擴充勢力，可謂一舉兩得。又如前述在北方抗擊契丹入犯的「盜賊」，其首領孫方簡、孫行友、孫方遇都先後接受了後晉、後漢朝的軍事委任，成為一方將帥。契丹滅後晉後，後晉將帥劉知遠在晉陽稱帝（後遷都汴京）。「滏陽賊帥梁暉，有眾數百，送款晉陽求效用，帝許之。」〔註30〕淮北地區的「盜賊」也大多請命於南唐，向南唐官軍轉化。

三、五代王朝的「盜賊」對策

「盜賊」不僅掠奪民眾資財，劫殺行旅，衝擊官府，破壞社會治安，而且，在異族入犯時，「盜賊」一方面抗擊之，另一方面又勾結之，以要挾官府，達到既定目標。如史記「（孫）方簡時入契丹境鈔（抄）掠，多所殺獲，既而邀求不已，朝廷小不副其意，則舉寨降於契丹，請為鄉道（向導）以入寇」。〔註31〕可見，「盜賊」既有愛國衛國的一面，同時又有危害封建統治的一面。另外，「盜賊」為軍事反叛者所利用，對封建統治的危害更大。正因為如此，

〔註29〕《資治通鑒》，第 8806 頁。
〔註30〕《資治通鑒》，第 9343 頁。
〔註31〕《資治通鑒》，第 9304 頁。

封建統治者始終將「盜賊」視爲心腹大患。北宋封建史家歐陽修曾說：「夷狄者皮膚之患，尚可治；盜賊者腹心之疾，深可憂。」〔註32〕爲鎮壓「盜賊」，穩定社會治安，鞏固封建統治，唐末五代統治者採取了以下對策：

（一）更定刑律，以重典治「盜」

亂世用重典是歷代封建統治者信奉的一條治世原則。五代統治者多次修訂刑律，嚴厲打擊「盜賊」。後唐清泰二年（935）六月詔：「竊盜不計贓多少，並縱火強盜，並行極法」。〔註33〕縱火、竊盜者，無條件地格殺勿論，大約是歷史上對「盜賊」所施的最重之刑典，反映了當時「盜賊」問題形勢的嚴峻。後晉天福年間，對之前所定的「贓滿三匹已上決殺」稍加放寬，加至五匹。後漢朝，隨著大規模平叛戰爭的開展，「盜賊」形勢又趨於嚴峻，於是更定法律：「應天下凡關強盜捉獲，不計贓多少，按驗不虛，並宜處死。」後周建國，規定：「其盜賊，若強盜，並准向來格條斷遣；其犯竊盜者，計贓絹滿三匹者，並准眾決殺。」不僅是「盜賊」要受誅戮，還要籍沒財產。〔註34〕五代之中，對「盜賊」的法律雖屢有變更，但總的來說還是極嚴酷的。只要爲「盜」，幾乎即可處死！

（二）殘酷殺戮

統治者對「盜賊」有著刻骨之恨，殺戮是他們自然而且常用的對策之一。朝廷在「盜賊」多發之地設有「捕賊使」、「捕賊將」、「捕賊兵」，專司捕「盜」，對捕得之「盜」通常是「悉誅之」，未必都嚴格按刑律規定執行。

對「盜賊」採取殺戮政策最殘酷的當屬後漢朝。史載：後漢立國之初，「朝廷患諸處盜賊，（宰相蘇）逢吉自草詔意云：『應有賊盜，其本家及四鄰同保人，並仰所在全族處斬。』或謂逢吉曰：『爲盜者族誅，猶非王法，鄰保同罪，不亦甚乎？』逢吉堅以爲是，竟去『全族』二字」。〔註35〕由於最高統治者對「盜賊」殘殺的政策取向，地方官吏便有恃無恐，對「盜賊」大事殺戮。甚至有些殘忍成性的官吏隨意把無辜的平民誣陷成「盜」而加以殘殺，慘不可言，如《新五代史》卷 30 載：「鄆州捕賊使者張令柔盡殺平陰縣十七村民數百人。衛州刺史葉仁魯聞部有盜，自帥兵捕之。時村民十數共逐盜，入於山

〔註32〕《歐陽文忠公全集》卷98，《再論王倫事宜札子》。
〔註33〕《資治通鑒》，第9132頁。
〔註34〕《五代會要》，第153～155頁。
〔註35〕《舊五代史》，第1424頁。

中，盜皆散走。仁魯從後至，見民捕盜者，以爲賊，悉擒之，斷其腳筋，暴之山麓，宛轉號呼，累日而死。聞者不勝其冤，而逢吉以仁魯爲能，由是天下因盜殺人滋濫」。〔註36〕建立後蜀政權的後唐將帥孟知祥入蜀之時，「蜀中群盜猶未息」，孟知祥遣左廂都指揮使趙適隱、右廂都指揮使張業將兵分討群盜，悉誅之」。〔註37〕五代時期，官吏、將領中，不少人因爲殘殺「盜賊」得力而由普通小吏或軍校而不斷陞遷，以至位至節度使的。

（三）收買利用，以「盜」治「盜」

堡壘最容易從內部攻破。利用剽悍難馴的「盜賊」打入「盜賊」營壘之中，與官府配合，內外夾擊，是官府常用的平「盜賊」策略之一。如後來成爲南唐將領的劉茂忠，他起初剽掠旁縣，頗爲民患，後被縣吏捕獲，械送本郡，會赦減死論。「時上江群盜趙晟、蕭榮等聚徒數百，郡縣捕之彌年不獲。茂忠於是自陳擒晟等以贖餘罪。郡將釋之，示以恩信。茂忠感憤，因亡入賊中，與捕吏爲內應，討平之」〔註38〕

一些出身於「盜」的將領也成爲官府用以治「盜」的倚靠。後周朝，中書舍人竇儼上疏，對政治提出了一系列主張，其中有關於治「盜」的設想：「令盜賊自相糾告，以其所告貲產之半賞之；或親戚爲之首（自首），則論其徒侶而赦其所首者」。通過利益引誘，使「盜賊」內部發生分化，讓「盜賊」的堡壘從內部被攻破。「如此，則盜不能聚矣。」。〔註39〕後周朝廷將建雄節度使王晏徙爲武寧節度使，讓他去治理家鄉的「群盜」，因爲王晏曾經爲「盜」，史謂：「（王）晏少時嘗爲群盜，至鎮，悉召故黨，贈之金帛、鞍馬，謂曰：『吾鄉素名多盜，昔吾與諸君皆嘗爲之，想後來者無能居諸君之右。諸君幸爲我語之，使勿復爲，爲者吾必族之。』於是一境清肅。」〔註40〕

四、利用地方力量防「盜」治「盜」

五代初期，割據東南一隅的吳國，面對「盜賊益繁，御史主簿京兆盧樞建議「宜團結民兵，使之習戰，自衛鄉里」，被吳國統治者接受。〔註41〕後周朝，新鄭在治「盜賊」方面取得良好績效，其作法是：令「鄉村團爲義營，

〔註36〕《新五代史》，第 328 頁。
〔註37〕《資治通鑒》，第 8966 頁。
〔註38〕《歐陽文忠公全集》卷 22，《劉茂忠傳》。
〔註39〕《資治通鑒》，第 9572 頁。
〔註40〕《資治通鑒》，第 9518 頁。
〔註41〕《資治通鑒》，第 8853 頁。

各立將佐，一戶為盜，累其一村，一戶被盜，罪其一將。每有盜發，則鳴鼓舉火，丁壯雲集，盜少民多，無能脫者」。這是利用地方組織和力量以防盜治盜。由於舉措得當，「由是（盜賊）鄰縣充斥而（新鄭）一境獨清」。有官員建議將新鄭的「止盜之一術」推廣開去，「令他縣皆傚之」。〔註 42〕後周朝原來是循舊例派遣使者分赴各地去督促捕「盜」，受此啟發，將各路使者召回，將防「盜」治「盜」責任委託地方，「責其清肅」。

五、赦罪招撫

殘殺使「盜賊」頑抗到底，而招撫則是以柔克剛，能更有效地分化瓦解「盜賊」隊伍。朱溫在征戰中，對軍士要求極嚴，軍士多有逃亡為「盜」者，大為地方之患。後梁建國後，開平元年（907），朱溫即下詔「赦其罪，自今雖文面亦聽還鄉里」。結果「盜減什七八」。〔註 43〕後唐軍隊滅前蜀後，對於蜀中的「盜賊」，先是以武力征剿，無效後改用招撫手段。後周攻克南唐壽春城後，對南唐境內的「盜賊」進行赦免，詔云：「州民受南唐文書聚山林者，並召令復業，勿問罪；有嘗為其殺傷者，毋得讎訟」。〔註 44〕在招撫中，封建官府常用官職作為誘餌，並且將「賊帥」與「賊眾」加以區別對待，宣佈：對於「盜賊」中的脅從之輩，如能迴心轉意，改邪歸正，當與加恩，必不問罪；如能齊心合力，梟斬「賊帥」，或舉鎮寨歸化，則除厚加賞賜外，還將獎以官爵，同時詔令地方官切加招諭。南唐朝廷對於橫行於淮北的「群盜」也是採用「招納」的辦法。

治安問題與整個國家的政治局勢密切的相關。一般而言，國家統一，政治清明，經濟發展，人們安居樂業，社會秩序穩定，治安問題便不突出。歷史上的文景之治、貞觀之治、開元盛世，國家府庫充實，民人給家足，路不拾遺，夜不閉戶，盜賊不起。然而，國家分裂，戰爭連綿，眾多胸無點墨，唯以勇悍著稱的軍閥、將帥登上政治舞臺，胡作非為，欲壑難填，造成政治的極端黑暗。民眾備受壓迫、剝削，無以為生，被迫鋌而走險，嘯聚山林，以農器為兵，與官府、官軍展開不屈不撓的鬥爭。因此，可以說，五代時期「盜賊」公行，成為嚴峻的社會問題，以至五代封建王朝都以重典殘酷對待「盜賊」，而「盜賊」問題卻難以得到根治，這完全是當時的時勢造成的，是

〔註 42〕 《資治通鑒》，第 9572 頁。
〔註 43〕 《資治通鑒》，第 8687 頁。
〔註 44〕 《資治通鑒》，第 9567 頁。

國家分裂，社會動盪，經濟凋敝，政治敗壞的必然結果。單靠「重典」不可能根治「盜賊」問題；只有結束戰爭狀態，實現國家統一，發展經濟，政良政治，讓民眾安居樂業，「盜賊」問題才可迎刃而解。這是我們研究五代時期「盜賊」問題所獲得的啓迪。

引用文獻

〔1〕歐陽修，《新五代史》〔M〕，北京：中華書局，1974年。

〔2〕司馬光，《資治通鑒》〔M〕，北京：中華書局，1956年。

〔3〕陸游，《南唐書》〔M〕，四庫全書本。

〔4〕馬令，《南唐書》〔M〕，四庫全書本。

〔5〕薛居正，《舊五代史》〔M〕，北京：中華書局，1976年。

〔6〕歐陽修，《歐陽文忠公全集》〔M〕，四部叢刊初編本。

〔7〕王溥，《五代會要》〔M〕，上海古籍出版社，1978年。

八、五代后妃與政治

摘　要

　　五代時期，后（太后、皇后）、妃對政治的影響，有積極的一面，也有消極的一面。積極方面，她們對君主的錯誤敢於並善於提出異議和批評，對糾正統治者的不良施政有積極的意義；消極方面，一些后、妃性識愚魯，目光短淺，心胸狹隘，利用君主對她們的寵幸而肆無忌憚地干預君主用人行政，甚至越俎代庖，直接插手王朝政治，導致政治敗壞，引發軍事變亂。五代后妃可以干政並進而造成嚴重後果，其根源在於封建專制主義政治體制。

關鍵詞：五代；后妃；政治

後宮女性由於接近君主，又爲朝中大臣所奉承，對君主、對政治必有一定影響力。正如封建史家所言，歷代之興亡，「雖由於帝王，亦繫於妃后」。〔註1〕然而，她們要對政治、軍事造成影響，必須通過君主或權臣。因此，數以千百計的後宮女性中，能對朝廷政治有所影響的，主要是地位較高者，如太后、皇后、寵妃等。由於這些后、妃道德修養各異，情趣不同，因而她們對君主、對政治、軍事的影響，又可分爲積極和消極兩個方面。本文以五代時期后、妃這一特殊女性群體爲考察研究對象以剖析之。

一

五代時期，后、妃對政治的積極影響，突出表現在她們對君主、自身親屬的教誨以及嚴格約束上。俗語云，「人無完人」。君主施政、行事常有錯誤；而一些修養良好又富於見識的後宮高層女性，本著她們的仁慈情懷以及對政治、對民生的關注與洞識，對君主的錯誤敢於並善於提出異議和批評，對糾正統治者的不良施政有積極的意義。

史載，後梁太祖朱溫之妻、元貞皇后張氏，「賢明精悍，動有禮法，雖太祖剛暴，亦嘗畏之。太祖每以外事訪之，（皇）后言多中。太祖時時暴怒殺戮，（皇）后嘗（常）救護，人賴以獲全。太祖嘗出兵，行至中途，后意以爲不然，馳一介召之，如期而至」。〔註2〕說明朱氏霸業的創建，皇后張氏有重要影響。後漢劉知遠於晉陽稱帝後，爲爭取軍心，計劃搜刮民財以賞將士。其夫人李氏諫曰：「陛下因河東創大業，未有以惠澤其民而先奪其生生之資，殆非新天子所以救民之意也。今宮中所有，請悉出之以勞軍，雖復不厚，人無怨言。」受到劉知遠的讚賞並予以接受，於是中止括（搜求）民贍軍之議，而「傾內庫蓄積以賜將士，中外聞之，大悅。」〔註3〕劉知遠作爲將帥，只知道爭取軍心，而沒有想到，作爲一個有志於入主中原的帝王，爭取民心更加重要。作爲女性的李夫人目光更開闊，認識更深刻，糾正了劉知遠的錯誤決策，對劉氏後漢王朝統治的建立起了積極作用。後周世宗皇后符氏，據載，「世宗卞急暴怒，而後嘗追悔，每怒左右，（皇）后必從容伺顏色，漸爲解說，世宗意亦隨解，由是益重之。」〔註4〕南唐烈祖李昇皇后宋

〔註1〕《舊五代史》卷49，第678頁。
〔註2〕《舊五代史》卷13，第129頁。
〔註3〕《資治通鑒》卷286，第9343頁。
〔註4〕《新五代史》卷20，第203頁。

氏，「升元末，烈祖服金石藥，多暴怒，賴（皇）后以免者甚眾」。〔註5〕她不僅「治內有法」，是一位賢內助；而且，對李昇的政治活動「左右裨贊，多所宏益。烈祖常曰：『吾思有未達，（皇）后已悟矣。』」李昇是五代時期較有作爲的統治者，而宋皇后的「左右裨贊」則是其成就政治事業的一個重要因素。李昇死後，由於宋皇后富有政治見識，大臣們「欲稱遺詔奉（皇）后臨朝聽政，后不許，曰：『此武后（武則天）故事，吾豈爲之！』每元宗（李璟）來朝，惟勞其良苦而已，無一言及於治理，曰：『婦人預外事，非國之福也。』」〔註6〕可見宋皇后不僅輔助君主，而且律己甚嚴，不貪權位，不牟私利，故南唐國無外戚專權之禍，政治較其他割據政權清明。楚國文昭王順賢夫人彭氏，「貌寢陋，而治家有法，文昭王頗嚴憚之；及歿後，王始縱情聲色，爲長夜之飲，國事遂至中衰」。〔註7〕又，吳越國王錢鏐莊穆夫人吳氏，「武肅王（錢鏐）性嚴急，（吳氏）常怡顏以諫之」；恭懿夫人吳氏，「每聞王決重刑，必顰蹙以仁恕爲言。母家或有遷授，多峻阻之；及入見，時見訓勵，間以督責，故諸吳終夫人之世不甚驕恣。」忠懿王（錢俶）妃孫氏，「少事忠懿王甚謹，一以儉約爲訓，非宴會未嘗爲盛飾」。〔註8〕吳越國雖爲小國，然而政治清明，國祚長久，誰能說其中沒有后（按，吳越國由於向中原王朝稱臣，最高統治者配偶稱夫人而不稱皇后）、妃的積極影響？

這時期一些后妃雖然吸取歷史上后妃干政而招禍的教訓，保持疏離政治的姿態，不輕易干預君主的行政，但她們賢慧的作風，仍然對君主有所感染，因而對政治清明有間接的影響。如南唐嗣主皇后鍾氏，對人彬彬有禮，與人無競無競。她被立爲皇后之後，「既居大位，歲時賜予必先諸姒，然後及中宮」。李皇后對諸姒的禮敬影響了嗣主對兄弟的態度，史載「以故嗣主樂推諸弟而終無間言者，（皇）后勉之爲多」。〔註9〕南唐統治者在諸國屢見不鮮的爲爭奪政權而父子相逼，兄弟殘殺的五代時期，宗室卻能和睦共處，是其國社會穩定，政治清明的重要原因之一；而這又與某些賢明后妃的「勉之」及影響有關。在吳越國，后（夫人）妃之中也不乏生活儉樸、仁慈爲懷者；而吳越國幾代君主也都以生活簡樸、好行仁政爲特色。誰能說這二者之間沒有聯繫？

〔註5〕 《十國春秋》卷18，第262頁。
〔註6〕 《十國春秋》卷18，第262頁。
〔註7〕 《十國春秋》卷71，第985頁。
〔註8〕 《十國春秋》卷83，第1188～1191頁。
〔註9〕 《南唐書》卷6，《女憲傳第一》。

　　而一些君主輕視、鄙視女性，自以爲是，不願接受見多識廣、富於政治經驗的太后或賢明皇后的教誨、約束，爲所欲爲，就像一匹脫繮的野馬一般，最終導致了國破家亡的可悲結局，這樣的事例在五代十國歷史上屢見不鮮。

　　朱溫之妻元貞皇后死後，朱溫失去約束和顧忌，「始爲荒淫，卒以（此）及禍」。〔註10〕後晉高祖石敬瑭死後，出帝即位。出帝在個別妄自尊大的將領、大臣的煽動下，改變了石敬瑭與契丹結好的睦鄰政策，蓄意挑動後晉與契丹兩國的矛盾，結果，招致契丹傾國入犯。經過3年苦戰，後晉終被契丹所滅。後晉出帝與契丹決裂，此事曾受到皇太后李氏的諫阻。她認識到當時契丹國力雄盛，而後晉內亂不止，與契丹勢不均力不敵，貿然挑起戰爭必無好結局。但後晉出帝一意孤行，罔顧母訓，自取滅亡。契丹滅後晉後，逼令出帝遷徙至契丹。契丹主知太后曾反對出帝與契丹結怨，因此想對太后網開一面：「使人謂太后曰：『吾聞爾子重貴，不從母教而至於此，可求自便，勿與俱行。』」太后答以「母不隨子，欲何所歸」，終隨出帝踏上遷徙遠荒之路。〔註11〕後漢速亡（僅存4年），原因固然是多方面的，但後漢隱帝不聽從太后李氏的勸阻和建議，則是重要原因之一。後漢之亡，禍端始自隱帝受某些大臣教唆，貿然誅殺楊邠、史弘肇等權臣，招致郭威稱兵向闕，身以死，國以亡。史載，「隱帝與李業等謀誅楊邠等。議既定，入白太后。太后曰：『茲事何可輕發，更宜與宰相議之。』」隱帝不聽，「太后復以爲言」，極力阻止隱帝的魯莽行事。事實上，隱帝誅殺楊邠、史弘肇等權臣之事，宰相既不知情，事後也不支持。如果隱帝能聽從太后的勸告，與宰相謀議，此事必不會發生，後漢也未必速亡。郭威率軍攻近京師，太后建議隱帝「但按兵守城」，然後「飛詔諭之，觀其志趣，必有詞理，則君臣之禮尚全，愼勿輕出。」又被隱帝拒絕。隱帝輕率出戰，結果爲亂兵所殺，後漢亡。與後漢隱帝無視太后相反，郭威奪取政權後，對李太后卻禮敬有加，「凡軍國大事，皆請（太）后發教令以行之」，「請后權臨朝聽政，后於是稱誥焉」，「且言願事后爲慈母」。〔註12〕這說明李太后頗有政治眼光及政治能力，在將士、民眾中頗有威望。後蜀後主孟昶不聽從太后反對輕視軍隊建設，以「膏粱乳臭子」領兵的正確意見，使北宋出兵攻蜀時，後蜀軍隊「十四萬人齊解甲，可無一個是男兒」，軍隊迅速土崩瓦解，

〔註10〕《新五代史》卷17，第130頁。
〔註11〕《舊五代史》卷86，第1133頁。
〔註12〕《舊五代史》卷104，第1381～1382頁。

後蜀滅亡。這些都屬典型事例。這些事例都從反面證明了賢明之（太、皇）后對於魯莽尤其是年幼無知的君主的約束、教誨的重要意義。

在男尊女卑的封建時代，太后、皇后、妃嬪儘管社會地位較高，而且貼近最高統治者，但依然不免被輕視。實際上，后、妃當中，也不乏有遠見卓識者。她們或者出身貧賤，或者見多識廣，對民眾有憐恤之心，對政治對社會有較深的洞察力，她們雖無從政之權，但她們的建議卻不乏眞知灼見、合理而可行者。遺憾的是得不到統治者的重視。如果五代統治者對於她們的言論、建議，既能不盲從，亦步亦趨；又能不莽拒，自行其是；而是與大臣之言等同而視，兼聽慎思，擇善而從，五代的政治無疑會更清明，社會無疑會更穩定。

二

然而，通觀全局，我們認爲，五代時期，后、妃，尤其是其中的受寵者，她們對政治、軍事的消極影響也很突出，其所造成的後果也很嚴重。不少君主之死、權位之失、國破家亡的重大歷史事件，追究根源，都可以追尋到某些后、妃對政治的消極影響上。

後宮若干高層女性性識愚魯，目光短淺，心胸狹隘，利用君主對她們的寵幸而肆無忌憚地干預君主用人行政，甚至越俎代庖，直接插手王朝政治，導致政治敗壞，引發軍事變亂。這些女性對政治、軍事的消極影響表現在許多方面：

1、干預君主的用人處事決定。君主與大臣作出的決定，常常由於其身邊寵幸的女性的干預而發生改變，並由此鑄成大錯。後唐明宗死後，子潞王李從珂繼位爲帝。李從珂與大將石敬瑭「素不相悅」。石敬瑭率大軍駐於北邊，對李從珂的皇位是莫大的威脅。因治明宗山陵，石敬瑭不得不入朝。朝中將佐大臣皆勸從珂將石敬瑭羈留不遣。但「（曹）太后及魏國公主（按，魏國公主是明宗女，曹太后所生，嫁石敬瑭）屢爲之言」。結果，李從珂將石敬瑭遣返河東，無異於縱虎歸山，遺害無窮。〔註13〕石敬瑭終於在河東起兵，勾結契丹，奪取了李從珂的皇權，建立後晉。五代時期，后、妃多有恃寵干預君主用人的現象，只爲一己之私，將其無良兄弟扶上政治舞臺，造成了外戚專橫弄權、政治腐敗。後唐末帝劉皇后，其弟劉延皓，「自鳳翔牙校環歲之間歷

〔註13〕《資治通鑑》卷279，第9119頁。

樞密使，出爲鄴都留守，皆由（皇）后內政之力也」。〔註14〕劉延皓「恃后族之勢，驕縱，奪人財產，減將士給賜，宴飲無度」，結果招致軍亂，亂兵大掠，劉延皓脫身走至洛陽。「（後）唐主怒，命遠貶；皇后爲之請，六月，庚申，止（只）削延皓官爵，歸私第」。〔註15〕後晉馮夫人，「既正位中宮，頗預政事。后兄（馮）玉，時爲禮部郎中、鹽鐵判官，帝驟擢用至端明殿學士、戶部侍郎，與議政事」。〔註16〕馮氏兄妹內外弄權，是後晉亡國的一個重要原因，正如封建史家歐陽修所評論：馮皇后「其兄（馮）玉執政，內外用事，（後）晉遂以亂」。〔註17〕

　　2、插手皇位繼承事務，招致紛爭與亂亡。皇位是不少後宮高層女性覬覦的主要目標。她們都力圖把自己之子或對其有利的皇子扶持上最高政治舞臺，而不考慮被扶持者的人品及能力，不顧由此將造成怎樣的結局。後梁太祖朱溫臨終，由於諸子（王）夫人插手皇位繼承，結果招致諸王爭權奪位，兄弟互相殺戮。頻頻的內爭使後梁統治集團分崩離析，實力嚴重損耗，由盛轉衰，終被晉（後唐）所滅。干預皇位繼承事務而造成嚴重後果的還有前蜀國徐賢妃、徐淑妃姐妹。《新五代史》載：王建「晚年多內寵，賢妃徐氏與妹淑妃，皆以色進，專房用事，交結宦者唐文扆等干與外政」。〔註18〕另據《資治通鑑》載，前蜀國太子元膺被殺後，蜀主王建想從「類己」的雅王宗輅和「才敏」的信王宗傑中擇一人立之。鄭王宗衍年最幼，本無繼位資格。但其母徐賢妃倚著有寵於君主，通過賄賂權臣，收買相者的辦法，改變了蜀主的立嗣主意，將一個「幼懦」無能的政治「阿斗」立爲太子，並進而推上了最高政治舞臺，是爲前蜀後主。後主在位，親小人，遠忠直，大肆揮霍，四處遊玩，大臣屢諫不聽，統治集團離心離德。中原後唐王朝瞅準時機，果斷出兵，迅速滅了前蜀國。前蜀的亡國，徐賢妃有不可推卸的責任。在閩國，同樣存在因爲后、妃干預皇位繼承而引發動亂的事件。閩景宗王曦在位時，李皇后嫉妒賢妃得寵，擔心其子閩王亞澄的皇儲地位不保，欲弒景宗而立其子。而弒君立子不能不借助武將之力。李皇后於是挑撥景宗與朱文進、連重遇二將的關係，導致二將發動兵變，景宗被弒。但朱、連二將並未扶立亞澄，而

〔註14〕《舊五代史》卷49，第678頁。
〔註15〕《資治通鑑》卷280，第9145頁。
〔註16〕《資治通鑑》卷283，第9255頁。
〔註17〕《新五代史》卷17，第181頁。
〔註18〕《新五代史》卷63，第790頁。

是「悉收王氏宗族延喜以下少長五十餘人，皆殺之」，然後朱文進自稱閩主，以連重遇總六軍，奪了王氏政權。〔註19〕

3、收受賄賂，賣官鬻爵。後庭女性由於接近君主，對君主用人、施政有影響力，因而，一些別有政治企求的官吏便走「後宮路線」，通過后、妃實現其政治目的。也正因為如此，后、妃常常成為官員行賄的對象。後唐明宗原想為皇子從厚娶權臣安重誨女，大臣孔循想讓明宗為從厚娶自己之女，於是「陰遣人結王德妃，求納其女；德妃請娶（孔）循女為從厚婦，帝許之。」孔循因此事得罪安重誨，被貶逐至地方為官。孔循又「厚結王德妃之黨，乞留」。〔註20〕孔循「結」王德妃及其黨顯然是以賄賂為手段。《資治通鑑》載，後唐時，滑州留後李紹欽因伶人景進納貨於宮掖，除泰寧節度使；又載：「諸伶（人）出入宮掖，侮弄縉紳，群臣憤嫉，莫敢出氣，亦反有相託以希恩澤者，四方藩鎮爭以貨賂結之。」〔註21〕一些政治野心家也是通過賄賂后、妃以刺探朝廷情報，如後唐潞王李從珂在位時，大將石敬瑭陰謀奪取帝位，「敬瑭賂太后左右，令伺帝（潞王）之密謀，事無鉅細皆知之。」〔註22〕其中，莊宗皇后劉氏更是朝野官吏賄賂的淵藪：「四方貢獻（實為賄賂）皆分為二，一上天子，一上中宮（劉皇后），以是寶貨山積。」〔註23〕部分后、妃不僅受賄索賄，還賣官鬻爵，以滿足其難填欲壑。前蜀後庭徐氏二姐妹把王（宗）衍扶上皇位後，有恃無恐，偕後主遊山玩水，揮霍無度。用度不足，便賣官鬻爵。史載，「（前）蜀主奢縱無度，日與太后、太妃遊宴於貴臣之家，及遊近郡名山，飲酒賦詩，所費不可勝紀……太后、太妃各出教令賣刺史、令、錄等官，每一官闕，數人爭納賂，賂多者得之。」〔註24〕

4、挑撥離間，陷害忠良。人們常把愛搬弄是非的女性稱作「長舌婦」。《詩經》有謂：「婦有長言，維厲（災禍）之階」。五代後宮之中，常見「長舌婦」挑撥離間君臣關係，加劇了統治集團的內部鬥爭，甚至竊弄君權，陷害忠良，招致動亂。在這方面，後唐後宮某些高層女性最為典型。據史載，後唐明宗在位時，某日，樞密使安重誨與宰相任圜就館券（使節出使所持憑證）由戶

〔註19〕《資治通鑑》卷284，第9269頁。
〔註20〕《資治通鑑》卷276，第9013、9024頁。
〔註21〕《資治通鑑》卷272，第8904～8905頁。
〔註22〕《資治通鑑》卷279，第9131頁。
〔註23〕《資治通鑑》卷273，第8916頁。
〔註24〕《資治通鑑》卷270，第8842～8843頁。

部發給還是由樞密院派發之事在朝廷上爭論,「聲色俱厲」。這本屬正常之事。但「明宗罷朝,後宮嬪御迎前問曰:『與重誨論者誰?』明宗曰:『宰相也。』宮人奏曰:『妾在長安,見宰相奏事,未嘗如此,蓋輕大家(皇上)耳!』明宗由是不悅,而使臣給券卒自內出」。〔註25〕使者出使四方由戶部給券是故有制度,明宗破例由樞密院給,大約是對任圜「輕」皇上的報復。後唐樞密使安重誨久專大權,中外惡之者眾,由此造成後唐統治集團內部尖銳的矛盾、鬥爭。此中,也有后妃從中煽風點火:「王德妃及武德使孟漢瓊浸用事,數短重誨於上」。〔註26〕結果,安重誨被明宗誅殺。另外,一些忠直之臣得罪了宦官、伶人,宦官、伶人即走「後宮路線」而誅除之。後唐忠良之臣羅貫、郭崇韜被非理誅殺即為顯例。羅貫「性強直」,為宰相郭崇韜所知,用為河南令。羅貫為政,不避權豪,伶(人)宦(官)請託,書積几案,置之不理,皆以示崇韜,崇韜奏之,由是伶、宦切齒;河南尹張全義「亦以(羅)貫高亢,惡之,遣婢訴於(劉)皇后」。於是,劉皇后「與伶宦共毀之」。結果,羅貫被誅,「暴屍府門,遠近冤之」。〔註27〕郭崇韜既對後唐立國貢獻良多,又是滅(前)蜀功臣。他「素疾宦官」;宦官對他也切齒痛恨,一直處心積慮,要置之死地而後快。郭崇韜領軍滅前蜀後,往來傳達情報的宦官捏造郭崇韜欲謀害王子李繼岌的謊言,「具以語劉(皇)后。后泣訴於帝(莊宗),請早救繼岌之死」。宦官慫恿莊宗傳令殺郭崇韜,莊宗猶豫不決;便轉求劉皇后。劉皇后於是「自為教與繼岌,令殺崇韜」。〔註28〕郭崇韜被冤殺,引發後唐軍隊內亂,莊宗被弒,劉皇后出逃,最終不免一死,可謂「多行不義必自斃」!在閩國,朝廷大臣的生殺予奪之權更是掌握在某些受寵女性手中,如閩景宗賢妃尚氏「有殊色,景宗最憐寵焉。醉中,妃所欲殺則殺之,所欲宥則宥之」。〔註29〕那些忠直敢言,不討賢妃喜歡者,她也可以借景宗酒醉之時殺之;而對那些獻媚行賄者則可宥其罪過甚或封官賜爵。在南漢國,得寵後庭女性甚至掌握了用人行政大權。史載,南漢國主對宗室諸王猜疑不休,大肆殺戮,對大臣也不信任,於是,「以宮人盧瓊仙、黃瓊芝為女侍中,朝服冠帶,參決

〔註25〕《新五代史》卷28,第307頁。

〔註26〕《資治通鑑》卷277,第9045頁。

〔註27〕《資治通鑑》卷273,第8935~8936頁。

〔註28〕《資治通鑑》卷274,第8952~8955頁。

〔註29〕《十國春秋》卷94,第1362頁。

政事」。〔註30〕在這樣的國度，忠直大臣自然也沒有立足之地。

　　雖然，上述對政治、軍事造成消極影響的，僅是後宮中的少數高層者；但是，正因爲她們地位高，受君主寵幸，因此，其干預政治的能量不可小覷。許多矛盾、動亂，都可以在她們身上找到直接或間接的根源。

　　古代社會，后妃與政治有著密切的關係，甚至繫及興亡。《舊五代史》史臣曰：「昔三代之興亡，雖由於帝王，亦繫於妃后。故夏之興也以塗山，及其亡也以妹嬉；商之興也以簡狄，及其亡也以妲己；周之興也以文母，及其亡也以褒姒。」〔註31〕五代后妃對政治的影響，亦可分積極與消極兩方面來考察。但封建史家常常只看到甚至誇大她們對政治的負面影響，而忽視她們對歷史的積極影響，因而提出了「女禍」論，認爲封建王朝的動亂、滅亡完全由她們造成。我們應該認識到，唐末五代的動亂，眞正的、深刻的根源，仍應從封建專制制度及特定的歷史背景去探討，而不應僅僅歸罪於她們的品德、修養之不善，否則，我們不可能得出符合客觀實際的歷史認識。

引用文獻

〔1〕薛居正，《舊五代史》〔M〕，北京：中華書局，1976年。

〔2〕司馬光，《資治通鑒》〔M〕，北京：中華書局，1956年。

〔3〕歐陽修，《新五代史》〔M〕，北京：中華書局，1974年。

〔4〕吳任臣，《十國春秋》〔M〕，北京：中華書局，1983年。

〔5〕馬令，《南唐書》〔M〕，文淵閣四庫全書本。

〔註30〕《資治通鑒》卷289，第9449頁。
〔註31〕《舊五代史》卷49，第678頁。

九、五代賄賂問題初探

摘　要

　　賄賂在五代歷史上是一種普遍的社會現象。上自君主、權臣，下至士兵、降將以及邊疆少數民族，都成為賄賂對象。形式多樣、名目繁多、目的複雜、公行無忌是這時期賄賂現象的特點。賄賂現象盛行於社會上層、「功能」齊全、懲治困難，是此時期賄賂盛行的主要原因。賄賂公行造成了嚴重的惡果，它導致吏治腐敗、社會動亂、邊防危機，還是一些政權衰亡的導火索。

關鍵詞：五代；賄賂；政治腐敗；軍事動亂

　　賄賂是行賄人將錢財等物質或非物質利益呈送有關人員（主要是手握權力的官員），以換取所需求的政治、經濟、軍事或其他方面的利益的非法行為。由於賄賂是違法行為，要受法律的制裁或社會輿論的非議，因此行賄、受賄、索賄行為都處於秘密狀態，難為他人所知。然而，披閱有關五代歷史的各種史籍，我們發現，有關賄賂的記載俯拾皆是。不少重大的政治、軍事問題，追根究蒂，都與賄賂有關。然而，對於五代時期於政治、社會生活中普遍存在且影響巨大的賄賂問題，學界未見有學者涉足研究。筆者不揣淺陋，試就五代社會賄賂問題作初步探討，謬誤之處懇請方家指正。

一、賄賂現象及其特點

　　賄賂在五代歷史上是一種很普遍的現象。從受賄者角度劃分，大致可分為以下幾種類型：

　　1、對權臣、君主寵幸及普通官員的賄賂。這是最常見的賄賂。權臣位高權重，不僅可以賣官鬻爵，甚至可以左右君主意志，決定將領、大臣的生死禍福，因而成為炙手可熱的賄賂對象。此種賄賂，在五代各政權（包括中原王朝及周邊割據政權）中，都可謂司空見慣。除權臣之外，君主的寵幸也是賄賂的焦點。君主的寵幸，因為接近君主，受君主倚信，雖然算不上位尊權重，卻對君主有很強的影響力，其一言一語，可令死囚生，亦可讓忠臣死；可使平庸之徒飛黃騰達，也可讓廉能將臣削職為民，因而常成為眾人賄賂的對象。如後唐莊宗李存勗在位時，因他善音律，有披庭三千，故伶人、宦官多受寵幸，形成伶人、宦官弄權局面，許多官員憤嫉而莫敢出氣；「或反相附託，以希恩澤，四方藩鎮，貨賂交行」。〔註1〕在官場爭權奪利的鬥爭中，一些官員以賄賂為「敲門磚」敲不開權臣之門，便轉而敲伶人、宦官之門。另外，披庭受寵女性，如后（太后、皇后）、妃也常成為賄賂對象。如後唐莊宗皇后劉氏，生於寒微，天性貪婪，「及為（皇）后，四方貢獻皆分為二，一上天子，一上中宮（劉皇后），以是寶貨山積」。〔註2〕四方「貢獻」劉皇后的目的，是憑藉君主對其寵幸，為「貢獻」者牟取政治利益。

　　2、對軍人的賄賂。五代亂世，戰爭頻仍。軍閥的霸業、將領的生死，戰爭的成敗，其「決定權」常常操縱在軍士手中。將領能討得士卒歡心，可提

<hr>

〔註1〕歐陽修：《新五代史》卷37，《伶官傳第二十五》。北京：中華書局，1974年。
〔註2〕司馬光：《資治通鑑》卷273，同光二年二月辛巳。北京：中華書局，1956年。

升軍隊的戰鬥力，可維護將帥地位；否則，士卒消極罷戰，甚至嘩變，將領可能被逐，被殺。因此，將領以「賞賜」、「犒軍」各種形式的對士卒的賄賂屢見不鮮。尤其是反叛將領，爲求得到士卒的支持，更是常以財物賄賂之，謂之「啖」。如後唐朝，東川節度使董昌「久蓄反謀，以金帛啖其士卒，銳氣不可當」。〔註 3〕五代時期，士卒忠君觀念淡薄，只要將領能給他們錢財，那怕是反叛，他們也願付出力氣甚至生命。值得關注的是，不僅是將領常常要賄賂士卒，以換取士卒奮勇作戰或不至嘩變；即使高高在上的君主，在形勢危急之下，也要向士卒賄賂，以求士卒爲其賣命。後漢乾祐三年（950）十一月，大將郭威反叛，舉兵向闕。在形勢危急之際，後漢大臣「請空府庫以賜諸軍」。隱帝「乃賜禁軍人二十緡，下軍半之，將士在北者（按，指叛軍）給其家，使通家信以誘之」。〔註 4〕後漢君臣情急抱佛腳，空府庫以「賜」諸軍，對叛軍則「給其家」，目的在於讓諸軍奮力抵抗，令叛軍「反正」，其「賜」、「給」的交換性質是很鮮明的，與付出錢財換取某種利益的賄賂本質是一致的。

3、對少數民族的賄賂。在中原地區的政治、軍事鬥爭中，邊境強悍少數民族常常成爲漢族大小軍閥借助的力量；而要借助其支持，通常是通過賄賂的辦法。如後梁開平二年（909），幽州將帥劉守文、劉守光兄弟同室操戈，劉守文「乃大發兵，以重賄招契丹、吐谷渾之眾，合四萬屯薊州」。〔註 5〕後唐末年，河東大將石敬瑭憑藉契丹的軍事支持，推翻了後唐末帝的統治，建立了後晉王朝；而其所以能取得契丹的支持，奧妙即在於「豐厚」的賄賂，賄賂品是土地和金帛。五代時期一些割據政權也千里迢迢地「遣使私賂北戎（契丹），俾爲中國之患，自固偷安之計」。〔註 6〕

4、對特殊人員的賄賂。只要收買某類人員能達到某種目的，這些人員都會成爲賄賂對象，包括敵方將領、士兵、工匠等。

總觀五代時期的賄賂現象，呈現以下主要特點：

首先是賄賂形式的多樣性。除常見的以財物爲賄賂外，還有多樣形式的賄賂：（1）以官職爲賄賂。如後梁朱友珪在位，許州馬步都指揮使張厚作亂，

〔註 3〕 《資治通鑒》卷 277，長興元年九月。
〔註 4〕 《資治通鑒》卷 289，乾祐三年十一月辛巳。
〔註 5〕 《資治通鑒》卷 267，開平三年五月。
〔註 6〕 薛居正：《舊五代史》卷 134，《僭偽列傳第一·李景傳》。北京：中華書局，1976 年。

殺匡國節度使韓建，「友珪不敢詰，甲辰，以（張）厚爲陳州刺史」。〔註7〕這實質是以官職爲賄賂，以求反叛者感恩而歸順。閩景宗王羲與兄弟富沙王王延政爭戰失敗，以「將吏敕告六百四十通」向王延政求和，亦屬此類。（2）以女色爲賄賂，即現代所謂「性賄賂」，只是行賄者不是女性本人，而是他人。如前蜀後主王衍在位，沉湎聲色，大臣便爭相搜集美女以獻媚取寵，換取政治利益。（3）以酒食爲賄賂。五代時期，不管是陰謀反叛還是試圖「反正」的將領，爲了贏得士卒的支持，都常常設宴款待士卒；一些官員爲了取得同僚的支持與美譽，亦常設宴待之。（4）以土地爲賄賂。爲換取對方的軍事援助，答應事成之後割讓某區域土地爲酬。如上引石敬瑭爲求契丹援助而割讓燕雲十六州。此外，各割據政權在危急形勢下亦有以割讓局部土地爲賄賂，爭取對方援助或懇求對方罷兵停戰者。南唐在後周軍事進攻並屢戰屢敗的窘迫形勢下，便以割讓江北之地爲條件，向後周求和，換取苟安。

其次是賄賂名目繁多。由於賄賂是違法行爲，因此，行賄、受賄、索賄各方都想尋找一些「正當」的名目把賄賂的實質遮掩起來。如前所述，許多君主或將領對士卒或大臣的「賞賜」、「犒軍」，實質上是一種賄賂，它與通常情況下，大臣取得良好政績，或軍隊戰勝攻取之後獲得君主的賞賜（由朝廷財政支付），旨在對受賜者進行精神鼓勵不同；它通常是在危急或不正當（如謀反）的情況下，君主或將帥以私財分發大臣或士卒，旨在換取大臣或士卒的秉力支持，利益交換的色彩是極鮮明的。「犒軍」，一般情況下是出師征討之前或凱旋而歸，將領或民眾爲激勵或感謝軍隊而設宴或給發將士財物；而此時期之「犒軍」，通常是在軍隊勢屈力窮面臨覆滅之際，給敵軍輸送錢物，旨在向敵軍求和，換取其休戰罷兵，實質也是賄賂。此外，五代時期，割據政權對中原王朝以及下級（屬）官員或將領對上級將帥所呈「貢獻」，實質亦是賄賂。貢獻本是封建時代地方官員爲表示對君主的忠誠，將地方特產進獻君主，並無明確的謀取非法利益之旨；而五代時期，許多「貢獻」實爲「掛羊頭賣狗肉」，其目的是以財物換取政治利益；一旦利益得不到，不但「貢獻」停供，關係也隨之惡化。正如史家歐陽修所言：「自（後唐）莊宗以來，方鎮進獻之事稍作，至於（後）晉而不可勝紀矣。其『添都』、『助國』之物，動以千數計，至於來朝、奉使、買宴、贖罪，莫不出於進獻」。〔註8〕

〔註7〕 《資治通鑑》卷268，乾化二年六月甲辰。
〔註8〕 《新五代史》卷46，《雜傳第三十四・「嗚呼」》。

再次是行賄目的複雜。(1)謀求官職。官場中的大量賄賂都屬此類,賄賂對象主要是君主、君主之寵幸、近習、權臣、上司。(2)企求保職。由於官場中行賄求官職者眾多,因而,佔據美職肥缺者常常擔心其職不保,故以賄賂保職。(3)求赦免罪過。許多官員犯了罪,或被誣陷,為擺脫刑罰和災難,向君主或向誣陷者行賄。(4)求得軍事援助。軍事鬥爭中,勢力虛弱或形勢危急一方,以賄賂求得第三方給以軍事援助,以解滅頂厄難。(5)求和。當無法求得第三方援助,只得以「犒軍」為名向對方行賄求和。還有以賄賂買通道、換情報、謀害對手等等。可以說,在政治、軍事及社會生活中,每遇有求於人之事,都得行賄,否則難以遂願。

第四是賄賂行為的公開性。賄賂,包括行賄、受賄、索賄,由於屬違法行為,一般情況下,賄賂各方都於秘密狀態下授受;無法秘密的,也要巧立名目以掩人耳目,因而,隱蔽性是賄賂的一個特徵。然而,在五代時期,由於賄賂現象極其普遍,已屬司空見慣,賄賂各方常常以為無需遮掩。故公開成了五代賄賂現象的一大特徵。五代史籍中留下大量賄賂的記錄,正是這時期賄賂公行的反映。

二、賄賂公行的原因

五代時期何以賄賂公行?除了時屬戰亂時代,經濟凋敝,物質奇缺,以及法制遭到嚴重破壞,大小軍閥及官吏可以任情妄為等因素外,還有多種因素的影響。

(一)賄賂現象在高層統治集團中極其盛行

高層統治者,包括皇帝、權臣、地方節帥,為著各種原因和目的,常以賄賂為「敲門磚」。非法的賄賂行為實際上已為統治者所默許甚至慫恿,已經「合法化」。上行下效,這就為賄賂的盛行起了煽風點火的作用。五代後梁開國之主朱溫,在唐末正是通過賄賂朝中權臣,獲得種種政治權益,因而勢力迅速壯大;而當他成為大軍閥、皇帝之後,又坦然地接受各藩鎮的「貢獻」及麾下將領的賄賂。後唐滅後梁,君主、宰相、皇后、伶人、宦官更是肆無忌憚地受賄甚至公然索賄。後梁外戚、宋州節度使袁象先入朝,「輦珍貨數十萬,遍賂劉夫人及權貴、伶官、宦者,旬日,中外爭譽之,恩寵隆異」;後梁西都留守、河南尹張全義入朝,「獻幣馬千計」,後唐莊宗「命皇子繼岌、皇

弟存紀等兄事之」。〔註9〕後唐宰相郭崇韜滅前蜀後，前蜀貴臣大將也爭以寶貨、妓樂遺崇韜及其子廷誨。建立後晉王朝的石敬瑭就是通過賄賂契丹而登上皇位的。後漢權臣蘇逢吉、史弘肇、楊邠等甫掌政權，即廣受賄賂。不僅是中原王朝統治集團如此，周邊割據政權統治者亦不例外，常以賄賂「搭橋」去追求和實現其政治目的。

（二）法紀蕩然的動亂時世，賄賂「功能」齊全：可求官；可免罪；可求和；可廣財，因而得以「風靡」

在戰亂頻仍，社會動蕩，經濟衰敗，物質稀缺以及法制幾乎蕩然不存，一切惟統治者馬首是瞻的五代時期，賄賂簡直是一副「靈丹妙藥」，可以讓各種各樣的人平步青雲、逢凶化吉，各種各樣的目的得以如願以償。

賄賂可求官保官。此類事例在五代史籍記載中可謂俯拾即是，不勝枚舉。諸如後梁滑州留後李紹欽「因伶人景通納貨於宮掖，除泰寧節度使」；〔註10〕以盜掘唐帝陵而臭名昭著的「盜賊」溫韜，在後梁朝以賄賂得任匡國節度使，後梁被滅後又「多齎金帛賂（後唐莊宗）劉夫人及權貴伶官，旬日，復遣還鎮」。〔註11〕吳國德勝節度使張崇，在廬州貪暴，州人苦之，屢次入朝，都賄賂權要，由是常得還鎮，為廬州患者二十餘年，還被吳主賜爵清河王。賄賂可免罪。有罪本應依法懲治，以儆效尤；然而，在五代，一種極常見的現象是，罪臣只要行賄，罪愆便可抵消，不惟可以不加懲罰，而且可以加官晉爵！總之，在形勢變幻莫測的五代歷史舞臺上，賄賂常常是可使將領、大臣免去罪愆，擺脫困境，求得仕途順遂的一個重要法寶。賄賂可求和。五代時期的戰爭既是殘酷慘烈的，也是有條件可講的。克城滅敵是戰爭的首要目的，其次則是獲得錢財。因此，在克城確有難度或克城之時，只要弱勢或戰敗方卑躬屈膝求和並支付一筆鉅額「犒軍」錢物，戰勝者即可鳴金收兵，滿載而歸，敵對雙方可握手言和。賄賂可以弭兵止戰，因而在五代軍事活動中司空見慣。賄賂可廣財。戰爭連綿，加之統治者生活奢侈，揮霍無度，因此，五代各朝都曾遭遇財政困難的問題，官員須減俸，將士得不到犒賞。一些昏瞶的統治者於是公開賣官納賄，以此作為「廣財源」之一途徑。賄賂還可以臨危保命。五代時期，社會秩序混亂，將帥、官吏可以任意殺戮。在面臨絕境之時，許

〔註9〕《資治通鑑》卷272，同光元年十月。
〔註10〕《資治通鑑》卷272，同光元年十一月。
〔註11〕《資治通鑑》卷272，同光元年十一月。

多人便以財物賄賂有關官員或將帥，以求取一條活路。賄賂還可以求援，可以睦鄰，可以買路，可以獲取情報，可以取寵，可以化解矛盾，排除障礙，可謂無所不能！

（三）對賄賂行為的防治難度大

賄賂公行對政治，對社會生活都造成了極大的危害。一些有抱負有遠見的統治者亦曾試圖防治、拒絕賄賂，查辦賄賂，以整飭吏治。然而，積重難返，賄賂就像一棵根深葉茂的老樹，不但無法根除，搖動亦難！如果當政者罔顧現實，遽然嚴厲整治，不僅難有良好結果，反而極有可能招致不測。後唐宰相郭崇韜就深明此理。據載，後唐建國之初，「郭崇韜初至汴、洛，頗受藩鎮饋遺，所親或諫之，崇韜曰：『吾位兼將相，祿賜鉅萬，豈藉外材（財）！但以偽梁之季，賄賂成風，今河南藩鎮，皆梁之舊臣，主上之仇讎也，若拒，其意能無懼乎！吾特為國家藏之私室耳。』及將祀南郊，崇韜首獻勞軍錢十萬緡」。〔註12〕可見郭崇韜與貪戀財貨的一般受賄者不同，他之所以受賄，目的在於安定行賄者人心，穩定社會秩序。因為，後唐雖然已滅後梁，但後梁地方將領、官吏仍擁有相當勢力；他們是後唐王朝的「仇讎」，如果後唐統治者收受他們的賄賂，意味著後唐王朝不再追究他們的「罪過」；否則，意味著新王朝對他們既往必究，令他們心懷疑懼，極有可能鋌而走險，或反叛，或投靠周邊割據政權，於社會秩序，於後唐王朝統治，均有害無益。因此，接受賄賂是無奈的選擇。

另外，賄賂現象難以治理，還由於其有「保護傘」。後梁朝，以尚書左丞李琪為中書侍郎、同平章事。李琪「挾趙巖、張漢傑之勢，頗通賄賂」。有行賄者以攝官求仕，李琪枉法輒改攝為守。另一宰相蕭頃告發李琪的受賄枉法行為，但因為有權臣、寵臣趙巖、張漢傑作「保護傘」，故李琪並未受到嚴肅處罰。吳國（後改稱南唐）是割據政權中政治相對清明的一個國家，然而對整治賄賂問題也是知難而退。史載，張崇在廬州（今安徽合肥市）以「貪暴不法」著稱。適逢廬江民眾狀告縣令「受賄」，為政清廉的徐知誥遣侍御史知雜事楊廷式往按之，欲以此「殺雞儆猴」，讓賄賂現象有所收斂。楊廷式目光深遠，洞察到縣令的受賄必不是孤立的個案；為尋求「保護傘」，受賄縣令必然會向上司行賄；而受賄的上司同樣會向更上層的官員行賄。如此追究下去，

〔註12〕《資治通鑒》卷273，同光二年二月。

終將追究到權勢煊赫的徐知誥的養父、都統徐溫。徐知誥一時不明，問：「所按者縣令，何至於是？」楊廷式說：「縣令微官，張崇使之取民財，轉獻都統耳。豈可捨大而詰小乎？」這是「拔出蘿蔔帶出泥」。徐知誥恍然大悟，只得中止查究。〔註13〕著名史評家王夫之論及此事，謂：「嚴下吏之貪，而不問上官，法益峻，貪益甚，政益亂，民益死，國乃以亡」。〔註14〕這話是有道理的。賄賂形成的層層保護傘，使任何對貪污、賄賂的懲治都難以湊效。再說，賄賂既在統治階級上層盛行，他們對下層的賄賂行為進行處罰自然就感到底氣不足。

三、賄賂公行的惡劣影響

賄賂犯罪，「利害關係人包括行賄者、受賄者和國家、社會等方面。行賄者和受賄者是現實或潛在的利益的獲得者，國家和社會則是承受損失的人。」〔註15〕五代時期，賄賂公行造成了嚴重的危害。許多軍事上的動亂，政治上的腐敗，甚至王朝的兵敗覆滅，其根源都可以直接或間接地追尋到賄賂上！

（一）賄賂是政治腐敗的根源

1、賄賂使朝廷用人不公。賄賂公行，掌握著用人之權的官員，他們並非根據選人的品德、才能授予相應官職，而是根據賄賂之多少授官。由此，大批缺德之輩、庸碌之徒得以登上政治舞臺，而無能力行賄者，即使有德有才，也只能被堵在仕途之外；一些有重大軍功的將領，因無錢財賄賂權貴，也只能遷補低級官職。後梁朝，「趙（巖）、張（漢傑）兄弟擅權，內結宮掖，外納貨賂，官之高下唯視賂之多少，不擇才德，不校勳勞」。〔註16〕後唐末年，房暠、劉延朗為正、副樞密使，二人「並掌機密，延朗專任事，諸將當得州者，不以功次為先後，納賂多者得善州，少及無賂者得惡州，或久而不得，由是人人皆怨。」〔註17〕後漢朝，「是時，逢吉、禹珪頗以私賄除吏，多繆。」〔註18〕賄賂成了選人任官的重要參考要素，怎可能公允？

〔註13〕 吳任臣：《十國春秋》卷10，《楊廷式傳》。北京：中華書局，1983年。

〔註14〕 王夫之：《讀通鑑論》卷28，《五代上·一七》。北京：中華書局，1975。

〔註15〕 李希慧等：《貪污賄賂罪研究》，北京：知識產權出版社，2004年，第113頁。

〔註16〕 《資治通鑑》卷272，同光元年八月戊戌。

〔註17〕 《新五代史》卷27，《劉延朗傳》。

〔註18〕 《新五代史》卷30，《楊邠傳》。

2、賄賂公行使一些政權公然賣官鬻爵。一些昏聵的統治者不滿足於「背地裏」被動受賄，竟公然賣官鬻爵，將賄賂公開化，合法化，每一官職，猶如當今拍賣，「賂」厚者得之。權利的擁有者以權換錢，利益的謀取者則以錢換權。在中原五代政權中，以錢買官是常見現象。如，袁正辭，「(後) 唐廢帝時，獻錢五萬緡，領衢州刺史。(後) 晉高祖入立，復獻五萬緡，求爲眞刺史。拜雄州刺史，州在靈武之西，吐藩界中。正辭憚，不欲行，復獻錢數萬，乃得免。」〔註19〕房彥儒在後晉期，「獻其父錢三萬緡、絹布三萬匹、金百兩、銀千兩、茶千五百斤、絲十萬兩，拜沂州刺史」。〔註20〕閩國在閩康宗時，由於「百役繁興，用度不足」，於是「命吏部侍郎、判三司蔡守蒙納賂除官，籍貨來上」。〔註21〕這些國家 (政權)，竟然讓本應遮遮掩掩的違法行爲公然在廟堂之上「大明正當」地進行，成了君主斂財的一條捷徑。這種以賄賂求官職之事在五代史上很普通，即使對國家有過重要貢獻的「功臣大將，不幸而死，則其子孫率以家貲求刺史，其物多者得大州善地。蓋自天子皆以賄賂爲事矣」。〔註22〕

3、賄賂盛行導致吏治極端腐敗。「在權錢交易犯罪中，行賄者是以錢買權，但是買權本身不是目的，而是手段，買權的目的是牟取不正當權益。」〔註23〕因此，賄賂與貪贓枉法是形影不離的孿生姐妹：賄賂者行賄，付出了代價，謀取到了官職，他們必然要利用手中的權力，枉法謀取私利，要把謀官的「本」取回來。此外，地方節度使以「貢獻」形式賄賂君主，使君主對節度使在地方的胡作非爲一再容忍包涵，不予嚴肅追究、處罰，使貪贓枉法的節度使更加有恃無恐，其爲害一方更加嚴重。與此同時，在任貪贓枉法，可能受到免官懲處，而要想保官，要想貪贓而不受處罰，就得頻頻向上司行賄，以尋求「保護傘」。賄賂盛行是五代時期吏治敗壞的一條主要根源。

(二) 賄賂是軍事動亂的誘因

五代以軍事動亂頻仍爲主要特色。而軍事動亂的誘因，探究起來，賄賂不能不說是其中重要一個。

〔註19〕《新五代史》卷45，《袁象先傳》。
〔註20〕《新五代史》卷46，《房知溫傳》。
〔註21〕《十國春秋》卷91，《閩二‧康宗本紀》。
〔註22〕《新五代史》卷46，《雜傳第三十四‧嗚呼》。
〔註23〕李希慧等：《貪污賄賂罪研究》，北京：知識產權出版社，2004年，第113頁。

1、賄賂（包括行賄，索賄）使異族頻頻入寇或釀成動亂。五代時期，北方契丹族崛起，成爲一股強勁的軍事勢力。中原地區各軍閥在爭權奪利的鬥爭中，爲著一己之私，常常以賄賂引誘契丹族入寇，造成邊境局勢動蕩，生靈塗炭。

後梁龍德元年（921），晉王李存勗出兵討伐鎮州叛亂奪權的張文禮，義武節度使兼中書令王處直指使新州將王郁，「使賂契丹，令犯塞以解鎮州之圍」。在王郁的利誘下，契丹主「悉眾而南」，〔註 24〕由此引發契丹與晉軍的一場惡戰。後唐天成三年（928）四月，義武節度使王都在鎮州謀反，後唐詔招討使王晏球等發諸道兵會討。王都「以重賂求救於奚酋禿餒」，禿餒以萬騎突入定州援助王都。〔註 25〕此外，一些邊將對邊境少數民族的索賄，還引發了少數民族的反抗鬥爭。如後周朝，慶州刺史郭彥欽「性貪，野雞族多羊馬，彥欽故擾之以求賂，野雞族遂反，剽掠綱商（按：往沿邊販易者）」。〔註 26〕

2、索賄激發許多軍事變亂。索賄是受賄的一種形式，帶有勒索性質。五代時期，許多權臣以及受君主寵幸的近習，不滿足於被動受賄，還常常利用其地位、權力和影響力大肆向大臣、將領、藩鎮索賄。能如願以償，他們就對被索賄者歌功頌德，爲其謀職權；一旦索賄不成，或未能滿足其欲求，他們便不惜製造冤案，不僅要將被索者置之死地，而且要株連九族，其手段殘忍至極，其行爲令人髮指！後梁貞明四年（918）八月，後梁泰寧節度使張萬進反，投奔河東（晉）。其反叛的原因是「時嬖幸用事，多求賂於萬進」。〔註 27〕在不能滿足嬖幸們的無厭欲求，又無法避免嬖幸們從中挑唆引起主子的猜疑和屠戮的兩難境況下，被求索者鋌而走險，舉兵反叛，這是惟一的選擇！因索賄而造成冤案並進而引發大動亂，最典型的事例是後唐伶人、宦官對宰相郭崇韜及大將朱友謙的殘殺。後唐莊宗由於沉湎聲色，故伶人、宦官大受寵幸。二類小人即恃此肆無忌憚地向包括宰相、大將在內的官員索賄。宦官、伶人就因爲無止境的索賄得不到滿足而懷恨在心，恣意誣陷，借君主權力之刀大開殺戒。將相大臣無端被誅戮，人人危懼，結果導致原後梁將領、軍隊先後叛亂，莊宗在動亂中被弒；樹倒猢猻散，伶人、宦官也在內亂中被誅殺殆盡，眞是自食其果！

〔註 24〕葉隆禮：《契丹國志》卷 1，《太祖大聖皇帝》。上海古籍出版社，1985 年。

〔註 25〕《契丹國志》卷 2，《太宗嗣聖皇帝上》。

〔註 26〕《資治通鑑》卷 291，廣順二年十月。

〔註 27〕《資治通鑑》卷 270，貞明四年八月。

（三）賄賂還是一些王朝喪師以至亡國的導火索

五代時期，竟有不是憑藉軍功、威望、能力而是僅憑賄賂而登上軍隊主帥地位之事！這在太平時代，其危害尚未能顯示；一旦戰事發生，喪師失地以至亡國，便是毫不奇怪的結局！

後梁的亡國，原因是多方面的；但作爲軍隊主帥的段凝指揮失誤無疑是一個重要原因。段凝何許人也？憑什麼登上後梁軍隊主帥地位的？段凝，開封人，名明遠，原爲懷州刺史，妹爲後梁太祖朱溫美人。乾化元年（911）十一月，朱溫率師抵禦晉、趙聯軍的入寇，南還途中，經過獲嘉（懷州東北），段明遠「饋獻豐備」，朱溫大悅。次年二月，朱溫至武陟（懷州東），「段明遠供饋有加於前」。段明遠的一再優厚「饋獻」、「供饋」，當然是旨在換取職位的晉升；然而在朱溫看來，卻是「忠勤」的表現。後梁末年，晉軍節節勝利，後梁軍屢屢敗退。後梁重臣敬翔舉薦大將王彥章爲北面招討使，肩負禦敵重任，使戰場形勢出現轉機。然而，在這節骨眼上，無德無才的庸人（時爲監軍使）段凝，卻憑賄賂荒唐地充任起後梁軍主帥！史載，段凝「厚賂」權臣趙巖、張漢傑，請求代王彥章爲招討使。敬翔、李振等大臣力爭以爲不可；而受了「厚賂」的趙巖、張漢傑則極力主張用之爲帥，「竟代王彥章爲北面招討使，於是宿將憤怒，士卒亦不服」，「眾議詢詢」。〔註28〕但無論大臣們如何反對，將士們如何「憤怒」、「不服」，始終無法改變段凝爲主帥的任命。後梁一些將領看到後梁滅亡的命運已經注定，於是投奔晉方，康延孝即爲其一。晉王李存勖曾屛人問康延孝後梁事，康延孝說：

> （後）梁朝地不爲狹，兵不爲少；然迹其行事，終必敗亡。何則？主旣暗懦，趙、張兄弟擅權，內結宮掖，外納貨賂，官之高下唯視賂之多少，不擇才德，不校勳勞。段凝智勇俱無，一旦居王彥章、霍彥威之右，自將兵以來，專率斂行伍，以奉權貴。每出一軍，不能專任將帥，常以近臣監之，進止可否動爲所制。〔註29〕

因此說，段凝以賄賂得充後梁軍主帥，是後梁亡國的一個重要原因。

南唐在後周出兵之際連戰連北，亦與庸才劉彥貞因賄賂而被推上重要軍事將領地位、作戰指揮不力有密切關係。劉彥貞是原吳國功臣劉信之子，以父蔭晉身。「彥貞雖名將家子，生長富貴，初不嫻兵事」；但他「以厚賂結（魏）

〔註28〕《資治通鑑》卷 272，同光元年八月。

〔註29〕《資治通鑑》卷 272，同光元年八月。

岑爲奧援，岑所得滋多，遂肆言彥貞御兵治民合韓、彭、龔、黃（按，指韓信、彭越，漢之良將；龔遂、黃霸，漢之良吏）爲一人」。因此，在後周出師征南唐之際，劉彥貞被拜授爲北面行營都部署，帥師三萬援壽州。由於有勇無略，缺乏軍事作戰經驗及指揮才能，甚至荒唐到在戰場弄起「法術」來：「刻木爲猛獸攫取狀，飾以丹碧，立陣前，號揵馬牌」，結果大敗，劉彥貞也死於陣中。可以說，是劉彥貞首先打開了南唐軍事「堤防」的一個缺口；而其所以被南唐君主重用，又在於他賄賂權貴，權貴既受其利，則爲其謀職，因而把一個「不嫻兵事」的庸碌之徒推上了重要軍事職位。封建史家評論說：「淮南喪地千里，其敗實自彥貞始，雖死國事，議者不與（贊許）也」。〔註30〕

後漢是五代時期國祚最短的王朝，僅存 4 年。探討其速亡的原因，權臣的受賄索賄實爲重要誘因。這可以從兩個方面考察：政治方面，後漢立國之初，權臣便肆意受賄索賄，並枉法爲行賄者謀取政治利益。史載「蘇逢吉等爲相，多遷補官吏；（樞密使）楊邠以爲虛費國用，所奏多抑之，逢吉等不悅」。爲排除障礙，蘇逢吉唆使中書侍郎兼戶部尚書、同平章事李濤等人上疏，挑唆後漢隱帝出楊邠於外，企圖獨攬軍政大權；而楊邠則依靠太后反擊。由此引發將相尖銳的矛盾。不久後楊邠、史弘肇被殺，郭威稱兵向闕，實爲將相矛盾激化的結果。再從軍事方面看，後漢亡於「三叛連衡」，而三叛連衡又由侯益賄賂得官引發。侯益原爲後晉鳳翔節度使，劉知遠稱帝建立後漢時，侯益不願臣服，投靠後蜀，爲後漢所攻，勢窮而降。時值回鶻入貢，訴稱爲党項所阻，乞兵應援。後漢詔左衛大將軍王景崇、將軍齊藏珍將禁軍數千赴之，因使之經略關西。行前，後漢高祖劉知遠指使王景崇伺察侯益，若遷延顧望，當以便宜從事，並以王景崇爲鳳翔巡檢使，監視侯益。侯益因此懷恨於王景崇。侯益入朝後，「厚賄執政及史弘肇等，由是大臣爭譽之。丙寅，以（侯）益兼中書令，行開封尹」。侯益「盛毀王景崇於朝，言其恣橫。景崇聞（侯）益尹開封，知事已變，內不自安，且怨朝廷」，終於舉兵反叛。〔註31〕由此引發其與護國節度使兼中書令李守貞（據河中）、趙思綰（據永興）的「三叛連橫」的大規模反叛。平叛戰爭耗盡了後漢王朝的國力，也提高了郭威的功勳與威望，爲郭威代後漢而立創造了契機。

考察五代時期在政治及社會生活中普遍存在的賄賂現象，探尋其盛行的

〔註30〕《十國春秋》卷 22，《劉彥貞傳》。
〔註31〕《資治通鑒》卷 288，乾祐元年三月。

根源，明瞭其影響，不僅有助於我們對五代歷史的深入瞭解，而且有助於我們對現實社會中存在的賄賂現象的正確認識，有助於我們更好地理解防治並嚴肅懲處賄賂行爲的重要意義。

十、五代時期北方民族關係略論

摘　要

　　五代時期，中原及南方地區處於分裂、割據、混戰狀態。連綿戰爭加劇了漢民族內部矛盾，嚴重削弱了漢族封建王朝國力。北方強盛的契丹族乘虛而入，造成了嚴重的邊患，民族矛盾尖銳；西北党項等族也倔強一隅，阻撓中西交通。中原五代統治者採取了加強邊防、設法削弱契丹力量、構建睦鄰關係、遣使溝通化解矛盾、軍事征服與政治招撫相結合等策略，安邊靖邊取得良效。五代民族策略的得失給現實留下重要啓迪。

關鍵詞：五代；契丹；党項；策略

　　五代時期是由唐中後期割據混戰至宋代局部統一的過渡時期。在這半個多世紀的歷史進程中，歷史面貌發生了巨大的變化：原來強大的漢族封建王朝不再存在；原來臣屬於唐王朝的一些邊疆民族迅速發展壯大，仿傚漢族王朝政治體制建立起了封建政權；原來一統的中華大地四分五裂，除統治中原地區的五個朝代（後梁、後唐、後晉、後漢、後周）外，周邊還存在多個割據政權。各政權爲了爭奪政治、經濟利益，爭戰不休，造成社會局勢極度動盪，經濟凋敝，民不聊生。在這樣的歷史背景下，北方崛起的契丹族乘虛頻頻入寇；西北部包括党項族在內的一些民族也變得桀驁不馴，使北部民族關係趨於緊張，邊疆形勢變得異常嚴峻。「當是時，天下大亂，戎夷交侵，生民之命，急於倒懸」。〔註1〕中原王朝的統治者，一方面致力於對中原地區的政治統治以及軍事鬥爭，另一方面致力於防邊安邊，採取了一些行之有效的民族策略緩和邊境局勢，並力圖搞好雙邊關係，以求和睦共處。探討五代時期北方民族關係及中原王朝民族策略的成敗得失，不僅對於我們認識五代時期的歷史，並且對於我們今天的邊防及民族工作的開展，都有啓迪意義。

一、五代時期北方民族關係述略

1、中原混戰，契丹族乘虛而入

　　五代時期，北方契丹族迅速崛起。史載，契丹爲古匈奴族之後裔，代居遼澤之中，橫水南岸。唐咸通年間（860～874），疆土稍大，常入唐朝貢；至光啓年間（885～888），「乘中原多故，北邊無備，遂蠶食諸部，達靼、奚、室韋之屬，咸被驅役，族帳浸盛，有時入寇。」〔註2〕自唐末始，契丹族即對富饒而動亂的中原地區虎視眈眈，試圖入犯，但由於盧龍節度使劉仁恭守備嚴密，無隙可乘，不得不有所收斂。後梁開平元年（907），契丹乘後梁王朝初建，百廢待興，且汴（後梁）、晉爭戰正酣，無暇北顧之機，不時犯邊。後梁貞明二年（916），契丹建國，其主耶律阿保機稱帝。隨著北部党項、黃頭、臭泊二室韋等部族的先後被征服，契丹族「由是名震諸夷」。同年八月，契丹主阿保機帥諸部三十萬，號稱百萬，進軍至雲州（今山西大同市）。爲擺脫被動態勢，晉王李克用遣使會契丹主，曉以利害，約其共攻後梁。儘管契丹主與晉王李克用「約爲兄弟」，定立了盟誓；但契丹入寇的根本目的是謀取經濟

〔註1〕《新五代史》卷54，《馮道傳》。
〔註2〕《舊五代史》卷137，《外國列傳第一》。

利益，即掠取人口、財物以至土地。因此，在梁強晉弱的形勢下，阿保機很快就撕毀了誓約，「阿保機歸而背盟，更附於（後）梁」。〔註3〕這是因為，在李克用拉攏利用契丹的同時，後梁也頻頻遣使至契丹，約與契丹夾擊晉，瓜分其地。這更符合契丹的利益。王夫之也指出：「當是時，朱溫強而克用弱，助溫以夾擊克用，滅之也易，助克用以遠攻溫，勝之也難，克用乃欲以信結之，約與滅溫，直一哂而已。」〔註4〕梁、晉同時在爭取契丹的援助，自然使契丹認識到梁、晉之間的矛盾可以充分利用以漁利。於是，契丹「一面與克用結盟，一面又利用梁、晉雙方矛盾，坐收漁人之利，時而聯梁，時而聯晉，反覆無常，唯利是圖」。〔註5〕從此便開始頻頻叩擊邊關，給北邊造成了嚴重的破壞。

後梁貞明三年（917）三月，契丹又大舉入寇。契丹主帥眾30萬，「乘勝進圍幽州，聲言有眾百萬，氈車毳幕彌漫山澤。」〔註6〕晉軍儘管與後梁軍爭戰激烈，但面對契丹氣勢洶洶的來犯，毅然分兵救援。晉軍採取靈活戰術，避免與契丹騎兵於平原作戰，而從山地進軍，引契丹軍於山地作戰，結果使「契丹人馬死傷塞路」，並在幽州一戰中，將契丹軍打得大敗，「席卷其眾自北山去，委棄車帳鎧仗羊馬滿野，晉兵追之，俘斬萬計」。〔註7〕這是後梁朝契丹族最大規模的一次入犯，結果因為晉軍不屈不撓的抵抗而大敗，此後較長時間不敢南下。契丹軍所以於此時大舉入犯，是因為看到後梁與晉激烈爭戰，處於膠著狀態，以為乘鷸蚌相爭可得漁翁之利，沒料打錯了算盤。

2、內憂外患，契丹滅後唐，再滅後晉

晉滅後梁，建立後唐王朝之後，加強了北邊的駐兵防守。但已發展壯大的契丹族已不甘願局限於漠北草原，因而還是屢屢犯邊。同光二年（924）五月，契丹入寇幽州（今北京），屯兵於東南城門之外，「虜騎充斥，饋運多為所掠」。契丹在後唐初雖屢有犯邊記錄，但多為淺嘗輒止。究其原因，除後唐邊防嚴密外，還有一個重要原因，即契丹欲先解決後顧之憂的問題。史載：當時，「東北諸夷皆役屬契丹，惟勃海未服;契丹主謀入寇，恐勃海掎其後，乃先舉兵擊勃海之遼東，遣其將禿餒及盧文進據營、平等州以擾燕地」，〔註8〕

〔註3〕《資治通鑑》卷266，太祖開平元年五月條。
〔註4〕《讀通鑑論》卷28，《五代上‧二》。
〔註5〕《五代史略》，第216頁。
〔註6〕《資治通鑑》卷269，均王貞明三年三月條。
〔註7〕《資治通鑑》卷270，均王貞明三年八月條。
〔註8〕《資治通鑑》卷273，莊宗同光二年七月條。

故其對後唐邊境的入寇只是旨在「擾」之，擔心後唐出兵援助勃海，令其腹背受敵，因而「以攻爲守」。當契丹攻勃海無功而還後，不得不暫時擱置這塊「硬骨頭」，轉而集中兵力擴大對後唐的侵擾。契丹鐵騎先後蹂躪幽州、易定、蔚州、嵐州等近邊諸州。面對契丹的頻頻寇邊，後唐莊宗命大將李嗣源率軍北征，於涿州挫敗契丹軍。

後唐明宗（李嗣源）朝初期，契丹雖時有犯邊，但爲患不重，雙邊關係較緩和。其原因，一是契丹要集中力量對付東北新興的女眞族及強盛的勃海，恐後唐乘虛襲之，故遣使來修好；二是契丹主阿保機新死，子耶律德光剛即位，其母述律后爲鞏固德光的政治地位和權力，頻頻誅戮契丹將領、大臣，弄得契丹統治集團人心惶惶。因此，後唐邊境稍獲安寧，邊民得以休息，生產也得以復蘇。至天成二年（927），「是歲，蔚、代緣邊粟米不過十錢」。〔註9〕然而，後唐內部發生了變故，改變了邊境形勢。

後唐明宗對於北部邊防極重視，派遣大將率重兵駐守。然而，心懷異志的義武節度使兼中書令王都，「鎮易定十餘年，自除刺史以下官，租賦皆贍本軍」，企圖割據一隅，對於後唐派遣重兵屯駐邊境，心生疑懼。他一方面策動盧龍節度使趙德鈞、成德節度使王建立等「謀復河北故事」，割據一方，官職世襲，不輸朝廷貢賦，不受朝廷徵調；另一方面則引誘塞北異族爲援，企圖以此威脅後唐朝廷，以實現其個人政治野心。天成三年（928）五月，王都先是以重賂求援於奚酋禿餒，引奚族軍隊萬騎突入定州，但被後唐軍隊擊敗於嘉山下；後又引契丹發兵救定州。王都悉發其眾與契丹五千騎合萬餘人，與後唐軍激戰。後唐軍在北面招討使王晏球的正確指揮下，戰術得當，「契丹兵死者過半，餘眾北走，王都與禿餒得數騎，僅免。契丹退師，又爲盧龍節度使趙德鈞邀擊，殆無孑遺。」〔註10〕

後唐長興四年（933），明宗死後，皇位成爲諸王爭奪目標。後唐統治者對皇位的頻頻爭奪，引發了契丹對中原土地、人口、財富的覬覦，「契丹屢攻北邊」；同時也激起了防邊大將石敬瑭、趙德鈞對皇位的爭奪。他們都手握重兵，都想藉此局勢動蕩之機，借助契丹族的支持而奪取皇位，由將帥而爲君主。石敬瑭的野心爲朝廷察覺，企圖將其遷移以化解危機。石敬瑭不受遷調，決意起兵反叛，勾結契丹以奪取後唐政權。石敬瑭以割讓燕雲十六州爲條件

〔註 9〕《資治通鑒》卷276，明宗天成二年十二月條。
〔註10〕《契丹國志》卷2《太宗嗣聖皇帝上》。

以換取契丹的援助，於是，對中原王朝土地、財富早已垂涎的契丹族傾兵南下。後唐政權迅速土崩瓦解。

後晉既爲契丹所扶立，後晉成爲契丹的傀儡政權實乃必然。石敬瑭認契丹主爲「父皇帝」，自稱「兒皇帝」，以豐厚的歲幣及頻繁的遣使，忍辱負重地維持著和平的局面。

後晉天福七年（942）六月，石敬瑭病死，養子石重貴繼立，改變了對契丹的既定策略，「稱孫而不稱臣」，激怒了契丹；加之一些懷有個人野心，企圖借契丹之力稱帝中原的漢族將帥的挑唆，契丹終於在開運元年（944）正月，傾兵南下，發動了對後晉的大規模戰爭。這場戰爭的最終結局是後晉被滅。

3、契丹由盛轉衰，後周轉守爲攻

後漢是五代史上國祚最短之朝，僅 4 年，民族關係和緩，邊境形勢較安靜。究其原因，一是契丹通過數年的對後晉的戰爭，國力消耗較大，元氣大傷；二是兀欲自立爲契丹主後，與祖母述律后產生衝突；曾兵戎相見，契丹統治集團內部爭權奪利，加之兀欲「荒於酒色，由是國人不附，諸部數叛，興兵追討，故數年不暇南征。」〔註11〕

後周新立，百廢待興；加之北漢的挑唆、引誘，故契丹與北漢聯兵，常常入犯。邊疆形勢緊張，戰爭不時發生。顯德元年（954），郭威死，養子柴榮繼位，是爲後周世宗。北漢乘此後周權力交接，人情未穩之機，遣使請兵於契丹。契丹發兵萬餘如晉陽（太原），與北漢軍三萬聯合，自團柏趨潞州，由此與後周進行了著名的高平之戰。後周軍在此戰中重創北漢軍，也使契丹軍喪膽，此後不敢輕易南寇。

後周在對南唐戰爭取得勝利，奪取了江北之地後，雄心勃勃的周世宗想利用後周軍威大振之機，向北收復後晉石敬瑭割讓給契丹的十六州故地。於是發起了對契丹的攻伐。顯德六年（959）夏，後周軍隊在周世宗的直接指揮下，水陸並進，「樓船戰艦，首尾數十里」，直抵益津關（今河北霸縣）。契丹守將降。其後，後周軍沿陸路西進。契丹「瓦橋淤口關、瀛、莫州守將，皆迎降……周師下三關、瀛、莫，兵不血刃」。這時，契丹國在述律的統治之下。述律是個昏君，胸無大志，加之契丹統治集團內部矛盾激化，爭權奪利，未能組織對後周北伐的有效阻擋。遺憾的是在有利形勢之下，後周北伐軍總指

〔註11〕《契丹國志》卷 4，《世宗天授皇帝》。

揮周世宗罹病，北伐不得不中止。

4、西北党項族倔強阻撓

除了北邊契丹頻頻入犯之外，在西北方面，党項族的倔強阻撓也是頗令中原王朝統治者煩惱之事。五代初期，党項族常以「貢馬」為名，千里迢迢詣闕，給中原王朝造成了沉重的經濟負擔。《五代會要》卷29載：「自上（後唐明宗）御極已（以）來，党項之眾竟赴都下賣馬，常賜食於禁廷，醉則連袂歌其土風。凡將到馬無（論）駑良，並云上進國家，雖約其價直以給之，然計其館給賜賚，每年不下五六十萬貫。大臣以為耗蠹中原，無甚於此。因降敕止之。」〔註12〕因此，後唐明宗天成四年（929），「令緣邊置場市党項馬，不令詣闕」。〔註13〕此舉措解決了中原王朝「歲費五十萬縑」的財政問題，但斷了党項族的一條財源，由此觸發了党項族與中原王朝的矛盾。加上西北部一些將帥，企圖乘中原戰爭、動亂頻頻之機，割據獨立，與党項族連結，造成西北邊境局勢的大動蕩及財政的鉅額開支。《新五代史·馮暉傳》載：「靈武自（後）唐明宗已後，市馬糴粟，招來部族，給賜軍士，歲用度支錢六千萬，自關以西，轉輸供給，民不堪役，而流亡甚眾。青岡、土橋之間，氐、羌剽掠道路，商旅行必以兵。」於是，西北方面的安邊就成了中原王朝統治者不得不面對的問題。

党項族雖然勢力尚小，不似契丹族勢力強大，屢屢犯邊；但党項族為著自身利益，在邊境不斷生事。後唐朝，党項族「其在靈、慶之間者，數犯邊為盜。自河西回鶻朝貢中國，道其部落，輒邀劫之，執其使者，賣之它族，以易牛馬。」〔註14〕史又載：「夏州（党項居地）輕朝廷，每有叛臣，必陰與之連以邀賂遺」。〔註15〕長興二年（932）四月，後唐朝廷遣靜難節度使藥彥稠、前朔方節度使康福將步騎七千討党項，破党項十九族，俘二千七百人，使「党項鈔盜者已伏誅，全皆降附」。〔註16〕七月，夏州党項復入寇，又被後唐軍擊敗，追至賀蘭山。軍事的征服，張揚了中原王朝的軍威，為中原王朝治理西北邊疆創造了有利條件。

〔註12〕《五代會要》卷29，《党項羌》。
〔註13〕《資治通鑑》卷176，明宗天成四年四月條。
〔註14〕《新五代史》卷74，《四夷附錄第三》。
〔註15〕《資治通鑑》卷278，明宗長興四年七月條。
〔註16〕《資治通鑑》卷277，明宗長興三年五月條。

二、中原五朝的民族策略

在嚴峻的形勢之下，為了防禦邊疆強悍民族的入犯，五代朝廷主要採取了以下策略以求削弱強悍民族力量，緩和民族矛盾，安邊靖邊：

（一）重兵駐守以防侵擾

早在汴、晉爭衡之時，儘管軍力不足，晉王也命大同節度使李存璋肩負禦邊重任，以解晉的後顧之憂。後唐建國當年，同光元年（923）三月，契丹進犯幽州。莊宗李存勗問帥於宰相郭崇韜。崇韜薦橫海節度使李存審。「存審為將，有機略，大小百餘戰，未嘗敗衄，與周德威齊名」，〔註17〕能征慣戰。莊宗即徙存審為盧龍節度使。同光二年正月，李存審奏契丹入寇，至瓦橋（今河北雄縣）。莊宗以天平軍節度使李嗣源為北面行營都招討使，陝州留後霍彥威副之，將兵救幽州。由於防備嚴密，契丹見無機可乘，只得出塞。

後唐明宗繼位後，儘管契丹頻頻遣使通好，但明宗並未因此鬆懈對契丹南犯的警惕，而是矢志建築鞏固的邊防。史載，「時契丹數犯塞，朝廷多屯兵於幽、易間，大將往來。」〔註18〕天成元年（926）八月，幽州報契丹寇邊。明宗命齊州防禦使安審通將兵禦之。次年正月，以冀州刺史烏震將兵運糧入幽州；二月，以烏震為河北道副招討，領寧國節度使，屯盧臺軍；三月，又出奉節等九指揮三千五百人，使軍校龍晊部之，戍盧臺軍以備契丹。這些軍事上的頻頻調動，都體現了後唐明宗對於駐兵防邊的高度重視。後唐末年，以大將石敬瑭為北面招討使，肩負禦邊重任。由於防備嚴密，終後唐朝，契丹為患不烈。

後晉雖為契丹援立，與契丹結為「父子」關係，但後晉統治者並未放鬆對契丹的防備。後晉天福元年（936），石敬瑭復以張希崇為朔方節度使，就是因為「帝（石敬瑭）與契丹修好，恐其復取靈武」。張希崇在後唐末年曾任朔方節度使，「政有威信，民夷愛之，興屯田以省漕運」，因此，石敬瑭希望張希崇再負治邊防邊重任，防止契丹對靈武的覬覦。〔註19〕天福二年（937）六月，左拾遺張誼主張「北狄（契丹）有援立之功，宜外敦信好，內謹邊備，不可自逸，以啟戎心」。後晉高祖石敬瑭「深然之」。〔註20〕

〔註17〕《新五代史》卷25，《唐臣傳第十三》。
〔註18〕《資治通鑒》卷276，明宗天成三年四月條。
〔註19〕《資治通鑒》卷280，高祖天福元年十二月條。
〔註20〕《資治通鑒》卷281，高祖天福二年六月條。

後漢初期，由於內部「三叛連衡」，須調兵遣將平叛，邊防無暇顧及，使契丹得乘機入寇，橫行河北。三叛被平定後，加強邊防被後漢朝廷提到議事日程。乾祐三年（950）四月，後漢任命郭威為鄴都留守、天雄節度使，樞密使如故，「仍詔河北，兵甲錢穀，但見郭威文書立皆稟應」。十一月，又詔侍衛步軍都指揮使、寧江節度使王殷將兵屯澶州以備契丹。

後周建國之初，太祖郭威對邊防即予以高度重視：「帝（郭威）以鄴都鎮撫河北，控制契丹，欲以腹心處之。乙亥，以寧江節度使、侍衛親軍都指揮使王殷為鄴都留守、天雄節度使、同平章事，領軍如故，仍以侍衛司從赴鎮」。〔註21〕周世宗在位期間，曾詔忠武節度使王彥超、彰信節度使韓通將兵夫疏濬深州與冀州之間的胡盧河，以防契丹騎軍奔突，又築城於李晏口（後以李晏口為靜安軍），留兵戍之。周世宗曾詔德州刺史張藏英，問以備邊之策，「藏英具陳地形要害，請列置戍兵，募邊人驍勇者，厚其稟給，自請將之，隨便宜討擊」。周世宗接納其建議，以張藏英為沿邊巡檢招收都指揮使，「自是契丹不敢涉胡盧河，河南之民始得休息」。〔註22〕

五代王朝除了注重對北部強悍的契丹族加強軍事駐防外，對西北部的党項、吐蕃等族的駐防也毫不鬆懈。如後唐朝，以王思同為匡國節度使，徙鎮雄武（治今甘肅天水市）。「是時，吐蕃數為寇，而秦州無亭障，思同列四十餘柵以禦之」。王思同駐邊五年，頗富邊防經驗，後入朝，「明宗問以邊事，思同指畫山川，陳其利害」，得到明宗的讚賞。〔註23〕

（二）籠絡、分化和隔離親和契丹的各種勢力

五代統治者形成了一種共識：通過種種手段，籠絡、分化和隔離親和契丹的各種勢力，是削弱契丹實力，從而紓緩邊患，化解民族矛盾的一種可行策略。他們藉以削弱契丹勢力的主要策略有：

1、爭取契丹統治集團中的失勢者或反對派。後梁時，契丹內部發生爭奪權利事件，契丹主之弟撒剌阿撥陰謀政變奪權，被囚禁期年而釋。後，「撒剌阿撥帥其眾奔晉，晉王厚遇之，養為假子，任為刺史」。〔註24〕後唐長興元年（930），失去繼位資格的契丹東丹王突欲「自以失職，帥部曲四十人越海自

〔註21〕《資治通鑑》卷290，太祖廣順元年正月條。
〔註22〕《資治通鑑》卷292，世宗顯德二年正月條。
〔註23〕《新五代史》卷33，《死事傳第二十一》。
〔註24〕《資治通鑑》卷270，均王貞明四年十二月條。

登州來奔」。後唐朝廷「賜其姓東丹，名慕華（後改賜姓名李贊華），以爲懷化節度使，瑞、愼等州觀察使；其部曲及先所俘契丹將惕隱等，皆賜姓名。惕隱姓狄，名懷忠。」〔註25〕後晉朝還爭取了契丹府州刺史折從遠的歸附並利用其力量與契丹作戰，使契丹有後顧之憂。

2、贖回與爭取契丹境內的漢人、漢將。五代時期，或因避亂，或因被俘，進入契丹境的漢人不少。這些主動投附或被擄掠的漢人進入契丹境，不僅爲契丹社會增加了勞動力，爲契丹的農業經濟發展奠定了基礎；同時也把漢族文明（包括漢族官制及政治體制）輸入契丹，使「契丹日益強大」。〔註26〕後晉朝，藉與契丹交好之機，「（後）梁、（後）唐以來，士民奉使及俘在契丹者，悉遣使贖還其家」。〔註27〕這一方面可以顯示君主的仁愛以攏絡民心，另一方面則可藉此阻止、削弱漢人對於契丹社會政治、經濟、文化發展上的支持。另外，五代時期，中原地區，尤其是北部邊境，軍閥、將領在爭戰中或勝或敗，敗者爲圖苟存或東山再起，常常投附北方強盛的契丹族，以爲庇護，並常常勾結、慫恿契丹南下侵擾，成爲邊患的一大誘因。如投奔契丹的盧文進被阿保機任爲盧龍節度使，他「居平州，歲入北邊，殺掠吏民，盧龍巡屬，爲之殘弊。」〔註28〕但這些投奔契丹的漢將多不習慣漠北異族生活，與契丹統治者也有矛盾。因此，中原王朝統治者極注意對這些叛附契丹的漢將的爭取，只要他們願意歸附，都任以一定官職，將邊患因素轉爲定邊力量。例如，燕地軍閥劉守光末年衰困，遣參軍韓延徽求援於契丹。韓延徽入契丹後，受到契丹禮重，「遂以爲謀主，舉動訪焉。（韓）延徽始教契丹建牙開府，築城郭，立市廛，以處漢人，使各有配偶，墾藝荒田。由是漢人各安生業，逃亡者益少。契丹威服諸國，延徽有助焉」。韓延徽後逃奔晉陽，晉王欲置之幕府，只是由於掌書記王緘嫉妒之，將其逼走。後唐朝，將領盧文進因殺莊宗弟而懼禍逃入契丹，數引契丹犯邊，後爲契丹守平州。莊宗死，明宗立，「遣間使說之，以易代之後，無復嫌怨」，引其歸附。結果，「文進所部皆華（漢）人，思歸，乃殺契丹戍平州者，帥其眾十餘萬、車帳八千乘來奔」。盧文進被後唐明宗授爲義成節度使、同平章事。〔註29〕張希崇原爲幽州牙將，戰敗沒於契

〔註25〕《資治通鑑》卷277，明宗長興二年三月條。
〔註26〕《資治通鑑》卷269，均王貞明二年十二月條。
〔註27〕《資治通鑑》卷281，高祖天福二年八月條。
〔註28〕《契丹國志》卷1，《太祖大聖皇帝》。
〔註29〕《資治通鑑》卷275，明宗天成元年十月至十二月條。

丹，受到契丹的親信。盧文進回歸後，契丹以張希崇代爲盧龍節度使，守平州，遣親將以三百騎監之。受盧文進南歸後得重用之影響，張希崇亦於後唐天成三年（928），因部曲思歸，設計殺契丹將，敗契丹監軍，毅然南歸，被後唐任爲汝州防禦使，後遷靈武節度使，等等。

3、爭取役屬於契丹而不堪其奴役或隔離有可能與契丹潛通的民族或部落。後唐朝，李仁福任定難節度使，爲党項族首領，長興四年（933）二月卒。「河西諸鎮皆言李仁福潛通契丹，朝廷恐其與契丹連兵，併吞河右，南侵關中，會仁福卒，三月癸末，以其子彝超爲彰武留後，徙彰武節度使安從進爲定難留後，仍命靜塞節度使藥彥稠將兵五萬，以宮宛使安重益爲監軍，送從進赴鎮」。〔註30〕這一節帥的遷調，旨意正在切斷党項勢力與契丹的聯合。又居於西北的吐谷渾部族介於漢族與契丹族之間，石敬瑭割讓雁門以北之地予契丹後，「由是吐谷渾皆屬契丹，思歸中國（中原王朝）；成德節度使安重榮復誘之，於是吐谷渾帥部落千餘帳自五臺來奔。契丹大怒，遣使讓帝以招納叛人。」〔註31〕在契丹的壓力下，石敬瑭不得不做些「表面文章」：次年正月，石敬瑭「遣供奉張澄將兵二千索吐谷渾在并、鎮、忻、代四州山谷者，逐使還故土」。但實際上，後晉通過吸引契丹境內其他民族、部落歸附以削弱契丹力量這一既定策略並無改變。當年三月，北京（太原）留守李德珫即遣牙校護送吐谷渾酋長白承福入朝。胡三省注云：「（後）晉高祖之與契丹主，以術相遇者也」。〔註32〕說明招引吐谷渾等其他部族歸附並非僅是地方將帥的自作主張，而是奉朝廷之命行事。至後晉出帝時，既與契丹絕好，晉出帝數召吐谷渾酋長白承福入朝，宴賜甚厚。承福從（出）帝與契丹戰澶州，又與張從恩戍滑州，對協助後晉王朝抵禦契丹入寇發揮了積極的作用。

4、極力阻止南唐、吳越、閩等割據政權與契丹的聯繫。這些割據政權與契丹聯繫的目的在於唆使契丹犯邊以牽制中原王朝，從而減少中原政權對割據政權的壓力。如吳越國就曾將從海外獲得的「猛火油」（石油）進獻給契丹並教之使用此油於戰爭。契丹主得此油後即欲南侵以試其效，爲述律后阻止。南唐也曾使用陰謀詭計，乘契丹使者回國途經後晉境土時，派人刺殺使者，企圖嫁禍於後晉，挑撥、激化契丹與後晉的關係，甚至期望契丹與後晉發生

〔註30〕《資治通鑒》卷278，明宗長興四年二月條。
〔註31〕《資治通鑒》卷282，高祖天福五年十二月條。
〔註32〕《資治通鑒》卷282，高祖天福六年正月至四月條。

戰爭，以便從中漁利。後周在征討南唐的詔書中，曾指斥其「勾誘契丹，入為邊患，結連並壘（北漢），實我世讎」。〔註33〕中原王朝除以牙還牙，也派使者刺殺進入割據政權的契丹使者以離間其關係外，對於割據政權求假道以通契丹都加以拒絕。

（三）通過各種途徑搞好與契丹的親和睦鄰關係

關係和睦則少紛爭。通過與契丹溝通、睦鄰以紓緩邊患成為中原政權統治者都十分重視的一個策略。

1、以「兄弟」、「父子」或姻親關係結好於契丹。契丹剛由注重血緣關係的氏族社會進入奴隸、封建社會，血緣觀念較濃厚。一些中原地區統治者或割據一隅之軍閥，便通過「兄弟」、「父子」之類虛擬血緣關係以爭取契丹。後梁朝，契丹已先後征服周邊各族，羽毛漸豐，勢力日壯，「名震諸夷」。契丹向南犯邊已成必然之勢。晉軍事集團處於契丹與後梁之間，如果背腹受敵，晉的存在、發展必然困難。為解決後顧之憂，全力對付後梁，晉統治者即試圖通過虛擬血緣關係與契丹結好、聯合。晉王李克用曾與契丹主耶律阿保機「約為兄弟」於雲州；李克用死，子李存勗繼位為晉王後，依然不改此策。史載：「晉王（李存勗）方經營河北，欲結契丹為援，常以叔父事阿保機，以叔母事述律后」。〔註34〕李氏父子以「兄弟」、「叔侄」關係與契丹聯結，其目的，一是借其力量與朱氏汴梁政權爭衡；二是減少契丹對晉（後唐）後方的騷擾。史載：「終同光之世，契丹不深入為寇」。雖史家將此歸因於漢人韓延徽受契丹重用所致，但筆者認為，後唐方面的加強邊防及以叔父、叔母事契丹最高統治者，建立了和睦關係，應為更重要的原因。後晉朝，後晉高祖石敬瑭與契丹主結為「父子」關係，此事在史學界頗為學者所詬病，認為石敬瑭喪盡民族氣節，是恥辱之極；但終石敬瑭在位的七年間，契丹與後晉關係和睦，極少犯邊，邊疆得以寧靜，則是不爭之事實。可見事有其弊，亦有其得。後唐末年，潞王李從珂繼位，是為清泰帝。清泰帝與石敬瑭本有矛盾，加之石敬瑭率大軍屯駐邊境，且不斷招兵買馬擴充實力，「人皆知其有異志」。有大臣預見到，石敬瑭如反叛，必定會借助契丹的力量為援，認為當務之急是如何搶先一步與契丹建立和好關係，使石敬瑭勾引契丹入寇的陰謀不能得

〔註33〕《新五代史》卷62，《南唐世家第二》。
〔註34〕《資治通鑑》卷269，均王貞明二年十二月條。

逞；如果能做到這一點，不僅能紓邊患，還可置石敬瑭於背腹受敵的被動態勢，使其不敢輕舉妄動。端明殿學士、給事中李崧與同僚呂琦建議仿傚西漢故事，給契丹輸送一定數額的禮幣，並與契丹主和親，以此構建睦鄰關係。《資治通鑑》卷 280 記載：

> （呂）琦曰：「河東若有異謀，必結契丹爲援。契丹母以贊華在中國，屢求和親，但求莔刺等未獲，故和未成耳。今誠歸莔刺等與之和，歲以禮幣約直十餘萬緡遺之，彼必驩然承命。如此，則河東雖欲陸梁（反叛），無能爲矣。」（李）崧曰：「此吾志也。然錢穀皆出三司，宜更與張相謀之。」遂告張延朗，延朗曰：「如學士計，不惟可以制河東，亦省邊費之什九，計無便於此者。若主上聽從，但責辦於老夫，請於庫財之外捃拾以供之。」他夕，二人密言於帝，帝大喜，稱其忠，二人私草《遺契丹書》以俟命。」

這本是治邊與防叛的一著妙計。從歷史方面看，西漢面對匈奴的頻頻南侵，唐朝面對吐蕃強大的壓力，均採取「和親」策略，終使邊患大減，所費小，所得大。然而，當樞密直學士薛文遇知悉後，卻自大漢族主義立場出發，說：「以天子之尊，屈身奉夷狄，不亦辱乎！又，虜若循故事求尙公主，何以拒之？」後唐清泰帝鼠目寸光，立即變卦，既捨不得讓公主「棄之沙漠」，又不願「以養士之財輸之虜廷」，並對呂琦、李崧二人「垢責不已」。結果，「自是群臣不敢復言和親之策」。〔註35〕後唐失去與契丹睦鄰和親之機，爲石敬瑭爭取契丹的支持創造了條件。後石敬瑭反，果然引契丹爲援。契丹傾兵南下，中原大地在契丹鐵蹄的蹂躪之下滿目瘡痍，民不聊生。清泰帝的皇位也被石敬瑭奪去。

2、遣使報聘以通好。通過使節的往來溝通以構建和睦關係是五代各朝統治者都十分重視的一項外交活動。五代初期，晉未能實現與契丹的聯合共同攻擊後梁，就與後梁注重與契丹的遣使報聘，建立親和關係有關。在晉爭取契丹的同時，後梁也在爭取契丹。開平元年（907），後梁派高頎、郎公遠出使契丹。開平二年（908），契丹主阿保機「遣使隨（後梁使者）高頎入貢，且求冊命」。朱全忠復遣司農卿渾特「賜以手詔，約共滅沙陀（晉），乃行封冊」。〔註36〕以「封冊」爲政治誘餌，誘使契丹與後梁締結政治聯盟，並阻

〔註35〕《資治通鑑》卷 280，高祖天福元年三月條。
〔註36〕《資治通鑑》卷 266，太祖開平二年五月條。

止晉與契丹的結盟。從史籍記載可知，整個後梁朝，雙方使者頻繁往來。後唐自明宗李嗣源繼位後，就注重與契丹通使求好。天成元年（926）四月，後唐莊宗被弒。李嗣源被將士擁立繼位，是為明宗。明宗即遣供奉官姚坤告哀於契丹，化解了契丹主對明宗的誤會與雙邊的矛盾，使契丹主認為雙方「足以修好」。〔註37〕同年七月，契丹主阿保機死，契丹遣使至後唐告哀，並將拘押在彼的後唐使者姚坤遣回。天成二年九月，契丹遣使來請修好，後唐亦遣使報之。其後也是雙方使節往來不斷，「自是北山安靜，蕃漢不相侵擾」。〔註38〕後晉前期，雙邊關係和睦，雙方使者更是往來不斷。因此，「終晉祖（石敬瑭）世。略無釁隙」。〔註39〕即使後期關係惡化，戰爭處於進行時，後晉統治者也積極遣使，企望化解矛盾，停止戰爭。後周立國之初，廣順元年（951）正月，契丹遣使來請和。安國節度使劉詞送其使者詣大梁。郭威遣左千牛衛將軍朱憲報聘，且敘「革命」之由，以金器、玉帶贈之。二月，又遣尚書左丞田敏出使契丹。總觀整個五代時期中原政權與契丹的外交關係史，雙方的許多誤會、矛盾，都是通過往來的使者才得以說明、溝通，從而化解了危機的。

　　3、對投奔而來或被俘的契丹貴族或平民給以優待。如前所述，契丹貴族兀欲奔後唐，被賜姓名李贊華。明宗欲授之河南藩鎮，群臣皆以為不可，大約以為異族之人，其心必異，不可能真心為中朝政權效勞。但明宗認為，優待契丹投附貴族，不僅可以削弱其力量，亦可藉此睦鄰，故力排眾議，以李贊華為義成節度使。天成三年（928），契丹入寇，被後唐軍打得大敗。幽州將「趙德鈞獻契丹俘惕患等，諸將皆請誅之，帝（明宗）曰：『此曹皆虜中之驍將，殺之則虜絕望，不若存之以紓邊患。』乃赦惕隱等酋長五十人，置之親衛」。〔註40〕諸將請誅被俘契丹將，是出自對契丹犯邊擄掠的憤怒和仇恨，而明宗赦免並優待其中契丹酋長，則是從更長遠的目的著眼。明宗認為，盡行誅殺契丹酋長，契丹族與漢人，與中原王朝的怨恨必然更深，日後為患可能更烈；赦免而優待之，則不僅可使契丹人感恩，還因為有這些「人質」羈留於後唐方面，可使契丹統治者收斂其寇邊行為。實踐證明，後唐明宗此策是有效的。其後，契丹統治者不斷遣使「入貢」，求還這些酋長，並且不得不

〔註37〕《契丹國志》卷1，《太祖大聖皇帝》。
〔註38〕《舊五代史》卷137，《外國列傳第一》。
〔註39〕《舊五代史》卷137，《外國列傳第一》。
〔註40〕《資治通鑑》卷276，明宗天成三年七月條。

對後唐王朝採取和好政策。後周朝亦重視與契丹睦鄰，除「敕北邊吏民毋得入契丹境俘掠」外，廣順二年（952）十月，契丹瀛、莫、幽等州大水，流民入塞散居河北者數十萬口，後周朝廷「詔所在賑給存處之」。〔註41〕

（四）堅壁清野以困異族入寇之師

五代時期契丹屢屢犯邊，其目的在於以戰爭擄掠財物、人口。剽掠易得，不僅可支持其軍繼續深入爲患，並且還可以刺激其無窮貪欲，使之頻頻南犯；而採取堅壁清野策略，可令入犯之師面臨困境，寇掠難以爲繼。唐末五代初，盧龍節度使劉仁恭就採取堅壁清野辦法對付契丹，以防其入寇，頗有成效。史謂，北疆早寒，至秋，草先枯死；近塞稍暖，霜降草猶未盡衰，故契丹人常於秋多向南放牧，進犯邊境。每霜降，仁恭輒遣人焚塞下野草，契丹馬多饑死，常以良馬賂仁恭買牧地。〔註42〕後梁貞明三年（917），契丹軍圍攻幽州，形勢危急。晉將周德威向晉王李存勗求援。晉王決定發兵救援。至於採取何種戰略，當時有晉將建議：「虜無輜重，勢不能久，俟其野無所掠，食盡自還，然後躡而擊之」，即實行堅壁清野以困契丹軍隊的策略，只是由於當時幽州事勢危急，無暇待其衰弊，故此建議只得暫時擱置，而取急救之策。〔註43〕天祐十八年（921），晉與契丹大戰於定州（今河北定縣），難分勝負；「時契丹值大雪，野無所掠，馬無芻草，凍死者相望於路……乃引眾北去」。〔註44〕後漢朝，以樞密使郭威出任鄴都留守、天雄軍節度使，肩負禦邊重任。郭威「至鄴都，以河北困弊，戒邊將謹守疆場，嚴守備，無得出侵掠，契丹入寇，則堅壁清野以待之」。〔註45〕

（五）在軍事征服的同時，選派能幹官員為封疆大吏，協和民族 關係，治理西北邊疆

唐代，重視對西北諸族的控御，但自安史之亂後，邊鎮淪陷，後雖收復，然因西北爲吐蕃、党項等族所居，民族關係複雜，難以確立切實有效的統治，至於唐末，以朔方兼節度河西，「然亦聲勢不接」。中原王朝的統治力度不足，使西北一些較強盛的部落、民族得以倔強一隅，阻撓中西交通，抗衡中央朝廷。

〔註41〕《資治通鑒》卷291，太祖廣順二年九月至十月條。

〔註42〕《舊五代史》卷137，《外國列傳第一》。

〔註43〕《資治通鑒》卷269，均王貞明三年三月條。

〔註44〕《舊五代史》卷137，《外國列傳第一》。

〔註45〕《資治通鑒》卷289，隱帝乾祐三年五月條。

　　五代時期，首先以軍事征服與政治招撫兩手相結合，加強了對西北諸族的控御。後唐天成四年（929），明宗任命康福爲朔方、河西節度使，遣將軍牛知柔將兵萬人護送赴鎮。朔方郡（治靈州，今寧夏靈武縣西南）深入胡境，以往爲帥者多遇害，漢族將領難勝其任；康福「善諸戎語」，「世本夷狄」，「狀貌類胡人」，且對邊境少數民族情況較熟悉，又言語相通，便於交流溝通，誠爲「和戎」合適人選。康福「居靈武三歲，歲常豐稔，有馬千駟，蕃夷畏服」。〔註46〕後唐長興四年（933），定難節度使李仁福死。河西諸鎮皆言李仁福潛通契丹。爲防二者聯合，併吞河右，南侵關中，後唐乘李仁福病卒之機，徙彰武節度使安從進（索葛部人）爲定難留後，仍命靜塞節度使藥彥稠將兵五萬護送安從進赴鎮。後唐末年，以張希崇爲朔方節度使。靈州由於「地接戎狄，戍兵餉道，常苦抄掠」。張希崇蒞任，爲政有威信，民夷愛之，興屯田以省漕運，「軍以足食，而省轉饋，明宗下詔褒美。希崇撫養士卒，招輯夷落，自回鶻、瓜、沙皆使入貢」。〔註47〕後晉初年，擔心契丹覬覦靈武，復以張希崇爲朔方節度使。張希崇卒後，「羌胡寇鈔，無復畏憚。」後晉接著以義成節度使馮暉爲朔方節度使。馮暉首先是發展當地生產，減輕民眾負擔：「暉始至，則推以恩信，部族懷惠，止息侵奪，然後廣屯田以省轉餉，治倉庫，亭館千餘區，多出俸錢，民不加賦，管內大治，（後）晉高祖下詔書褒美。」〔註48〕後漢朝對西北邊防也很重視。自後唐長興以來，西路党項部族雖不敢輕易寇邊，但經常劫掠中外往來使臣及外域貢奉，阻礙中西交通。中原王朝雖遣兵討之，但莫能根治。後漢乾祐元年（948），會回鶻入貢，訴稱爲党項所阻，乞兵應接。後漢朝廷詔左衛大將軍王景崇、將軍齊藏珍將禁軍數千赴之，因使之經略關西。軍事征服與政治撫御的結合，使西北邊陲形勢大致穩定。

　　其次是以「擒賊先擒王」的策略，通過籠絡控制邊疆民族首領，進而控制其民眾的政治手段，在西北邊疆地區營造了和平安定的局面。史載：時「党項酋長拓跋彥超最爲強大，（馮）暉至，彥超入賀，暉厚遇之，因爲於城中治第，豐其服玩，留之不遣，封內遂安」。〔註49〕馮暉在治理西北邊疆中，政績突出，堪負重任；但馮暉在西北既得人心，又招兵買馬，故又引起朝廷的猜

〔註46〕 《新五代史》卷46，《康福傳》。
〔註47〕 《新五代史》卷47，《張希崇傳》。
〔註48〕 《新五代史》卷49，《馮暉傳》。
〔註49〕 《資治通鑑》卷282，高祖天福四年正月條。

疑，將其調離。馮暉被調離後，繼任的朔方節度使王令溫失於撫御，造成「羌
胡方擾」的動亂局面。後晉朝廷權衡利弊後，仍以馮暉節度朔方，將關西兵
擊退羌、胡，「（馮）暉至靈武，撫綏邊部，凡十餘年，恩信大著」，再度穩定
了西北邊疆局勢。〔註50〕

　　以上根據當時形勢而制定的民族、邊防策略，對於抵禦北方契丹族的寇
掠，消除西北党項、羌族等的動亂和阻撓，爲北部邊疆營造相對安定的和平
環境，曾發揮過積極的作用。

三、結　語

　　通過對五代時期北方民族關係及民族策略的考察與總結，我們可以從中
獲得一些有益的啓迪：

　　其一，國家統一，社會穩定，生產發展，國力增強，是防禦邊疆強悍民
族入寇的重要保證。五代時期邊防形勢嚴峻，邊患嚴重，其中重要原因之一
是國家分裂，社會動蕩。由於國家分裂，割據政權或軍閥林立，各國、各軍
閥爲了自身利益，常常以鄰爲壑，製造矛盾，發動戰爭，使國力在內戰中遭
到了嚴重削弱，難以有效抵禦邊疆一些強盛民族的進犯。同時，由於社會動
蕩，戰爭頻仍，使軍閥勢力得以乘時崛起，勢力較強大者便爭相覬覦最高政
治權力。爲爭奪這一權力，常常將邊疆強悍民族引以爲援。五代契丹的多次
南犯，都與國內別具政治野心的軍閥、將領的勾結、引誘有關。正如史所謂：
「是時，承會同（契丹年號，938～947）之餘威，中原多事，藩鎮爭強，莫
不求援於遼國以自存。晉陽之北漢，江南之李唐，使車狎至，饋遺絡繹」，爭
相勾引契丹進犯邊關以圖己利。〔註51〕因此，實現國家統一，社會穩定，發
展生產，增強國力，才是民族關係和平，邊防安寧的重要保證。後晉時期，
個別將領建議改變對契丹的「屈辱」政策，擺脫契丹的控制，甚至與契丹爲
敵。在敵（契丹）強我弱的形勢下，後晉宰相桑維翰堅決反對此論，建議最
高統治者「訓撫士卒，養育黔黎，積穀聚人，勸農習戰，以俟國有九年之積，
兵有十倍之強，主無內憂，民有餘力，便可以觀彼之變，待彼之衰，用己之
長，攻彼之短，舉無不克，動必有成功。」〔註52〕其言論反映的正是這一民

〔註50〕《新五代史》卷49，《馮暉傳》。
〔註51〕《契丹國志》卷5，《穆宗天順皇帝》。
〔註52〕《舊五代史》卷89，《桑維翰傳》。

族、邊防思想。

其二，通過外交建立和平友好的民族睦鄰關係是防禦邊患的一個重要法寶。在我國民族歷史上，常見這樣的情況，當中原王朝與邊疆民族產生矛盾，中原王朝往往發兵征討，甚至深入其境大事殺戮，企圖以此削弱其勢力，顯示威武，令其不敢犯邊。然而，常常事與願違。誤會越大，仇恨越深，邊患愈嚴重。實際上，不同的民族，由於區域(自然環境)不同，生產發展水平及風俗習慣不同，互相之間缺乏瞭解，由此容易形成隔閡，引發誤解、矛盾以至戰爭。因此，通過互遣使者，傳遞信息，加強溝通；或通過開展邊關經貿交流，互通有無，可以促進相互瞭解，化解矛盾。在互相需要，互相支持中建立和平友好關係，這是民族相安，邊患不生的一個重要法寶。前述後梁、後唐及後晉前期，對此較重視，契丹南犯大大減少，邊防形勢相對緩和，就是有力例證。後晉末年，後晉王朝與契丹進行了三年的苦戰，雙方都損失慘重。後晉曾試圖通過遣使化解矛盾，停止戰爭，但稍遇挫折即停止遣使。契丹滅後晉後，契丹主曾對後晉宰相說：「曩（當初）使晉使再來，則南北不戰矣。」〔註53〕這從反面證明了使節在化解敵對矛盾，消除邊患中的重要作用。

其三，實現民族的平等互利及共同富裕，才能營造和睦的民族關係及鞏固而和平的邊防。民族歧視及民族的貧富不均，是激化民族矛盾，引發民族戰爭的重要因素。即以五代歷史而言，西北党項等族的倔強擾邊，北方契丹的頻頻進犯，其共同的原因之一都是這些民族的經濟發展處於較低級的水平，不能滿足其社會發展、人口增長的需要。由於貧困，對經濟較發達的中原漢族地區才垂涎三尺，才有所欲求。當這種欲求不能通過正常途徑獲得滿足，便產生矛盾、摩擦；當中原地區發生內亂，有機可乘，他們便難壓抑擄掠財富、人口，侵佔土地之心，便難停止南侵的步伐，正如俗語所云「民窮盜起」一樣。而實現民族平等，追求民族共同富裕，則可以促進民族的融合，加強民族間的經濟交流，減少民族糾紛的生成，實現民族的和睦共處，共同發展，共同繁榮。

引用文獻

〔1〕歐陽修，《新五代史》〔M〕，北京：中華書局，1974 年。

〔2〕薛居正，《舊五代史》〔M〕，北京：中華書局，1976 年。

〔註53〕《資治通鑒》卷284，齊王開運二年六月條。

〔3〕司馬光，《資治通鑒》〔M〕，北京：中華書局，1956 年。

〔4〕王夫之，《讀通鑒論》〔M〕，北京：中華書局，1975 年.

〔5〕陶懋炳，《五代史略》〔M〕，北京：人民出版社，1985 年。

〔6〕葉隆禮，《契丹國志》〔M〕上海古籍出版社，1985 年。

〔7〕王溥，《五代會要》〔M〕，上海古籍出版社，1978 年。

十一、五代時期後宮女性的來源及其命運

摘　要

　　後宮女性是封建時代為最高統治者生活服務的一個特殊群體，數以千百計。五代是一個分裂割據、戰爭連綿的時代，後宮女性與一統、太平時代不同，她們的來源龐雜，除選美、將臣之女外，還有來自劫掠、寡婦、親屬、別國等；她們的命運極其不幸：或亂後離散，或被君主遣返；被殺或被迫自殺；被迫遷徙他鄉；被君主當作禮物賞賜將領、大臣。戰爭、動亂在她們內心刻下了永生難忘的痛苦，她們的際遇是封建時代婦女悲慘命運的縮影。

關鍵詞：五代；後宮；女性；命運

後宮，封建時代聚居女性爲最高統治者（帝王）服務之所。後宮中的女性數以千百計，即使是分裂、割據時代局限一隅的政權也不例外。《新五代史》記後梁太祖朱溫「已貴，嬪妾數百」；〔註1〕《資治通鑒》載後唐莊宗後庭「不啻三千人」。〔註2〕這些女性之中，又有等級之分，其名號有太后、皇后、妃（淑妃、德妃、賢妃、貴妃等）、夫人以及普通的嬪御、宮人；其官職又有婕妤、昭儀、美人、才人等繁多名目。這些女性雖深居後宮，拋頭露面少，史籍對她們事迹的記載稀少零散；然而，她們與君主生活貼近，對歷朝政治、軍事活動有不同程度的直接或間接的影響。她們的命運又與當時的政治、社會形勢密切相關。大體而言，在太平時代，儘管她們大多難得君王的寵幸，於寂寞、空虛中打發時光，但畢竟可以衣食無虞，養尊處優，部分女性色衰愛弛之後也可以出家從良，不失爲女性生活的一條「光明之路」；然而在戰亂年代，對於後宮女性而言，榮寵、歡娛極其短暫，她們的命運極其不幸。對於後宮女性這一特殊群體進行考察、研究，對於我們瞭解封建時代婦女的生活與地位、婦女與歷史的關係、女性的命運等，均有意義。然而，學術界在婦女史的研究方面尚欠薄弱，而對唐末五代這個戰亂時代的女性問題的研究更是幾近空白。筆者不揣學識淺陋，試圖根據有限的史料，從後宮女性的來源及其命運等幾個方面，對五代時期後宮女性群體進行初步研究，以期拋磚引玉，有助於婦女歷史研究的深入開展。

一

五代時期，後宮女性來自多種途徑，深刻打上了時代的烙印。歸納而言，其來源主要有：將臣之家、選擇、劫掠、寡婦、外國以及親屬等。

1、娶自將臣之家。五代各政權開國之主均出自軍閥，他們在稱帝建國前均已婚娶，配偶多來自將領之家。這是軍閥與將帥之間進行軍事聯合，以求互相依靠、支持的一種表現，是唐末五代戰亂時代的特殊現象。軍閥立國後，配偶成爲皇后、皇太后。此外，立國之君爲了爭取將帥及士族或大臣的支持，亦常將其女納入後宮，實爲籠絡手段之一，以婚姻形式達到政治目的。這方面的事例史籍中俯拾即是，無須臚列。

這些娶自將臣之家的女性，君主的旨意在於籠絡將領、大臣，因此，這

〔註1〕《新五代史》卷13，第130頁。
〔註2〕《資治通鑒》卷273，第8932頁。

些進入後宮的女性，可能地位高，但常無寵，如閩主「兩娶劉氏，皆士族，美而無寵」。〔註3〕前蜀後主王衍「廢后高氏，兵部尙書高知言女也。後主爲太子時，高祖（王建）冊立高氏爲皇太子妃，久而無寵。後主嗣帝位，立爲皇后，乾德初，韋妃入宮，（皇）后尤被疏薄，不見答於後主，遂坐是廢，遣還家。」〔註4〕

　2、劫掠所得。五代政權的開國之君自軍伍起身，勇於劫掠是他們的共同特點。他們不僅對財物劫而取之，他們的原配夫人也多有劫取而來；他們稱帝後，在攻戰中，也常將敗軍之將的妻女掠入後宮。這是戰爭年代的特有現象。

　後梁太祖朱溫，其妻魏國夫人張氏，碭山富室女，「（朱）溫時聞張有姿色，私心傾慕，有麗華之歡。及溫在同州，得張於兵間，因以婦禮納之。」〔註5〕名爲「得」，實爲掠奪。朱溫打敗朱瑾，也「納其妻以歸」。〔註6〕後唐統治者李氏出自北方沙陀部族，其掠奪色彩更加突出。後唐莊宗李存勗的劉皇后，就是在她五六歲時，晉王李克用（李存勗父）攻魏，掠成安（今河北臨漳縣鄴鎮），裨將袁建豐掠得之，納之晉宮，貞簡太后（李存勗母親）教以吹笙歌舞，後得寵而爲皇后的。〔註7〕莊宗夫人侯氏也是掠奪而來，史載，「先時，莊宗攻（後）梁軍於夾城，得符道昭妻侯氏，寵專諸宮，宮中謂之『夾寨夫人』。」〔註8〕後唐明宗李嗣源皇后魏氏，「鎭州平山人也。初適平山民王氏，生子十歲矣。明宗爲騎將，掠平山，得其子母以歸」。〔註9〕明宗皇后曹氏，「不見其家世」，大約也是在戰爭中掠奪而得。建立後漢政權的劉知遠（沙陀族人），其「皇后李氏，晉陽人也，其父爲農。高祖（劉知遠）少爲軍卒，牧馬晉陽，夜入其家劫取之」。〔註10〕這種以擄掠方式將女性納爲妻妾的現象，在主要由漢族軍閥建立的割據政權中也存在，如南唐後主朝保儀黃氏，其來歷是南唐將帥「邊鎬入長沙，（掠）得黃氏，甫數歲，奇其貌，內（納）後宮」，〔註11〕但相對而言較少見。大約在戰亂之中，年

〔註3〕《資治通鑒》卷279，第9128頁。
〔註4〕《十國春秋》卷38，第561頁。
〔註5〕《北夢瑣言》卷17，第267～268頁。
〔註6〕《新五代史》卷13，第129頁。
〔註7〕《新五代史》卷40，第143頁。
〔註8〕《新五代史》卷40，第143頁。
〔註9〕《新五代史》卷15，第158頁。
〔註10〕《新五代史》卷18，第191頁。
〔註11〕《新五代史》卷18，第268頁。

輕貌美的女性常常成爲將領擄掠的目標，或送入後宮以獻媚於君主，或作自家妻妾。

3、選自民間。大多數後宮女性是從民間採擇而來的。割據一方的軍閥一旦稱帝建國，或年輕皇儲一旦繼位爲皇，便急於仿傚歷史上擁有三宮六院，妃嬪如雲的封建帝王，建造後宮，採擇民間女子以充實之，以滿足其聲色之欲。後梁太祖朱溫後宮中，昭儀陳氏、昭容李氏，皆「以色進」，大約是從民間採擇而來。後唐朝，宦官「欲上（皇帝）增廣嬪御」，詐言後宮空虛，宮中夜見鬼物。莊宗於是令宦官、伶人「採擇民間女子，遠至太原、幽、鎮，以充後庭，不啻三千人，不問所從來」。〔註12〕閩國開國之主王審知，在後梁開平三年（909）就曾「選良家女充掖庭」。〔註13〕閩王王延翰，即位之初即「多取民女以充後庭，採擇不已」，不僅派遣專人到處物色採擇，還傳書要求地方官員協助採選。〔註14〕有些官員爲取寵於君主，強迫性地從民間選取美女進獻，如前蜀仗內教坊使嚴旭，「強取士民女子內（納）宮中」。〔註15〕這些自民間選擇而來的女性，由於年輕貌美，其中不乏深得君王寵幸而寵冠後庭者，如前蜀後主王衍皇后金氏，成都人，父業農，金氏「年十六，姿容絕世，兼擅繪事。乾德初，選入掖庭」；〔註16〕後蜀後主孟昶妃張氏，名太華，「少擅殊色，眉目如畫。事後主有專房之寵」；〔註17〕南漢太妃趙氏，「有殊色，事高祖（劉巖），頗擅寵」。〔註18〕

4、續娶寡婦。封建時代，禮教強調婦女從一而終，夫死守寡，一般不再出嫁；而寡婦，男子除非喪偶或條件差劣，一般不願娶之。但唐末五代乃動亂時世，「禮崩樂壞」，只要有姿色或特殊氣質、品行，哪怕是寡婦，也常受高高在上的統治者的垂青而續娶。後唐莊宗曾「遣宦者選故趙王（王鎔）時宮人百餘」入後宮。〔註19〕後唐明宗淑妃王氏，原是「邠州餅家子（女）也，有美色，號『花見羞』。少賣梁故將劉鄩爲侍兒，鄩卒，王氏無所歸。是時，明宗夏夫人已

〔註12〕《資治通鑒》卷 273，第 8932 頁。
〔註13〕《十國春秋》卷 94，第 1360 頁。
〔註14〕《資治通鑒》卷 275，第 8996 頁。
〔註15〕《資治通鑒》卷 270，第 8842 頁。
〔註16〕《十國春秋》卷 38，第 562 頁。
〔註17〕《十國春秋》卷 50，第 747 頁。
〔註18〕《十國春秋》卷 61，第 878 頁。
〔註19〕《新五代史》卷 28，第 306 頁。

卒，方求別室，有言王氏於（後唐宰相）安重誨者，重誨以告明宗而納之。」
〔註20〕後晉出帝皇后馮氏，其父馮濛原爲鄴都副留守，「高祖（石敬瑭）留守鄴
都，得濛歡甚，乃爲（弟）重胤娶濛女，後封吳國夫人。重胤早卒，后（馮氏）
寡居，有色，出帝悅之。高祖崩，梓宮在殯，出帝居喪中，納之以爲（皇）后」。
〔註21〕後周太祖郭威一后三妃，其中，淑妃楊氏、貴妃張氏皆爲寡婦，在郭威
稱帝建國前已卒或被殺；德妃董氏，初嫁里人劉進超，後契丹入寇，「（劉）進
超歿於虜中，（德）妃嫠居洛陽。漢高祖（劉知遠）由太原入京師，太祖（郭威）
從，過洛陽，聞妃有賢行，聘之。太祖建國，中宮虛位，遂冊爲德妃」；〔註22〕
淑妃楊氏，「幼以色選入趙王宮，事王鎔。鎔爲張文禮所殺，鎮州亂，妃亦流寓
民間，後嫁里人石光輔，居數年，光輔死。太祖柴夫人卒，聞妃有色而賢，遂
娶之爲繼室」。〔註23〕後周世宗柴榮皇后符氏，後漢魏王符彥卿之女，初適大將
李守貞子崇訓，後李守貞反叛，兵敗，李氏父子皆死，符氏於兵亂中幸存。周
世宗「及劉夫人卒，遂納以爲繼室。世宗即位，冊爲皇后」。〔註24〕續娶寡婦之
事在割據政權統治者中也有存在。

5、來自親屬。此屬亂倫行爲；然而，五代之君，多惟情欲是縱，因此亂
倫現象時有所見。後晉高祖石敬瑭「愛少弟重胤，養以爲子，及留守鄴都，
娶副留守安喜馮濛女爲其婦。重胤早卒，馮夫人寡居，有美色，帝（按，出
帝石重貴，重胤之『兄弟』，實爲侄）見而悅之，高祖崩，梓宮在殯，帝遂納
之。」〔註25〕石重貴名義上是娶嫂子，實際上是娶叔母，故契丹主滅後晉時
「暴帝（出帝）之惡於天下曰：『納叔母於中宮，亂人倫之大典。』」〔註26〕
閩國惠宗（王鏻）皇后陳金鳳，原是其父王審知的至愛，「其寵幸與黃夫人比」。
惠宗繼位後悅之，「封爲淑妃，甚嬖之。龍啟元年立爲皇后」。〔註27〕閩康宗
（王繼鵬）元妃李氏，「故惠宗甥女」。〔註28〕康宗皇后李氏，「本惠帝宮人，
名春鶯，有色，康宗蒸焉。惠宗已病，康宗因陳后以求春鶯，惠宗泱泱與之」，

〔註20〕《新五代史》卷15，第158頁。
〔註21〕《新五代史》卷17，第180頁。
〔註22〕《新五代史》卷19，第199頁。
〔註23〕《新五代史》卷19，第197～198頁。
〔註24〕《新五代史》卷20，第203頁。
〔註25〕《資治通鑒》卷283，第9254頁。
〔註26〕《新五代史》卷17，第181頁。
〔註27〕《十國春秋》卷94，第1360頁。
〔註28〕《十國春秋》卷94，第1361頁。

康宗嗣位爲皇后，被立爲賢妃、皇后。〔註29〕前蜀後主元妃韋氏，「故徐耕女孫也。有殊色。後主適徐氏，見而悅之，太后因納之宮中。後主不欲娶於母族，託言韋昭度孫」，〔註30〕找塊「遮羞布」將亂倫行爲掩蓋起來。這方面最典型的當屬南漢劉氏：「南漢主恐諸弟與其子爭國，殺齊王弘弼、貴王弘道、定王弘蓋、辨王弘濟、同王弘簡、蓋王弘建、恩王弘偉、宜王弘照，盡殺其男，納其女充後宮。」胡三省注評說：「劉晟殘同氣而瀆天倫，桀、紂之虐不如之甚也。」〔註31〕

6、娶自別（外）國。五代時期，各割據政權爲了聯合起來以對抗中原王朝，也爲了睦鄰減少紛爭，常與鄰國聯姻，故其後宮女性中，也有來自鄰國者。如南漢國主劉巖的越國夫人馬氏就是楚主馬殷之女，劉巖稱帝後立爲皇后。閩惠宗娶南漢主之女清遠公主，後立爲皇后。也有來自外國者。對外貿易便利的南漢國後宮中就有「波斯女，失其名氏。黑膩（肥）而慧，光豔絕人」。〔註32〕

五代時期後宮女性來源的龐雜，反映了當時社會動蕩，統治階級傳統封建倫理道德觀念的淪喪。

二

五代時期，戰爭連綿，局勢動蕩。這對後宮女性的生活也形成了衝擊。因而，與太平時世不同，五代後宮女性的命運極其坎坷和悲苦，被殺戮，被掠奪，被迫遷徙，被賜以將領大臣，出家爲尼，是許多後宮女性的歸宿。

1、亂後離散，或被君主遣散。統治中原的五個朝代，無不處於頻繁的戰爭之中，其統治時間，長者十餘年，短者幾年。一個王朝一旦被推翻，其後宮中的千百女性也必然像「樹倒猢猻散」一般，除被將領、軍士搶奪佔有外，其餘的或被遣還其家或逃散，不知所終。

後梁開平元年（907）九月，敕：「西宮所有前朝宮人，宜放出宮，任從所適。」〔註33〕天成元年（926）四月，後唐發生內亂，莊宗被弒；劉皇后倉皇出逃；其餘後宮女性的結局，《新五代史‧皇后劉氏傳》附記：

〔註29〕《十國春秋》卷94，第1361頁。
〔註30〕《十國春秋》卷38，第562頁。
〔註31〕《資治通鑒》卷287，第9376頁。
〔註32〕《舊五代史》卷61，第879頁。
〔註33〕《五代會要》卷1，第17頁。

> 莊宗遇弒，後宮散走，朱守殷入宮，選得三十餘人。虢國夫人夏氏
> 以嘗幸於莊宗，守殷不敢留。明宗立，悉放莊宗時宮人還其家，獨
> 夏氏無所歸，乃以河陽節度使夏魯奇同姓也，因以歸之，後嫁契丹
> 突欲李贊華。贊華性酷毒，喜殺人，婢妾微過，常加剕灼。夏氏懼，
> 求離婚，乃削髮爲尼以卒。而韓淑妃、伊德妃皆居太原，晉高祖反
> 時，爲契丹所虜。〔註34〕

這是大規模的離散。莊宗之死，「三千」嬪妃煙消雲散。後晉爲契丹所滅，後宮女性也隨之遭遇一場劫難。開運三年（946）十二月，契丹軍即將攻進京師大梁（今河南開封）之際，後晉出帝「於宮中起火，自攜劍驅後宮十餘人將赴火，爲親軍將薛超所持」。楚國夫人丁氏有美色，被叛降契丹的將領張彥澤占爲己有，「彥澤使人取之，太后遲回未與；彥澤垢詈，立載之去。」〔註35〕不僅後晉叛將，契丹將領也參與了對後晉後宮女性的「瓜分」，隨意掠取。後唐同光三年（925），後唐軍滅前蜀。前蜀王氏宗室王宗弼「劫遷蜀主及太后、後宮諸王於西宮」；「其子承涓杖劍入宮，取蜀主寵姬數人以歸」。〔註36〕總之，一旦君主失位，其後宮女性幾乎毫無例外的被殺戮、搶佔或遣散。除戰爭、動亂造成後宮女性流離失所外，君主本身也會因各種原因大批或個別地將宮中女性遣出後宮。如遇天災，一些君主會遣散若干宮女，以示與民同憂，以爭取民心。

2、被殺或被迫自殺。君主的皇位一旦被推翻，不論推翻者是將帥還是其兄弟，君主的被殺常常是不可避免的。在封建貞潔觀念的支配下，後宮重要的或受寵的女性，常常也自願或被迫隨君主同歸於盡，而不願受辱，成爲君主的「殉葬品」。

後梁被滅，後唐莊宗入汴，後梁後宮嬪妃皆號泣迎拜。其中「賀王（朱）友雍妃石氏有色，莊宗召之，石氏謾罵，莊宗殺之」。〔註37〕後唐末年，石敬瑭反，勾引契丹攻陷汴京。廢帝與太后自焚死。明宗淑妃王氏雖匿藏獲免一時，但在後漢高祖劉知遠入主中原時，仍逃避不了被殺的命運。南方楚國、閩國及南漢國都是內亂頻仍之國，後宮女性也深受其害。楚國廢王（馬希廣）夫人某

〔註34〕《新五代史》卷14，第146～147頁。
〔註35〕《資治通鑒》卷285，第9323頁。
〔註36〕《資治通鑒》卷274，第8944頁。
〔註37〕《新五代史》卷13，第131頁。

氏，在恭孝王（馬希萼）攻陷長沙時「被杖死市中」；恭孝王夫人苑氏，「素有賢行」，在馬希萼與其弟馬希廣爭權時曾規勸馬希萼停止兄弟相攻，希萼不聽，後兵敗遁歸，「夫人泣曰：『禍將至矣，余不忍見也。』赴井而死」。〔註38〕閩國李仿作亂，陳皇后（金鳳）被殺；連重遇之亂，閩康宗及皇后逃至梧桐嶺被殺；朱文進之亂，閩景宗皇后李氏被殺……史籍主要是記載了君王后、妃的結局，事實上，戰亂之中，當有不少普通後宮女性慘遭污辱和殺戮。此外，後宮女性被君主或后妃殺害者亦不在少數，史載閩國嗣王（王延翰）夫人崔氏，「貌陋而淫，性極妒。嗣王多選良家子為宮人，夫人輒搜其美者幽之別室，繫以大械，刻木為手批其頰；又以練束侍婢而鞭之，練染血赤乃止，復為鐵錐刺人面，或錐其臂；一歲中死者三十四人。」〔註39〕《新五代史》則謂「一歲中死者八十四人」。〔註40〕閩國後宮就像一座煉獄，一所屠宰場！

3、被迫遷徙他鄉。當被顛覆的統治者不會對顛覆者的統治地位構成威脅時，被顛覆者常常將被舉族遷徙至顛覆者的統治中心予以監控而非被殘酷的殺戮。後唐滅前蜀、契丹滅後晉、南唐滅楚以及其後北宋兼併南方各割據政權，均採取這種辦法處置原統治者。其中，不少後宮女性也在隨主遷徙之列。遷徙的過程充滿了痛苦、屈辱與絕望。後唐同光三年（925），後唐滅前蜀。蜀後主王衍舉族（包括后、妃等後宮女性）北遷。北遷途中，因後唐發生內亂，後唐莊宗擔心王衍一族乘亂生變，遣宦官傳詔盡誅王衍之族於秦川驛。隨王衍被誅的後宮女性有太后、太妃、皇后金氏和眾宮女。「太后臨刑呼曰：『吾兒以一國迎降，反以為戮，信義俱棄，吾知爾禍不旋踵矣！』其中宮人劉氏，「行刑者將免之，劉氏曰：『家國喪亡，義不受辱！』遂就死。」〔註41〕後晉被契丹所滅，後晉後宮女性與後晉出帝一樣成為俎上魚肉，任人宰割，一部分被後晉降將掠去，一部分被契丹貴族搶佔；剩餘的被迫隨出帝遷徙至契丹黃龍府（治今吉林農安縣）。史載，「（後）晉主與李太后、安太妃、馮（皇）后及弟延煦、延寶，俱北遷，後宮左右從者百餘人」。〔註42〕晉主既出塞，契丹無復供給，從官、宮女，皆自採木實、野蔬而食，馮皇后陰令左右求毒藥欲自殺而不成。至黃龍府，又被契丹國母強迫遷往黃龍府西北一千五百里的

〔註38〕《十國春秋》卷71，第985頁。
〔註39〕《十國春秋》卷94，第1359頁。
〔註40〕《新五代史》卷68，第847頁。
〔註41〕《十國春秋》卷38，第560～563頁。
〔註42〕《資治通鑒》卷286，第9332頁。

懷密州。不久因契丹國母爲永康王所囚，出帝及太后、皇后、宮女等隨從許還止遼陽（今遼寧遼陽市）。太后向永康王「求於漢兒城側賜地種牧爲生」。最終在「去建州數十里外得地五十餘頃，（出）帝遣從行者耕而食之」。總之，晉出帝及其隨從者（包括原後宮女性）在漠北荒野中遷徙，自耕而食，過著野人一般的艱苦生活。安太妃（晉出帝生母）死於自遼陽至建州的遷徙途中，「臨卒謂（出）帝曰：『當焚我爲灰，南向颺之，庶幾遺魂得反中國也。』既卒，砂磧中無草木，乃毀奚車而焚之，載其燼骨至建州」。〔註43〕太后病重時，因無醫藥，常仰天哀泣，遺囑死後「焚其骨送范陽佛寺，無使我爲虜地鬼也！」但終於還是葬在了荒漠之地；其餘宮女則「不知其所終」，大約逃不出客死塞外，成爲孤魂野鬼的命運。〔註44〕南唐滅楚，將馬氏舉族遷往金陵，其中後宮女性多以賜將領。北宋滅南方各國，隨原統治者遷至開封的後宮女性也備受屈辱，如南唐繼國后周氏，「例隨命婦入宋宮，爲燕（宴）樂，進輒數日裁（才）出，出必大泣，詈後主，聲聞於外，後主多宛轉避之。」〔註45〕部分隨主遷移的後宮女性則被送入北宋後宮，忍辱侍奉新君。

4、被賜予將領、大臣。後宮中的女性常被君主當作私有財產，隨意賞賜給將領或大臣。這是五代時期君主籠絡將、臣的一種手段。後梁太祖朱溫，「破徐州，得時溥寵姬，愛幸之，劉氏故尙讓妻也，乃以妻（敬）翔」。劉氏名義上是「妻翔」，但實際上「猶侍太祖，出入臥內如平時」。〔註46〕後唐莊宗有一愛姬，劉皇后心生嫉妒，總想將其攆出後宮。史載：「莊宗有愛姬，甚有色而生子，（皇）后心患之。莊宗燕（宴）居宮中，（將領）元行欽侍側。莊宗問曰：『爾新喪婦，其復娶乎？吾助爾聘。』（皇）后指愛姬請曰：『帝憐行欽，何不賜之？』莊宗不得已，陽諾之。后趣（催）行欽拜謝，行欽再拜，（莊宗）起顧愛姬，肩輿已出宮矣。莊宗不樂，稱疾不食者累日。」〔註47〕雖然不是莊宗本意，但畢竟是經他點了頭的。後蜀開國之主孟知祥在後唐莊宗朝，夙蒙親任，莊宗亦以後宮李氏賜之。〔註48〕後唐朝，契丹東丹王突欲因失去繼位資格而投奔後唐，「明宗時，自滑州朝京師，遙領武信軍節度使，食其俸，

〔註43〕《新五代史》卷17，第180頁。
〔註44〕《新五代史》卷17，第178～179頁。
〔註45〕《十國春秋》卷18，第268頁。
〔註46〕《新五代史》卷21，第209頁。
〔註47〕《新五代史》卷14，第145頁。
〔註48〕《資治通鑑》卷279，第128頁。

賜甲第一區,宮女數人」,〔註49〕蕭氏原爲前蜀高祖王建後宮夫人,「容態明悟,絕有寵愛」。鳳翔將李彥來降,被王建署爲指揮使,更姓名曰王丞弇。王建爲籠絡他,以蕭氏賜之。〔註50〕此類事例還有不少。

5、出家爲尼。後宮女性一旦失去在後宮生活的資格,常常自願或不自願的入寺爲尼。這大約是保持「貞節」的一種選擇。後梁太祖朱溫昭儀陳氏,「開平三年,度爲尼,居宋州佛寺」。〔註51〕後梁末帝次妃郭氏,後唐莊宗入汴時被召幸,「已而度爲尼,賜名誓正,居於洛陽」。〔註52〕後唐莊宗劉皇后,在發生內亂,莊宗被弑後,逃至太原入寺爲尼(後被殺)。莊宗夫人夏氏,原是「最承恩寵」的,明宗時賜給投奔而來的契丹東丹王突欲,因不堪忍受其「酷毒」,求離婚,歸河陽節度使夏魯奇家,最終亦出家爲尼。〔註53〕後唐明宗淑妃王氏,在廢帝入立時曾表示「願辭皇帝爲比丘尼」而不得;在後晉高祖石敬瑭在位時又「自請爲尼」,依然不可,最後慘遭殺害。〔註54〕南唐烈祖李昪夫人種氏,因插手皇位繼承被幽於別宮,後「數月,命度爲尼」。〔註55〕

封建時代,婦女處於社會最底層。能進入後宮,受高高在上的君主寵幸,被許多女子視爲最大的榮幸。南唐後主時,國後周氏臨終之際曾說:「婢子多幸,託質君門,竊冒華寵十載矣。女子之榮,莫過於此。」〔註56〕然而,實際上,五代時期,大多數後宮女性並無眞正的幸福可言。君王的情愛是有限的,常常只能聚集於其中一二女性,所謂「萬千寵愛在一身」;或朝秦暮楚,色衰愛馳,以至被逐出後宮。絕大多數的後宮女性只能獨守空閨,寂寞度日;更有甚者,一旦遭遇變故,或內部發生叛亂,或外部受到侵犯,君主失去統治地位,後宮女性也常常成爲政治鬥爭的犧牲品、殉葬品:或被殺,或被迫自殺,或被迫遷移,寄人籬下,受盡屈辱。總之,在封建時代,尤其是在戰亂、分裂的五代時期,後宮女性的「榮寵」、歡娛都只是暫時的,而悲傷、寂寞、絕望,卻是如影隨形似的伴隨著她們,直至生命的終結。這一切,根源正在於男尊女卑的封建等級制度及戰亂頻仍的動盪時世。雖然一部分後宮高

〔註49〕《新五代史》卷73,第901頁。
〔註50〕《十國春秋》卷38,第561頁。
〔註51〕《新五代史》卷13,第130頁。
〔註52〕《新五代史》卷13,第131頁。
〔註53〕《北夢瑣言》卷18,第287頁。
〔註54〕《新五代史》卷15,第159～160頁。
〔註55〕《十國春秋》卷18,第263頁。
〔註56〕《十國春秋》卷18,第265頁。

層女性曾在歷史舞臺上扮演了可恥的角色，對歷史有過負面影響，以至一些目光短淺的封建史家將動亂和亡國的根源歸結在她們身上，提出了「女禍」論；但我們應該認識到，唐末五代的動亂，真正的、深刻的根源，仍應從封建專制制度本身去探討，否則，我們不可能得出符合客觀實際的歷史認識。

引用文獻

〔1〕歐陽修，《新五代史》〔M〕，北京：中華書局，1974 年。

〔2〕司馬光，《資治通鑒》〔M〕，北京：中華書局，1956 年。

〔3〕吳任臣，《十國春秋》〔M〕，北京：中華書局，1983 年。

〔4〕孫光憲，《北夢瑣言》〔M〕，西安：三秦出版社，2003 年。

〔5〕薛居正，《舊五代史》〔M〕，北京：中華書局，1976 年。

〔6〕王溥，《五代會要》〔M〕，上海：上海古籍出版社，1978 年。

十二、五代時期南方九國的保境安民政策

摘　要

　　五代時期的社會局勢，大致是北方長期戰亂頻繁，南方則較長治久安。這是南方九國推行保境安民政策的結果。持續的戰亂使社會滿目瘡痍，統治者需要醫治戰爭的創傷；割據統治者鞏固既得權位的迫切需要；儒士們的積極倡導等，是南方九國推行保境安民政策的原因。南方割據政權推行的保境安民政策涉及政治、外交、軍事、經濟等多個方面。南方各國推行的保境安民政策，使戰爭減少，社會相對安定，經濟得到恢復發展，文化也取得一定成就，爲我國古代經濟文化中心的南移奠定了基礎。

關鍵詞：五代；南方九國；保境安民；政策

五代時期的社會局勢，大致而言，是北方動蕩不安：軍閥之間的兼併，北方強盛民族的入犯，統治階級的內部爭奪，使戰爭幾乎沒有間斷。統治中原地區的後梁、後唐、後晉、後漢、後周，像走馬燈一樣更替，長者十來年，短者三、四年，倏興旋滅；而南方則較安定，雖然戰爭也不時發生。割據統治南方的九個政權，存在時間都較長，短者數十年，長者近百年。五代時期的社會經濟，總的來說，北方，即五代統治的廣大中原地區及北漢統治的河東地區，由於戰爭連綿，社會動蕩，人口減少，社會經濟處於凋敝狀態；而南方，即吳、南唐、吳越、閩、楚、荊南（南平）、南漢、前蜀、後蜀九國割據統治的地區，因為社會環境相對安定，統治者比較注重與民休息，社會經濟得以恢復發展。這與五代時期南方九國推行保境安民政策是密切相關的。關於此問題，沈起煒著《五代史話》、卞孝萱、鄭學檬著《五代史話》、鄭學檬的《五代十國史研究》及陶懋炳著《五代史略》均有簡略述及，專門探討這一課題的論文則迄今未見。筆者不揣淺陋，試對此歷史問題作初步的探討。

一、南方九國保境安民政策推行的原因

1、持續的戰亂使社會滿目瘡痍，統治者需要醫治戰爭的創傷

自唐朝安史之亂始，隨著中央集權力量的削弱，藩鎮割據局面的形成，中央與藩鎮之間，藩鎮與藩鎮之間，為著爭奪權力與地盤，戰爭就不時發生；唐末農民起義以後，官軍的鎮壓，農民軍對封建統治的掃蕩，更如火上澆油，使戰爭更頻繁，波及面更廣，對社會對民生的摧殘更劇烈。大江南北，處處民眾逃難，土地丟荒，城鄉殘弊，滿目悲涼景象。僅以割據統治江淮地區的吳國為例，淮南原在節度使高駢治下。由於高駢昏聵無能，導致內部叛亂，高駢被殺。吳國的建立者楊行密乘時而起，發兵攻奪揚州。原來人口稠密的繁華城市揚州被楊行密軍圍攻半年，城中乏糧，斗米值四五十千錢，居民大半餓死。軍士把活人抓來賣給肉店，肉店將人當作豬狗一般屠宰了出售。史載，「是時，城中倉廩空虛，饑民相殺而食，其夫婦、父子自相牽，就屠賣之，屠者剝剔如羊、豕。」〔註1〕城破時，只剩下幾百戶人家，而且都骨瘦如柴，失去了人樣。接著，軍閥孫儒為爭奪東南地區的治權，又與楊行密爭戰。經

〔註 1〕《新五代史》卷 61，《吳世家第一》。

多年混戰，至景福元年（892），楊行密最終戰勝孫儒，被唐朝任命爲淮南節度使，治揚州，據有了江淮地區。「行密既並孫儒，乃招合遺散，與民休息，政事寬簡，百姓便之。」〔註2〕當時全國各地情況基本相同，各軍閥都是在千百次的戰爭中崛起的。戰爭對社會的摧殘觸動了大多來自社會底層的軍閥們的心弦，使他們不得不順應民心，偃旗息鼓，保境安民，否則就人心不附，戰勝攻取也將失去經濟上的支持。正如史家所言：楊行密「這個出身低微的割據者，親眼看到糧食不足，民心不附就無法持久的事實，吸取了一點教訓。他便以招集流亡，與民休息，作爲主要的政策。不多幾年工夫，江淮地區的農業生產就逐漸恢復了。」〔註3〕

另一方面，一些軍閥在建立割據政權之初，曾雄心勃勃，欲兼併鄰藩，或從鄰藩掠奪更多的土地、人口和財物；但戰爭的結果常常是或勝或敗，損耗頗大而獲益甚小。如高季興不甘心於割據江陵一隅，急欲擴張領地，興兵攻川蜀，欲取回昔日隸屬於荊南的夔、萬、忠、涪四州，結果大敗，焚溺死者甚眾；即使在後唐出兵伐（前）蜀，蜀危亡在即之時，高季興發兵攻蜀，欲取夔、忠、萬、歸、峽五州爲巡屬，也未能如願。吳與吳越也是多年爭奪，有得有失，而所得甚微，所失不菲。這就促使割據統治者作出決定：與其窮兵黷武對鄰藩發動戰爭，勞民傷財，不如保境安民，讓社會平靜。

2、割據統治者鞏固既得權位的迫切需要

各軍閥經過多年的爭戰，據有了一方之地，尤其是建立割據政權之後，那些追隨軍閥們出生入死創傷累累的大小將領們，也急欲瓜分和爭奪政治權益，甚至要分地而治，就像軍閥們要與中央（中原王朝）分庭抗禮一樣。

仍以吳國爲例。楊行密依靠眾將的努力，據有淮南廣大地區，建立起吳國後，本來仍然有志擴充統治地盤，北與後梁爭，南與吳越爭。但其內部將領，因爲爭奪統治權益而發動兵變，田頵、安仁義等將領，都有割據一州或數州的要求，未能如願而興兵反叛。內顧不暇，使楊行密不得不停止與中原後梁王朝及毗鄰吳越國的爭戰，集中力量解決內部問題。此所謂「攘外必先安內」也。統治集團內部的爭奪長時間不能停止，促使割據統治者不得不將「保境」作爲重要政治目標確定下來。沈起煒先生對此有精闢的闡述：「楊（行密）、徐（溫）、李（昇）三人創業，政權到手後，都非常重視對內防範。從當

〔註 2〕《舊五代史》卷 134，《僭僞列傳第一》。
〔註 3〕沈起煒：《五代史話》，第 31 頁。

時形勢來看，也不得不然。徐溫在世的時候，奪了楊氏的權，也奪了楊氏其他將領的權。李昇是徐溫的義子，與徐溫親生兒子也有一番較量。他自己做了吳國的宰相，從宰相上昇到了皇帝，便不許別人任南唐宰相。李建勳是個賢相，執政的日子一長便被罷了官。他連宰相也要防範，當然不能讓武將掌握兵權，不用兵的秘密就在這裡。」〔註4〕這話可謂一語中的。

南方其他割據政權的情況也大體類似：政權一旦建立，統治集團的內爭便層出不窮，父子、兄弟、君臣相殘之事司空見慣。其中，內爭最激烈的政權，除上述吳國外，還有南漢、楚、閩等國；吳越與前蜀都有宮廷喋血或兵變廢主之事。在此情形之下，割據統治者要「保境安民」已屬不易，自然沒有能力和心思去對外擴張，去幻想統一了。

3、儒士們的積極倡導

重視民生，反對不義戰爭，追求和平穩定，是儒家政治理想之一。南方割據政權中備受信任倚重的士大夫們本此極力反對統治者無節制的窮兵黷武，力主君主行仁修德，保境安民。如，後唐同光四年（926）南平王高季興欲攻楚，大治戰艦。掌書記孫光憲「以為荊南（南平）士民始有生意，未可與楚交惡」。高季興接受了孫光憲的意見，「然其言而止」。〔註5〕這樣的例子很多。

另外，整個五代時期，北方幾乎都在戰爭塵煙的籠罩之下：後梁朝，汴、晉爭衡數十年，幾乎令後梁王朝沒有喘息之機；後唐建立第四年就發生內亂，結束了莊宗的統治；後唐末年，石敬瑭與契丹聯合作戰，推翻了後唐統治；後晉朝，平定內亂，抵抗契丹入侵，內外交困；後漢朝，「三叛連衡」及平叛，耗盡了後漢朝的國力，使之三年而亡；後周朝則忙於征南唐及應付北漢及契丹的挑戰。總之，連綿不斷的戰爭，使中原王朝難得顧及南方割據政權，為南方割據政權保境安民創造了客觀條件。

二、保境安民政策的實施

五代時期，南方割據政權推行的保境安民政策涉及政治、外交、軍事、經濟等多個方面。

（一）政治方面，各國多尊奉中原王朝，行其正朔，受其冊封，維持一

〔註4〕《五代史話》，第88頁。
〔註5〕《十國春秋》卷100，《武信王世家》。

定政治聯繫，同時努力推行睦鄰政策。

　　五代時期南方割據政權中，除前後蜀因爲關山阻隔的「天助」，統治者認爲兵強地險，可以高枕無憂，以及南唐國因爲據地廣闊，地大力完，敢於輕視中原王朝，因而割斷了與中原王朝的政治聯繫，稱帝改元之外，其他割據政權，如南漢、楚、吳越、閩、荊南等，幾乎都尊奉中原王朝，行其正朔，受其封賜，以「藩鎭」自居（盡管這些政權之主在其統治區內常常稱王稱帝，自創年號，自行其政）。這些政權的統治者都認識到，保持與中原王朝的政治聯繫是保境安民的先決條件；如若公然稱帝，與中原王朝分庭抗禮，必然在政治道義上陷於「不義」境地，

　　受到中原王朝或鄰藩的軍事攻擊，境難保，民亦難安。荊南一度對後唐王朝桀驁不馴，招致大兵壓境，最後不得不俯首稱臣，才擺脫困局，即爲例證。故南方各國統治者，盡管行割據統治之實，卻又對中原王朝歲時進貢，盡「藩臣」之職。以楚國爲例，《新五代史・楚世家》謂：馬殷初王湖南時，兵寡力薄，與淮南楊行密、荊南成汭、嶺南劉龑均有爭戰，腹背受敵，苦於應付，心急如焚，遂問計於謀士高郁。高郁答曰：「成汭地狹兵寡，不足爲吾患，而劉龑志在五管而已，楊行密，孫儒之仇（按，馬殷原爲孫儒屬下之將），雖以萬金交之，不能得其懽心。然尊王仗順，霸者之業也。今宜內奉朝廷以求封爵而外誇鄰敵，然後退脩兵農，畜力而有待爾。」〔註6〕馬殷依計而行，在複雜的方鎭割據鬥爭中得以存在和發展。其實，「尊王仗順，霸者之業」，是當時南方割據統治者的一種共識。

　　（二）外交關係方面，維持與中原王朝政治聯繫的同時，南方各割據政權還通過使節往來、聯姻、互相救濟等方式，建立和維持與鄰國的睦鄰關係。

　　尊奉中原王朝及睦鄰關係的構建，於割據政權而言，不僅減少了自身的壓力，避免了在與鄰藩的頻繁的戰爭中消耗盡國力；而且一旦遭遇外敵入侵，可以借助中原王朝或友好鄰藩的支持以共同禦敵。如，後梁貞明五年（919）五月，楚國入寇荊南，高季興求救於吳，吳發兵援助，楚兵引去；後唐天成二年（927）二月，後唐發兵攻荊南，荊南因爲得到吳國的援助，後唐軍久攻江陵不下，老師費財，只得罷兵，南平得以不亡。可見外交睦鄰關係對於荊南生存的重要。史家評論說：「蕞爾荊州，地當四戰，成（汭）趙（匡明）相繼，亡不旋踵，武信（高季興）以一方而抗衡諸國間，或和或

戰，戲中原（王朝）於股掌之上，其亦深講於縱橫之術也哉！」〔註7〕高季
興在位時，為應付楚國的威逼，稱臣於吳，斷絕了與中原王朝的政治聯繫（吳
與中原王朝為敵國關係），雖得吳的援助，卻受到中原王朝的壓力，日子並
不好過。文獻王高從誨即位後，糾正了這一「舍近臣遠」的錯誤作法，遣使
聘於楚，通過楚國中介而恢復了與後唐的政治聯繫，「復修職貢」，「奉表內
附」；同時籍南唐代吳之機，搞好與南唐的睦鄰關係。從此，荊南壓力舒緩，
局勢和平。故歷後晉、後漢、後周，荊南尊奉中原王朝的政策基本不變。

尊奉中朝，和睦鄰邦，其意義不只在於政治、軍事方面，還在於經濟方
面。這是因為，關係為友好時，可以互相容納，商旅不限；而關係為敵對時，
邊境嚴守，商旅便不通。楚國尊奉中原王朝，保持朝貢關係，因而得以在中
原王朝治下的襄、唐、郢、復等州設立邸務賣茶，獲益甚豐，也促進了國內
種茶製茶業的發展；荊南一度中斷了與後漢的藩屬關係，結果，「北方商旅不
至，境內貧乏」，不得不「遣使謝罪，乞修職貢」。〔註8〕這是當時南方割據政
權得以苟安，並發展經濟，蘇息民生的重要條件。

（三）軍事方面，一方面是防禦設施的建設與鞏固，另一方面是抑止對
外戰爭。

不少南方割據政權在建立之初，都曾大治城塹，以為防敵堡壘。有了堅
固的城防，才可以在戰爭連綿的時代立足，才可以治民施政。如，五代之初，
荊南屢受毗鄰吳國及馬楚的攻逼，不得安寧。自乾化二年（912）起，高季興
潛有割據之志，「乃治城塹，設樓櫓，奏築江陵外城，增廣□□丈，復建雄楚
樓、望江樓為捍敵。執畚鍤者十數萬人，將校賓友皆負土相助」。又「造戰艦
五百艘，修飭器械，為攻守之具」。〔註9〕後唐建國後，高季興瞭解到後唐莊
宗輕忽傲慢，必不能長治久安，荊南割據可無虞，「乃增築西面羅城備禦敵之
具」。〔註10〕荊南地處四戰之地，多次經受了戰爭的洗禮，堅固的城防是其中
重要原因之一。

另外，要保境安民，必須收起擴張領土的野心，休止與鄰國的戰爭，各
安其境。

〔註7〕《十國春秋》卷100，《武信王世家》「論曰」。
〔註8〕《十國春秋》卷101，《文獻王世家》。
〔註9〕《十國春秋》卷100，《武信王世家》。
〔註10〕《舊五代史》卷133，《世襲列傳第二》。

　　就吳國來說，吳與吳越原來在蘇州、常州一帶連年爭戰，互有勝負，雙方損耗不菲。兩地時而屬吳，時而屬吳越。後梁貞明五年（919），吳軍在無錫大敗吳越軍，將領徐知誥獻策，欲乘勝進取蘇州。大將徐溫卻說：「爾策固善；然吾且求息兵，未暇如汝言也」；又對眾將說：「天下離亂久矣，民困已甚，錢公（鏐）亦未易可輕；若連兵不解，方爲諸君之憂。今戰勝以懼之，戢兵以懷之，使兩地之民安其業，君臣高枕，豈不樂哉！多殺何爲！」〔註11〕於是釋放吳越戰俘，遣使與吳越講和，從此雙方保持了二十多年的和平關係。由於徐溫「果斷地推行睦鄰方針，使楊行密的『與民休息』政策得以繼續實行」。〔註12〕

　　吳越國對於戰爭也是嚴格控制的，若非確信可以獲得大利或確屬必要，是絕不輕易興兵的。後梁代唐之際，羅隱勸錢鏐起兵討梁，事若不成，割據抗、越二州，與之分庭抗禮，決不可對其稱臣。錢鏐深知兩浙兵力有限，應付吳國已感力量不足，壓根兒不是朱梁的對手，若貿然發動對後梁的戰爭，無異於以卵砸石，有失無得，且又爲吳的入侵創造契機，因而沒有接受羅隱的建議。〔註13〕後梁朝因南漢桀驁不馴而令吳越對南漢用兵，吳越也按兵不動。

　　前蜀國的建立者王建原來是個富於政治野心，有點窮兵黷武色彩的軍閥。而受其信任重用的馮涓卻是個深受儒家反戰思想影響的士大夫。當諸將慫恿王建消滅、兼併割據於鳳翔的軍閥李茂貞時，馮涓力排眾議，認爲，用兵必然殘民耗財；而且李茂貞割據鳳翔，正好擋住統治中原地區的強大軍閥朱溫，如滅了李茂貞，無異於自撤藩屏，一旦後梁與晉軍聯合舉兵向蜀，即使諸葛亮復生，也無法抵禦，不如存鳳翔以爲屏藩，務農練兵，保衛疆土。王建接受了馮涓的建議，停止了對鳳翔的戰爭，與李茂貞聯姻，結成同盟，使後梁朱氏不敢西顧。

　　後晉末年，晉與契丹關係惡化，契丹傾國入寇。經過數年戰爭，終於滅了後晉。中原大地陷於驚慌、混亂之中。南唐不少將領、文臣都建議乘機出兵逐鹿中原，一統天下。南唐國主李昇不爲所動，他說：兵爲民害深矣，誠不忍復言，使彼民安，吾民亦安矣，又何求焉！升元五年（941），吳越國發生

〔註11〕《資治通鑒》卷 270，《後梁紀五》。
〔註12〕鄭學檬：《五代十國史研究》，第 109 頁。
〔註13〕《資治通鑒》卷 266，《後梁紀一》。

火災，損失慘重，人情惶惶。有南唐大臣主張乘機發兵滅吳越而兼併之，也
爲李昪拒絕。李昪不僅不發兵攻吳越，還遣使慰問，對吳越進行救濟，助其渡
過難關。〔註14〕據《釣磯立談》載，直到晚年，李昪還告誡其後繼者李璟：「善
和鄰好以安宗祐（宗廟、國家）爲意，不宜襲隋煬帝之迹，恃食阻兵，以自取
亡覆也。」史謂：「（李）昪志在守吳舊地而已，無復經營之略也，然吳人亦賴
以休息」。〔註15〕

（四）經濟民生方面，各種便民利民措施的推行。

爲了蘇息民困，爭取民心，發展經濟，增強國力，南方各割據政權都檢
討以往政策，對一些弊政進行了改革或糾錯，取得了良好的效果。這是「安
民」的重要措施。如吳國原制定的經濟政策，田賦不收實物而收銅錢，另外
還有丁口錢，也收現錢。李昪執政後，其謀士宋齊丘認爲，農民從事耕織，只
有實物而無現錢，納稅要付現錢，無異於讓農民棄農經商，或迫使農民將農
產品低價換取錢幣，吃虧的是農民，獲利的是商人。宋齊丘建議田稅改收穀
帛實物。當時匹絹市價值千錢，宋齊丘建議把匹絹抵償原來三千錢的稅額。
朝廷大臣對此議論紛紛，認爲如此政府損失太大。宋齊丘說，沒有民富裕而
國貧窮之理。李昪（徐知誥）最終採納了宋齊丘的意見，認爲這是勸農上策。
這一便民利民措施的推行，激勵了江淮地區農民生產的積極性。後來，李昪又
頒佈法令，禁止把良人子女買賣做奴婢。「由是江淮間曠土盡闢，桑柘滿野，
國以富強」。〔註16〕爲了使民眾賦稅負擔合理，李昪又派人踏勘田地，按照土
地肥瘠情況決定稅額，並規定，無論是調兵、征役或其他賦斂，都照稅錢的
比例攤派。北宋統一後，沿用了這一便民利民的政策。

建立閩國的王審知及其兄王潮，出身農民，參加過唐末農民起義，對民
眾的苦難生活及戰爭的破壞有深刻的認識，因此，他們倆在統治福建期間，
推行了保境安民的政策。他們招合流散的農民，減輕賦稅，同時注意選拔廉
潔賢明者爲地方官，澄清吏治，與民休息。〔註17〕在他們兩人在位的三十多
年中，福建境內始終保持著適於發展生產的條件。

建立後蜀的孟知祥初到成都時，蜀中民眾躲避戰亂，嘯聚山林，群起反

〔註14〕《新五代史》卷62，《南唐世家第二》。
〔註15〕《新五代史》卷62，《南唐世家第二》。
〔註16〕《資治通鑑》卷270，《後梁紀五》。
〔註17〕《舊五代史》卷134，《僭偽列傳第一》。

抗。孟知祥一面軍事鎮壓，一面政治招撫，選用廉明之人做地方官，免除苛捐雜稅，招集流散人口，使川蜀社會重新穩定下來，經濟得以恢復發展。一些地方官在地方主持興修水利，灌溉農田數千頃，爲農業生產的發展創造了良好條件。後蜀後主也制定了一些利民便民措施，如，原來，稅官常有偷盜賦稅，中飽私囊的問題，後主孟昶制定「盜稅法」，規定稅官吞沒賦稅者，照吞沒數額懲罰十倍；後發現這一規定不僅不利民，反成殃民之舉：稅官將所罰之數額攤派讓民眾負擔。故孟昶廢除此法。爲防止官吏貪殘，特在朝堂上設匭，允許臣民投書反映情況。孟昶還親筆撰述箴戒，發給地方官，告誡他們要仁民愛民，不可對民眾過分刻剝。

這種情況在南方九國中都存在，尤其是在割據政權建立之初。其中尤以吳越國統治者對民眾最重視，採取的利民便民措施內容最廣泛，筆者已撰專文予以論述，〔註18〕此不贅。

總之，南方九國統治者身邊，都有一批得力人才。這些人不僅是統治者的政治顧問，還是政策的制定者和實施者。他們對於南方九國保境安民政策的實施功不可沒。

三、保境安民政策實施的歷史意義及其局限

（一）保境安民政策實施的歷史意義

五代時期南方各國推行的保境安民政策，使戰爭減少，社會相對安定，經濟得到恢復發展，文化也取得一定成就，爲我國古代經濟文化重心的南移奠定了基礎。

唐末，勢力強盛的朱溫軍事集團曾欲兼併江淮。如果朱氏願望得逞，則東南財賦必將通過運河轉送至汴，爲其連綿不止的爭戰所消耗；楊行密戰勝了朱氏，並保境安民，方使江淮地區有了復蘇的希望。「在這種特定的條件下，吳與南唐的割據就替東南人民帶來了一定的好處。」〔註19〕兩國「執行保境息民、發展經濟之策最爲得力的是吳太祖楊行密和南唐烈祖李昪，而李昪行之成效更著，歷時更久。故江淮之間，財阜民安，文物甲於全國。」〔註20〕

〔註18〕曾國富：《吳越國統治者的重民思想及利民施政》，載《唐都學刊》2007 年第 2 期。
〔註19〕沈起煒：《五代史話》，第 32 頁。
〔註20〕陶懋炳：《五代史略》，第 115 頁。

　　局勢穩定，吳越國統治者亦得以集中人力物力投入經濟建設之中。首先是建築海塘（防禦海潮的堤壩）。杭州錢塘江沿岸潮水極強，對沿海農田破壞嚴重。欲恢復發展農業，安定民心，必須修築一道堅固的海堤，擋住潮水。過去也曾修過堤岸，但常被洶湧的潮水沖毀。吳越國王錢鏐改進築堤方法，用竹籠裝上石塊沉入水中，再用許多大木一層層地樹立灘上，構成了堅固的基礎，使錢塘江捍海塘堅固持久，利國、利民、利後世。除捍海塘外，吳越國還在浙江武義修築長安堰，灌田萬餘頃；鄞縣東錢湖的石塘，使湖水可以灌田五十餘萬畝；越州（今浙江會稽）的大鑒湖，亦可灌田近萬畝。總之，水利工程的不斷興建，為吳越國農業經濟的發展創造了良好的條件。「由是錢塘富庶盛於東南」。〔註21〕在經濟恢復發展的基礎上，吳越國輕繇薄賦，民眾生活安定，文化也有所成就。卞孝萱、鄭學檬先生認為：「吳越在錢氏治理下，政治上比較安定，文士薈萃，人才濟濟；經濟繁榮，漁鹽蠶桑之利，甲於江南；海上交通發達，中外經濟文化交流頻繁；文藝也稱盛於時。」〔註22〕

　　荊南舊統八州，唐末戰亂，為諸道蠶食，高季興至，惟江陵一城而已，而且是個「爛攤子」：「兵火互集，井邑不完，季昌（興）招葺離散，流民歸復」。〔註23〕荊南統治者對於水利建設工作也很重視。後梁貞明三年（917），高季興發動民夫，築堤「自安遠鎮北、祿麻山南至沱步淵，延綿一百三十里，以障襄漢之水，居民賴焉，民曰高氏堤」。〔註24〕後周時，又「修江陵大堰，改名曰北海」。〔註25〕「高氏據荊南數十年，主要是在轄境內保境安民，恢復生產；其在當地從事的經濟建設，也還有相當成績。」〔註26〕

　　閩國在重視發展農業、手工業的基礎上更重視發展商業。王氏統治者利用擁有良港的條件，鼓勵並積極開展對外貿易。福州、泉州兩地，船舶頻繁進出，成為當時我國東南沿海地區重要的商港。其中，王審知的侄子王延彬在泉州任職30年，發展海外貿易成績突出，人稱「招寶侍郎」。閩國被滅後，漳州、泉州在留從效的統治之下。留從效名義上是南唐清源軍節度使，實為割據者。他治漳、泉二州15年，仍然推行保境安民之政，仍然重視對外貿易。

〔註21〕《資治通鑒》卷267，《後梁紀二》。
〔註22〕卞孝萱、鄭學檬《五代史話》，第7頁。
〔註23〕《舊五代史》卷133，《世襲列傳第二》。
〔註24〕《十國春秋》卷100，《武信王世家》。
〔註25〕《十國春秋》卷101，《貞懿王世家》。
〔註26〕《五代史略》，第177頁。

據《留氏族譜》記載，他治漳、泉二州期間，「平市價，陶器銅鐵，泛於番國，取金貝而還」。史家評論說：留從效「生活樸素，與民休息，因此，漳泉一隅，在五代末年，情況較好」；「從晚唐五代直到元末，泉州港一直興旺發達，留從效是起了促進作用的。」〔註27〕

楚國在馬殷統治的二十多年間，境內安定，經濟也得到恢復發展。楚國不僅重視農業，改革了稅制，規定農民納稅時用帛代錢，極大地促進了農民家庭紡織業的發展。同時，楚國一改以往封建王朝重農抑商甚至除商的傳統作法，重視經濟作物的種植及商貿的發展。馬氏統治者提倡民眾種茶製茶，種桑養蠶，發展紡織業；與中原王朝保持朝貢關係，在京師（今河南開封）以及襄（今湖北襄陽）、唐（今河南唐河）、郢（今湖北鍾祥）、復（今湖北天門）等州設立邸務賣茶，獲得鉅額收益；〔註28〕還鼓勵民眾自製茶葉，讓商人販運銷售，官收商稅。史載馬氏「不徵商旅，由是四方商旅輻湊」。〔註29〕大約楚國是除茶葉一項之外，其他商品的運銷是不征稅的。這刺激和促進了湖南地區商業的發展。農業、商業的發展又帶動了手工業的發展。其中，長沙及衡陽的製瓷業就很有特色，質優形美。「這樣，湖南的農業、手工業、商業都有發展，人民的生計，政府的財政收入，都比較充裕。」〔註30〕

類似的統治者重視保境安民，採取各種措施發展經濟，並取得較顯著效益，使人口增長，物價相對低廉，城市繁榮的情況，在南方其他割據政權中都可找到例證。

經濟基礎決定上層建築。在經濟恢復發展的基礎上，南方的文化及教育事業也取得了一定的成績。

雕版印書在唐末已出現。五代時期，雕版印書事業繼續發展。其中，江南（吳、南唐、吳越等國統治區）和巴蜀（前蜀、後蜀統治區）兩地印製的書，種類繁多，成就最突出。如在後蜀，宰相毋昭裔以私人財力，先刻印《文選》、《初學記》，後又刻印《九經》。他還主持了刻蜀石經的工作，根據唐開成石經，命張德釗寫字，孫逢吉、句中正校正，刻成《孝經》、《論語》、《爾雅》等十部要典，存放於成都學宮中。

〔註27〕沈起煒：《五代史話》，第100頁。
〔註28〕《資治通鑑》卷166，《後梁紀一》。
〔註29〕《資治通鑑》卷274，《後唐紀三》。
〔註30〕《五代史話》，第46頁。

　　唐末的許多文人學士，在天下大亂之際，或隱遁山谷，或流亡到局勢較安定的南方各國。他們保存並散播了文化種子，於從政之餘，繼續從事創造性的文化工作：或吟詩作畫，或著書立說，或整理校勘典籍，或刻書編集，對文化事業的發展作出了重要的貢獻；加上南方一些割據政權的統治者，熱心提倡甚至自身積極參與文化活動，使五代時期南方地區與戰爭連綿的中原地區相比，文化教育事業得到了較大的發展。

　　五代時期，南方詩人、作家、藝術家層出不窮，如群星璀璨。正如《五代詩選》前言所說：五代時期，「南方局勢相對穩定，物產比較豐富，為文學發展提供了有利條件；加之北方文人大批南逃，促成了南方詩壇比北方活躍、興盛」。

　　當時北方詩人屈指可數，而「南方諸小國的詩人就多了，其中蜀、南唐、吳越可以並列於五代十國之冠。」〔註31〕《五代詩話》「例言」亦云：「五代中原多故，風流歇絕，固不若割據諸邦，猶能以文學顯。」較著名的詩人如吳越國的羅隱，其五七言詩，特別是七言詩，在五代是較優秀的，有詩集《甲乙集》；還有前蜀的韋莊、貫休，閩國的韓偓、崔道融等。吳越國王錢鏐也附庸風雅，暇則命諸子孫諷誦詩賦。錢鏐的玄孫錢惟演後來成為西崑體的創始人之一。《五代詩選》共選五代106位詩人的260首詩，其中南方九國入選詩人74位，約占詩人總數的70%；入選詩173首，約占詩歌總數的67%。值得注意的是，這時期，南方許多僧侶也擅長作詩，「詩僧」不少，除前述前蜀的貫休外，還有荊南僧齊己，有詩八百首，命曰《白蓮集》。〔註32〕

　　除詩之外，文學藝術中，詞的成就也令人矚目。

　　這時期，南方經濟的發展，城市的繁榮，使歌妓樂工越來越活躍。許多達官貴人家中也蓄養歌妓侍女，讓她們唱曲子取樂。曲須配詞，於是詞創作逐漸繁榮起來，湧現出許多著名的詞人。

　　巴蜀是詞發達最早最快的地區。蜀人趙崇祚編了一部《花間集》，收詞十八家五百首，大部分都是蜀人或在蜀地任職士人的作品。此書在中國文學史上有重要的地位，影響深遠。《花間集》所收五代詞作者中，韋莊是重要的一位。他在前蜀國官至宰相，著有《浣花集》，其詩、詞都有較高成就。前、後蜀兩個後主（王衍、孟昶）也很有作詞才華，只是《花間集》不收君

〔註31〕《五代詩選》，《前言》，第1頁。
〔註32〕《五代史補》卷3，「僧齊己」條。

－169－

主作品，兩人詞作品大多散佚，存者不多。兩蜀後廷中的一些女性，也善填詞，如前蜀國主王建的妃子、後主王衍的母親花蕊夫人，據說寫作《宮詞》百首。

南唐是與兩蜀並駕齊驅的五代時期兩個文化中心之一。就詞的創作來說，兩蜀由於有《花間集》一書，保留了許多蜀地人士的詞作，而南唐沒人做結集的工作，使南唐詞作家的作品散失不少。但眾所周知，南唐中主李璟和寵臣馮延巳的詞作藝術水平都很高，而後主李煜的詞作成就更在當時諸家之上。二主統治的南唐，由於君主的愛好及示範，故文化氛圍十分濃厚，詞人作家眾多。

這時期，南方一些割據政權統治區，如川蜀、江南等，繪畫藝術也大有進步和成就。前後蜀及南唐都設立畫院，使畫家雲集，得以專心從事藝術創作，造詣甚高。幾十年中，人物、花鳥、山水等畫都出現了許多名家，對後世有重要影響。

此外，在文化的其他方面如史學、醫學、園藝、建築、宗教、音樂等，南方文化人也有重要貢獻。南唐、吳越、前後蜀是文化較發達的南方國家。

文化的昌盛，與教育事業的發展是相輔相成的。這時期南方割據政權對教育工作也較重視。南唐於升元四年（940）在廬山白鹿洞建學館，即廬山國學，以李善道為洞主，教授生徒。王審知治閩，其身邊聚集了許多士人，王審知依靠他們「建學四門，以教閩士之秀者」。〔註33〕劉巖割據統治嶺南，局勢穩定後，宰相楊洞潛「請立學校，開貢舉，設銓選，（南）漢主（劉）巖從之。」〔註34〕除割據政權創辦的官學外，還有一些致仕或隱居士人招徒講學，也促進了南方教育事業的發展。

正如沈起煒先生所說：「總的看來，五代後期南方各國的國勢，多半走的是下坡路，然而經濟文化卻往往頗為可觀。從此以後，南方在經濟文化上的領先地位便確立了。這實在是中國歷史上的一個極其重要的變化。」〔註35〕

（二）影響南方各國保境安民政策實施的若干因素

但是，半個多世紀的五代時期，南方並沒有因為割據統治者推行保境安民政策而得以長期和平穩定。由於種種原因，戰爭仍然不時發生，經濟、文

〔註33〕《新五代史》卷68，《閩世家第八》。
〔註34〕《資治通鑑》卷271，《後梁紀六》。
〔註35〕沈起煒，《五代史話》，第86頁

化、教育的發展還受到許多不利因素的制約和影響：

首先是各國統治集團內部，爲著爭權奪利，鬥爭激烈，不時引發兵變甚至內戰，令局勢難以長久穩定。其中，吳國、閩國、楚國、南漢國是內爭最烈也是最多動亂的國家。其次是統治者雖確定了保境安民的治國方針，但政治權益畢竟是統治者追求的最高目標，因而，只要情況發生變化，如鄰國發生內亂或受到中原王朝或鄰國的入侵，均勢打破，一些割據政權的統治者便按捺不住擴張領土，掠奪財富的欲望，發兵對外攻掠。如楚國內亂，南唐及南漢均出兵蠶食其地；閩國內亂，南唐與吳越均發兵，滅了閩國而瓜分其地；荊南被楚國視爲「弱肉」，多次興師征伐；吳與吳越雖已媾和，但爭奪戰爭仍不時發生。再次，經濟的發展，國家的富足，助長了統治階級的貪婪享樂欲望，奢侈成風。他們大興土木，營建數量眾多的豪華宮殿，豢養大量後宮女性，追求鮮衣美食，醉心於遊玩，講究排場，無謂地消耗了大量社會財富。與統治階級奢侈生活相伴隨的是各國在統治的後期都加重了對境內民眾的賦斂，官吏的貪污受賄、索賄、行賄也蔚爲風氣，導致吏治的敗壞。另外，各國的「保境」政策，自行其政，設立關卡，嚴守疆界，也不利於經濟文化的交流。各國「尊奉」中原王朝，須頻頻地以鉅額錢財（包括金器、銀器、各類精美絲織品及其他奢侈品）作貢奉；與毗鄰國家睦鄰關係的構建，使節往來，花費也不菲。這些都加重了人民的負擔。

總而言之，五代時期割據政權的存在是歷史發展的必然。儘管分裂割據不符合我國大一統的政治要求和人心趨向，但割據政權統治者推行的「保境安民」政策，在客觀上卻創造了相對和平的社會環境，爲南方經濟文化的發展創造了有利條件，爲我國古代經濟、文化重心的南移開闢了道路，因而，歷史地看，仍是有積極意義的。

引用文獻

〔1〕歐陽修，《新五代史》〔Z〕，中華書局，1974 年。

〔2〕薛居正，《舊五代史》〔Z〕，中華書局，1976 年。

〔3〕沈起煒，《五代史話》〔M〕，中國青年出版社，1983 年。

〔4〕吳任臣，《十國春秋》〔Z〕，中華書局，1983 年。

〔5〕司馬光等，《資治通鑒》〔Z〕，中華書局，1956 年。

〔6〕鄭學檬，《五代十國史研究》〔M〕，上海人民出版社，1991 年。

〔7〕曾國富,《吳越國統治者的重民思想及利民施政》〔J〕,唐都學刊,2007,（2）。

〔8〕陶懋炳,《五代史略》〔M〕,人民出版社,1985年。

〔9〕卞孝萱,鄭學檬,《五代史話》〔M〕,北京出版社,1985年。

〔10〕陳順烈,許佃璽選注,《五代詩選》〔Z〕上海古籍出版社,1988年。

〔11〕王士禛原編,《五代詩話》〔M〕,人民文學出版社,1989年。

〔12〕陶岳,《五代史補》〔Z〕,四庫全書本。

十三、五代時期南漢國「弭兵息民」政策探析

摘　要

　　五代時期割據嶺南的南漢國「弭兵息民」政策的推行，是當時客觀形勢決定的：南漢對外戰爭的接連失敗，昭示了其自身力量有限，難以在軍閥林立，勢均力敵的五代時期進一步擴充領域；唐末以來長期的戰亂造成了嶺南地區的動盪與經濟殘破，社會需要和平安定；眾多執掌政治的文臣「弭兵息民」的建議以及鄰國保境安民政策的推行，都對南漢國「弭兵息民」政策的推行產生了影響。這一政策的推行，為嶺南營造了和平安定的社會形勢，為南漢政治的相對清明創造了條件，也促進了嶺南地區經濟的恢復發展，文化教育的興起和取得一定成就；但同時又助長了統治者奢侈的生活方式，削弱了南漢的軍事力量。

關鍵詞：五代；南漢國；「弭兵息民」

一、從「所向無前」到「弭兵息民」

五代時期，割據於嶺南半個多世紀的南漢國，是奠基於戰爭基礎之上的。

唐末，黃巢攻破廣州，去略湘、湖間，嶺南地區就失去了安定的局面。動亂與平叛戰爭接踵而至。戰爭造就了各據一方的大、小軍閥。這些軍閥不服從中央朝廷的調遣，自作主張，爲所欲爲，被朝廷視爲「盜賊」。故唐末嶺南以「多盜」著稱，以致朝廷委派來的節度使也常常遷延滯留於途中而不敢輕易前往。史載「是時交州曲顥、桂州劉士政、邕州葉廣略、容州龐巨昭分據諸管，盧光稠據虔州以攻嶺上，其弟光睦據潮州，子延昌據韶州，高州刺史劉昌魯、新州刺史劉潛及江東七十餘寨多不能制。」〔註1〕在嶺南建立南漢政權的劉氏政治集團，正是在戰爭中消滅異己，發展壯大起來，成爲嶺南無與爭鋒的實力派的。

劉氏勢力自唐末劉謙時形成。時劉謙爲封州（治今廣東封開縣東南封川鎮）刺史、賀江鎮遏使，職在「以禦梧、桂以西」，形成了一支兵萬人、戰艦百艘的軍事力量。劉謙卒後，其子劉隱通過幾次平定內亂，顯示了其較傑出的軍事才幹，爲子承父職奠定了基礎：一是居父喪於賀江時，「士民百餘人謀亂，（劉）隱一夕盡誅之」，受嶺南節度使劉崇龜賞識，召補左都押牙兼賀水鎮使，不久被表薦爲封州刺史；二是平定廣州牙將盧琚之亂。劉崇龜死，唐朝以薛王李知柔代爲清海軍（治今廣州市）節度使。但嶺南地方中一些有政治野心的軍事將領，企圖乘著地方政權出現「真空」之機，通過謀亂，奪取嶺南治權，然後迫使唐朝承認既成事實。這是唐末許多軍閥發展勢力以致割據一隅的一種常見途徑。廣州牙將盧琚、譚弘玘等作亂，目的正在於此。時譚弘玘已出守端州（今廣東肇慶），企圖阻擋唐朝所委任的節度使履任。爲壯大勢力，叛亂者試圖以聯姻方式拉攏劉隱勢力。劉隱將計就計，以「迎親」名義順利地進入端州，突襲斬殺叛酋之一譚弘玘；復襲廣州，又殺盧琚，然後具軍容迎李知柔入廣州視事。劉隱因此功被李知柔表請爲清海行軍司馬。三是平定韶州刺史曾袞及廣州將王懷的聯合反叛。當時，二人合兵攻廣州。劉隱率軍一戰破之。韶州將劉潼企圖割據湞、洸（《資治通鑑》卷261胡三省注云：湞、洸在韶州湞昌縣界。）又被劉隱軍殲滅。正是由於這一系列的軍功，當徐彥若代李知柔爲嶺南節帥時，即表劉隱爲節度副使，「委以軍政」。劉隱逐漸

〔註1〕《新五代史》卷65，《南漢世家第五》。

成為嶺南一方實力派。後梁乾化元年（911），劉隱病疷，其弟劉巖襲其位。

在劉氏據有嶺南及稱帝建國的過程中，其軍隊曾取得赫赫功勳，威名遠揚。當時，邕州（治今廣西南寧市）葉廣略、容州（治今廣西容縣）龐巨源，「自擅兵賦，數侵廣（東）之西鄙，（劉）陟（巖）舉兵討之，邕、容皆敗，因附庸於陟。又，交州（治今越南河內）土豪曲承美亦專據其地，送款於後梁，因正授旄鉞。陟不平之，遣將李知順伐之，執承美以獻，陟自是盡有嶺表之地」。〔註2〕誠可謂「略地攻城，勢同拉朽，如熊如羆」，「昭陵（劉巖）奮武，所向無前」。〔註3〕後梁貞明三年（南漢乾亨元年，917年），劉巖即皇帝位於番禺（今廣州），國號「大越」，後改稱「漢」，史稱南漢。

這是南漢軍事的顛峰時期。建國不久，南漢國締造者劉巖（又名陟、龑、䶮）決定採取「弭兵息民」的政策，使嶺南地區得以從戰亂走向和平安定。

二、南漢國「弭兵息民」政策的促成因素

是什麼因素促成了劉巖「弭兵息民」政策的推行？

關於南漢國「弭兵」政策的實施，史籍中有一種與宗教有關的記載，謂「寢兵」是神的啓示，南漢國統治者崇尚迷信，因而尊奉而行。史載：「僧如敏，福州人，住韶州靈樹山。烈宗（劉隱）、高祖（劉巖）累加欽重，署為知聖大師……高祖初立，有事於師旅，將詣（寺）院決臧否，如敏已先知，恬然坐逝。及高祖至，驚問：『何時得疾？』對曰：『師無疾，適授一緘，令呈大王。』開函，得一貼子，云：『人天眼目，堂中上座』。高祖悟其意，遂寢兵。」〔註4〕

這則充滿唯心主義色彩的記載當然不足以憑信。事實上，南漢國「弭兵息民」政策的推行，是由當時的客觀形勢決定的，經過眾大臣的一再建言，南漢國統治者為著穩定其割據一隅的封建統治而不得不施行的。

1、連綿戰爭令劉氏勢力付出了很大的代價。南漢國的建立固然是奠基於戰爭勝利的基礎之上；然而，正如俗語所云：殺人三千，自損八百。戰爭無常勝者。劉氏南漢軍隊在征戰中，也曾遭遇一系列的失敗，付出了很大的代價。在唐末五代初天下分崩離析，軍閥林立，各據一地的背景下，劉氏要進

〔註2〕 《舊五代史》卷135，《僭偽列傳第二》。
〔註3〕 《十國春秋》卷64，「論曰」。
〔註4〕 《十國春秋》卷66，《僧如敏傳》。

一步拓展領地，與其他軍閥爭戰，無論是向北，還是向南，都極困難，曾遭遇過不少失敗，甚至是慘敗。例如，虔州軍閥盧光稠擁眾數萬，據州自為刺史，欲向南發展，發兵攻取嶺南韶州（今韶關市），以其子延昌守之；又攻取潮州，以其弟光睦據之。這與正雄心勃勃，急欲開拓疆土，擴展勢力範圍的嶺南劉氏勢力產生了衝突。劉隱挫敗盧光稠佔據潮州的野心之後，悉師以爭韶州。劉隱之弟劉巖認識到，攻韶州，虔州必然增援，如此，背腹受敵，作戰將很被動，建議放棄直攻，改用智取。這一合理建議未為急於求勝的劉隱採納。結果，虔州果然發兵增援，用伏兵大敗劉隱之軍。劉隱僅以身免。後梁開平四年（910），劉隱發兵攻高州，不克；又移兵攻容州，亦不克。同年，二州皆為馬楚兼併。南漢與北方楚國為爭奪土地人口，曾多次爭戰，互有勝負，以致中原後梁王朝不得不派遣「和叶使」調停（南漢與馬楚均尊後梁正朔）。爭奪的結果是兩敗俱傷，而所得甚微。事實說明，各軍閥勢均力敵，通過戰爭擴充領域，謀取利益，並不容易。

2、文人逐漸執掌了南漢國的政治，他們的「弭兵息民」建議對最高統治者的決策有重要的影響。唐末，天下大亂，「中朝人士以嶺外最遠，可以避地，多遊焉。唐世名臣謫死南方者，往往有子孫，或當時仕宦遭亂不得還者，皆客嶺表。王定保、倪曙、劉濬、周傑、楊洞潛之徒，烈宗（劉隱）皆招禮之，而趙光裔、李殷衡以奉使往，俱辟署幕府，待以賓客，後卒用此數人致治云。」〔註5〕許多文臣都對南漢高祖劉巖提出過「養民息兵」的建議。例如，劉濬，中州人士，流寓廣州，劉隱據有嶺南時，「居幕府，議論多所商定」。劉巖稱帝建國後，劉濬被拜授宗正卿兼工部侍郎。史載「（劉）濬在位清簡執持，勸高祖養民息兵」。〔註6〕高居宰相之職的趙光裔、楊洞潛也是弭兵息民政策的倡議者。史載，「五季時，中原擾攘，獨嶺海承平小安，民不受兵，光裔、洞潛之功居多。」〔註7〕侯融，南漢初任著作佐郎，「為人慷慨喜直言。高祖初年，數窮兵黷武，以征伐為事，（侯）融因乘間勸其弭兵息民，用安南土，高祖稍稍（逐漸）從之。」〔註8〕由於文士在南漢政壇上居於主導地位，他們的思想、建議自然會對最高統治者的施政有重要的影響。

〔註5〕 《十國春秋》卷58，《南漢一‧烈宗世家》。
〔註6〕 《十國春秋》卷62，《劉濬傳》。
〔註7〕 《十國春秋》卷62，「論曰」。
〔註8〕 《十國春秋》卷63，《侯融傳》。

3、受相毗鄰的吳越、南唐等國保境安民政策的影響。吳國（後改稱南唐）在徐溫執政時已著手推行保境安民政策。吳武義元年（919），吳軍大敗吳越軍於無錫，諸將請乘勝攻取杭州，吞併吳越。徐溫力排眾議，告誡其部下說：「天下離亂久矣，民困已甚，錢公（鏐）亦未易可輕，若兵連不解，方爲諸公之憂！今戰勝以懼之，戢兵以懷之，使兩地之民，各安其業，君臣高枕，豈不樂哉？多殺何爲！」〔註9〕這一保境安民政策，李昪稱帝後沿用不改。李昪多次反對將領、大臣的用兵主張，曾說：「百姓皆父母所生，安用爭城廣地，使之肝腦異處，膏塗草野！」〔註10〕錢鏐建立吳越國後，也逐漸減少了與鄰國的戰爭。「他奉（後梁）正朔，歲時進貢，盡藩臣之職」。〔註11〕閩地自唐末王潮爲福建觀察使、王審知爲副使時，已推行保境安民政策：王潮「遣僚佐巡州縣，勸農桑，定租稅，交好鄰道，保境息民，閩人安之。」〔註12〕北方楚國馬氏在開創霸業時也是窮兵黷武。後梁開平二年（908），馬殷攻取嶺南昭、賀、梧、蒙、龔、富等州後，「土宇既廣，乃養士息民，湖南遂安」。〔註13〕馬殷「弭兵」之後，在境內重視發展商業，「其利十倍」，「地大力完」，擁有了較雄厚的經濟實力。

這些鄰國的保境安民政策對南漢國統治者採用同樣政策是有影響的。

三、南漢國「弭兵息民」政策的主要體現

南漢國的弭兵息民政策涉及面廣，包括外交、政制，用人、戰事等多個方面。

1、外交方面，努力構建睦鄰關係，爲南漢國創造和平安定的政治局面

南漢建國前夕及初期，由於擴張領域，四面用兵，使南漢與毗鄰軍閥或政權關係緊張。如今要推行弭兵息民政策，首要的工作是構建睦鄰關係，減少戰爭的發生。南漢國睦鄰政策包含兩個層面，一是尊奉中原封建王朝，奉其正朔，受其冊封；二是通過遣使、聯姻，結好於鄰國。

五代時期，各國雖割據一方，但多尊奉中原王朝，一方面是爲了免受其

〔註 9〕《資治通鑒》卷270，《後梁紀五》。
〔註10〕《釣磯立談》，轉引自陶懋炳《五代史略》，人民出版社，1985年，第131頁。
〔註11〕卞孝萱、鄭學檬《五代史話》，北京出版社，1985年版，第53、54頁。
〔註12〕《資治通鑒》卷259，《唐紀七十五》。
〔註13〕《資治通鑒》卷267，《後梁紀二》。

軍事攻擊，另一方面則爲的是當與鄰國發生戰事時求得中原王朝斡旋或支持。如果南漢劉氏與中原王朝分庭抗禮，中原王朝難免利用其政治、軍事上的優勢，對尊奉其正朔的南漢鄰國施壓，促使它們對南漢用兵。因此，後梁初，劉隱即結好於朱氏，得「恩寵殊厚」，被封爲大彭郡王，後充清海、靜海兩軍節度使，進封南海王。〔註14〕乾化二年（912），劉巖繼承兄位後，也「遣使貢金銀、犀角、象牙、雜寶貨、名香等於（後）梁，價凡數十萬」。後梁命客省引進使韋堅報之。韋堅回歸時，劉巖「復以銀茶等上獻，估直（值）合五百餘萬」。〔註15〕通過這些奢侈品的進貢，劉巖與後梁建立起了和好關係，並得到後梁加檢校太傅、除清海、建武節度使，兼中書令，襲封南平王等一系列封賜。史家評論說：「在劉氏奉中原王朝爲正朔的十年中，平定嶺南，擁有嶺南，贏得了安定的政治局面。」〔註16〕乾亨七年（923），中原地區後梁政權已爲後唐王朝所取代之後，劉巖又遣宮苑使何詞入貢，並「大陳貢物」，〔註17〕一方面是要結好於後唐新王朝，另一方面也是想偵知後唐王朝強弱，以爲施政依據。雖因偵知後唐君主昏庸、政治敗壞，料定後唐不會對南漢構成太大威脅而一度中止了與中原王朝的交通，停止了貢賦，但至後漢朝，南漢又恢復了與中原王朝的溝通。後漢使者先後於大有十三、十四年（940、941）至南漢，或賀節，或來聘。

南漢與北面的楚國境土相接，劉氏集團與馬氏集團爲爭奪地盤，曾發生多次戰爭，兩敗俱傷，關係惡化。如今想要弭兵息民，與楚國建立睦鄰關係極端重要。劉巖在稱帝前（後梁貞明元年，915 年）已與楚國馬氏聯姻，但稱帝後，雙方互有侵伐，關係處於冷落狀態。後來宰相趙光裔言楚本婚姻之國，不可忘舊好，且薦諫議大夫李紓有使節才，可任使命。劉巖於是遣李紓出使楚國。楚國文昭王見李紓，「大喜，深加款渥，隨遣使報聘，以復二國之好。」史謂：「是役也，睦鄰封，續舊姻，寧邊鄙，弭敵兵，謀出光裔，而（李）紓實有以成之」。〔註18〕閩是南漢東北面的鄰國，南漢立國之初，已通過聯姻與閩國結好。劉巖將女兒清遠公主嫁與閩主王審知之子王延鈞。

〔註14〕《舊五代史》卷 135，《僭僞列傳第二》。
〔註15〕《十國春秋》卷 58，《南漢一·高祖本紀》。
〔註16〕卞孝萱、鄭學檬《五代史話》，北京出版社，1985 年版，第 53、54 頁。
〔註17〕《舊五代史》卷 135，《僭僞列傳第二》。
〔註18〕《十國春秋》卷 63，《李紓傳》。

閩國並委派心腹宦官林延遇長駐番禺（廣州），專掌國信，爲兩國交通結好之橋梁。南漢國統治者給予閩國使節以優厚待遇，「賜以大第，廩賜甚厚」。〔註19〕吳（後改名南唐）亦與南漢東北毗鄰。劉巖在建國的當年，即派遣使者到吳國，告即位，且勸吳王稱帝。南唐代吳後，南漢與之也有使者往來。史載「大有（928～942）中，高祖（劉巖）與江南（南唐）和好，使問不絕」。〔註20〕大理國與南漢國西部邊境接壤，乾亨七年（923），雲南（大理）驃信（宰相）鄭旻遣使節鄭昭淳致朱鬃白馬向南漢國主求婚。劉巖以姪女增城縣主妻鄭旻。〔註21〕南漢與並不接壤的一些割據政權也建立了和好關係，旨在利用它們牽制南漢鄰國，如與吳越國、南平、蜀國等。乾化四年（914），劉巖曾遣掌書記陳用拙奉使吳越。吳越王錢鏐與漢使節語，嘉其專對，賜以金帛甚厚。南漢工部侍郎盧膺也曾與謝宜清等出使吳越，求聘錢傳琇（錢鏐子）遣婿馬氏爲繼后。大有初，吳越王錢鏐薨，南漢國使節何瓊「承命致祭於吳越，言論舉止大得嗣王心。」〔註22〕南平（荊南）是楚國北面的一個小小割據政權。劉巖在稱帝建國前夕即以幕屬王定保爲使，出使荊南。乾亨四年（920）十二月，南漢亦遣使通好於前蜀國。與鄰國的睦鄰政策在劉巖死後，其他繼任者依然尊行不改。

睦鄰政策的推行，爲南漢國營造了和平安定的局面。後梁曾與南漢有矛盾，檄吳越國出兵攻南漢，因南漢與吳越建立了和好關係，吳越並未出兵。史家也評論說：「康陵（劉巖）之時，行李（使節）往來，常勤聘向，區區嶺外，晏然小安，夫亦藉行人（使者）力邪！」〔註23〕

2、行政方面，以文人執掌中央和地方政治，「刺史不用武人」

戰爭的結果必然是武夫受重用，武將掌政治。中原地區戰爭連綿，因此，在政治舞臺扮演重要角色的是武人。這是中原地區政治腐敗，社會動蕩的一個重要原因。一些戰事較多的割據政權，如楚國、閩國等，狀況亦然。而南漢國政治狀況與此大相徑庭。由於「弭兵」，武將失去了重要性，這就爲文人掌政創造了前提條件。南漢國中央及地方政治事務都主要由文臣執掌。如以

〔註19〕《十國春秋》卷66，《林延遇傳》。
〔註20〕《十國春秋》卷63，《鄭翺傳》。
〔註21〕《新五代史》卷65，《南漢世家第五》。
〔註22〕《十國春秋》卷63，《何瓊傳》。
〔註23〕《十國春秋》卷63，「論曰」。

原後梁官告使趙光裔爲兵部尚書，楊洞潛爲兵部侍郎，並同平章事；李殷衡（唐相李德裕孫）任禮部侍郎、同平章事；「少習禮樂，工詩歌」的陳用拙任吏部郎中、知制誥；王定保爲中書侍郎、同平章事；以原唐太學博士倪曙爲工部侍郎，後改尚書左丞，等等。文人既在中央執政，他們自然也主張地方也由文人管理。如兵部尚書楊洞潛就「首言刺史不宜用武流，當廣延中州人士置之幕府，選爲刺史，俾宣政教，則民受其福」。〔註24〕楊洞潛這一建議的提出，是基於武人掌權是禍亂之由的認識。此前，鎮南（治今江西南昌市）將黎求（一作球）曾殺其帥盧延昌自立；不久，黎求又「暴死」，牙將李彥圖代知留後事。對此事姑息，無異於助長地方將帥的叛亂行爲，故楊洞潛力主興兵平叛，並提出了「刺史不宜用武流」的建議。刺史不用武將，一改中原王朝慣常的作法，「弭兵息民」政策才能得到落實。否則，戰爭連綿，統治者既要在軍事上倚賴武將，又想在政治上限制武將，顯然是難以行通的。南漢統治者接受了楊洞潛這一主張。史載「（劉）巖多延中國（原）士人置於幕府，出爲刺史，刺史無武人」。〔註25〕

3、較有節制地用兵

南漢立國後，雖戰事並未完全止息，統治者未能徹底按捺擴張領土的雄心，如乾亨（917～925）年間，劉巖就練兵於潮州，欲以侵閩（閩爲蕞爾小國，南漢欲兼併之），雖經大臣勸阻而不止，後以兵敗告終；又如大有十一年（938），交州發生動亂，南漢主欲乘其亂而取之，於是以其子劉宏操爲靜海節度使，將兵攻交州，又以兵敗告終；中宗劉晟在位期間，因向楚求婚不成而惱羞成怒，乘楚國發生內亂之機而多次發兵攻楚，奪取了楚國若干地方，「始盡有嶺南之地」……但與南漢立國之前的「窮兵黷武」相比，立國之後「弭兵息民」政策的推行，使嶺南地區戰事大爲減少，正如後主時期內常侍邵廷琄所說的：「（南）漢乘唐亂，居此五十年，幸中國（原）有故，干戈不及，而漢益驕於無事，今兵不識旗鼓，而人主不知存亡」。〔註26〕陶懋炳先生也說：「劉氏雖屢有暴君，但尚能始終奉行『保境息民』之策。南漢與閩從無兵戈之爭。與南唐也一直沒有發生過戰爭，只是在南唐滅楚，取潭、衡二州，向南推進之際，南漢才予以反擊，挫敗（南）唐兵，奪得郴州，這是以攻爲守

〔註24〕《十國春秋》卷62，《楊洞潛傳》。
〔註25〕《資治通鑒》卷268，《後梁紀三》。
〔註26〕《新五代史》卷65，《南漢世家第五》。

之策。南漢與楚曾有戰爭，及馬氏得桂、賀、連、韶諸州後，雙方罷兵媾和，結為姻親，自是不復干戈相見。」又說：「南漢諸主雖暴虐於境內，卻不啓釁於鄰道。」〔註27〕

四、南漢國「弭兵息民」政策之影響

南漢國推行「弭兵息民」政策，其影響是多方面的，既有積極的一面，又有消極的一面。

從積極方面而言，其影響一是創造了相對和平安定的社會局面，為吏治清明、經濟文化發展創造了有利條件。

由於刺史無武人，因此，南漢國的歷史面貌便與同時期中原王朝或其他重用武流的割據政權（如閩、吳等）的狀況大不相同。南漢割據嶺南半個多世紀（917～971），雖不乏統治集團內部為爭奪權力而展開的血腥殺戮，但真正由掌握軍隊的地方將領發動的兵變，則極罕見。文臣在中央執政，對於經濟發展，社會穩定，文教興起，都有重要意義。史載「（趙）光裔為相二十餘年，府庫充實，政事清明，輯睦四鄰，邊疆無恐，當時號稱賢相」。〔註28〕改變了南漢立國之初「國用不足」，經濟凋敝的狀況。乾亨四年（920），劉巖接受兵部侍郎楊洞潛之請，「始立學校，置選部，貢舉，放進士、明經十餘人，如唐故事，歲以為常」。〔註29〕文人出知地方，也改變了武將任地方官常見的貪婪、殘暴、破壞一方社會秩序及經濟發展的狀況，使南漢國地方政治相對清明，秩序較穩定。正如五代史家陶懋炳先生所言：「劉隱據嶺南，以文吏治州縣，所以儘管他的後人荒淫暴虐，但境內少有兵革之亂，文吏縱或貪濁，而較之不知法紀、恣行橫暴的武夫悍將的危害總要小得多。是以數十年間，嶺南基本保持安定。」〔註30〕如史載：簡文會，南漢初開進士科，擢第一人及第，累官尚書右丞。乾和（943～958）時，因切諫中宗（劉晟）酷暴而被貶為禎州刺使，在任「盡心民事」。〔註31〕潯州（治今廣西桂平縣）刺史劉博古，「有惠政，民多愛之。」〔註32〕曾芳，為程鄉（治今廣東梅縣）令，「政

〔註27〕陶懋炳《五代史略》，人民出版社，1985年，第142、283頁。
〔註28〕《十國春秋》卷62，《趙光裔傳》。
〔註29〕《十國春秋》卷58，《南漢一·高祖本紀》。
〔註30〕陶懋炳《五代史略》，第140頁。
〔註31〕《十國春秋》卷64，《簡文會傳》。
〔註32〕《十國春秋》卷64，《劉博古傳》。

清刑簡，以仁愛聞」。〔註33〕「讀書知大體」的陸光圖，任郴州（治今湖南郴縣）刺史，「至郴，周恤窮民，招輯兵士，民皆呼爲『陸父』。」〔註34〕這些深受儒家思想浸染的文士，在一方任職，除大力推行寬鬆簡易的「仁政」之外，還對民眾的疾苦十分關注，設法爲民除害解憂。如曾芳，「時程鄉苦瘴癘，（曾）芳給藥以濟之，遠近求者日千百計，立祠井旁，邑人祀之者飲水，愈疾如初」〔註35〕這是官員既行政又行醫，爲民除疾。高州刺史謝傑，「境多虎，夜入郭中爲暴，人不寧居。（謝）傑一日沐浴詣城隍神，舉酒祝曰：『愚民何辜而虎暴之，此刺史無德化。願虎但食刺史，無傷愚民，因屏去左右，獨宿殿庭。是夜，漏三下，廟東南隅忽有物吼聲如雷，良久方止，遲明視之，數虎悉斃。」〔註36〕這則記載雖帶有傳奇色彩，情節未必眞實，但謝傑爲官，克己愛民，爲地方解除虎患應是可信的。由於中央和地方都用文臣執政，而文臣沒有軍隊作支柱，因而，南漢國將帥作惡，殘民以逞，興兵叛亂之事極罕見。

其次是促進了嶺南地區商貿事業的發展。

由於嶺南局勢趨於穩定，經濟得以恢復發展，嶺北商人紛紛逾嶺至嶺南從事經貿活動。史載「嶺北商賈至南海（廣州）者，（劉龑）多召之，使升宮殿，示以珠玉之富」。〔註37〕劉龑「示以珠玉之富」，一方面反映了南漢國經濟的富裕，另一方面則是力圖招致更多嶺北商賈到嶺南來，開展商貿活動，既可滿足南漢統治奢侈生活之需，又可增加南漢政權的財政收入。劉龑還「廣聚南海珠璣，西通黔、蜀，得其珍玩，窮奢極侈，娛僭一方，與嶺北諸藩，歲時交聘」。〔註38〕可見南漢國商貿活動範圍的廣泛性。吳越國曾出兵「多掠得嶺海商賈寶貨」，〔註39〕以供統治者享用，以及南漢中宗劉晟派遣水軍入海擄掠商賈金帛以作興建離宮別館之費，也間接折射出當時南漢國對外貿易活動的開展。五代史著名學者陶懋炳先生也認爲南漢國的財政收入，「以海上貿易和商稅爲其大宗」，並認爲南漢國對其後當地「經濟文化的發展，無疑有著

〔註33〕《十國春秋》卷64，《曾芳傳》。
〔註34〕《十國春秋》卷65，《陸光圖傳》。
〔註35〕《十國春秋》卷64，《曾芳傳》。
〔註36〕《十國春秋》卷64，《謝傑傳》。
〔註37〕《新五代史》卷65，《南漢世家第五》。
〔註38〕《舊五代史》卷135，《僭僞列傳第二》。
〔註39〕《新五代史》卷65，《南漢世家第五》。

一定的積極作用」。〔註40〕

再次是為嶺南文化事業的發展創造了條件。

由於南漢國戰爭較少，局勢較穩定，士大夫在從政之餘，有暇鑽研學問，著書立說。如，倪曙，「所著賦一卷行世」；〔註41〕陳用拙，「有詩集八卷傳於世。尤精音律，著《大唐正聲琴籍》十卷，中載琴家論操名及古帝王名士善琴者。又以古調缺徵音，補新徵音譜若干卷」；〔註42〕王定保，「著《唐摭言》十五卷」；〔註43〕黃損「常與都官員外郎鄭谷、僧齊己定近體詩諸格，為湖海騷人所宗。有《桂香集》若干卷、《射法》一卷」；〔註44〕胡萬頃，「幼神悟，精九宮三元之法」，「撰《六壬軍鑒式》三卷、《太乙時紀陰二遯立成曆》二卷，術數家多宗之」，〔註45〕等等。

但是，任何事情都有利與弊兩方面。南漢國「弭兵息民」政策的推行也導致了一些消極的影響，一是助長了南漢國最高統治者的奢侈糜爛生活；二是一定程度上削弱了南漢國的軍事力量。

天下「太平」，南漢統治者高居「無為」，又無勵精圖治之志，便不自覺地沉迷於奢侈放蕩的腐朽生活方式之中而不能自拔。從有關記載看，自劉龑起，經殤帝劉玢至後主劉鋹，南漢國三代國主生活均極其奢華，如《五國故事》記載：「（劉）龑暴政之外，唯以治宮殿為務，故作昭陽諸殿，秀華諸宮，皆極壞（破費）麗。昭陽殿以金為仰陽，銀為地面，簷楹榱桷亦皆飾之以銀。殿下設水渠，浸以珍珠。又琢水晶琥珀為日月，列於東西二樓之上」；「其餘宮室殿宇悉同之，每（常常）引領行商以示奢侈」；劉龑之後繼位的殤帝劉玢，「昏暴益甚，為長夜之飲」。〔註46〕後主時，「所居宮殿，輒以明珠、玳瑁飾之……宮城左右離宮數十，遊幸無虛日」，〔註47〕這僅是南漢最高統治者奢侈生活之一、二斑。統治者的奢侈生活必然加重對嶺南民眾的壓迫和盤剝。如瓊州（今海南瓊山市）米計斗定稅五錢，邕州（治今廣西南寧市）民入城者，輸錢一」。南漢君

〔註40〕陶懋炳《五代史略》，第139頁。
〔註41〕《十國春秋》卷62，《倪曙傳》。
〔註42〕《十國春秋》卷62，《陳用拙傳》。
〔註43〕《十國春秋》卷62，《王定保傳》。
〔註44〕《十國春秋》卷62，《黃損傳》。
〔註45〕《十國春秋》卷65，《胡萬頃傳》。
〔註46〕《五國故事》下，四庫全書本。
〔註47〕《十國春秋》卷66，《余延業傳》。

臣「遊幸無虛日，率以豪民爲課戶，供宴犒費。」〔註48〕一些地方的民眾不堪壓迫剝削，不得不集體遷徙他鄉，如周渭，「大寶（958～971）時苦於繁賦，因率鄉里逾嶺，將避地零陵」；後南漢爲北宋所滅，周渭回歸鄉里，「奏去（南漢）後主無藝（度，準則）之征」，〔註49〕北宋太祖曾向俘獲的南漢宦官余延業瞭解南漢國統治者的「爲政之迹」，余延業將南漢統治者如何生活奢侈，如何好施酷刑，如何搜刮民脂民膏之事具體述說，引發了宋太祖的同情和悕憫，謂「吾當救此一方民！」因而在滅後蜀後，即發動了對南漢國的戰爭。〔註50〕敲骨吸髓的盤剝導致了尖銳的階級矛盾，由此引發了五代時期震動一方的張遇賢領導的粵東地區民眾的起義。〔註51〕

由於「弭兵」，將領及軍隊的重要性及統治者對其倚賴性似乎大爲降低，這自然造成軍隊將領用非其人，防備空虛，戰鬥力削弱。劉龑在位前期，用兵交州常取得勝利；而後期，遇交州亂，劉龑派其子交王弘操率軍出戰，結果慘敗，弘操戰死。劉龑將此「國兵不振」視爲「弭兵」的結果，遷怒於「弭兵」的建議者之一的侯融，對已故的侯融剖棺暴屍。事雖愚昧，卻也反映了南漢軍力已有所削弱。北宋開寶三年（970）九月，北宋以潘美爲兵馬行營都部署，徵調十州兵以伐南漢。師至賀州，刺史陳守忠告急於南漢國主劉鋹。「時舊將多以讒誅死，掌兵者唯宦人（官）。自（劉）晟以來，耽於遊宴，城壁壕隍多飾爲宮館池沼，樓艦皆毀，兵器又腐，內外震恐。」由於無將可遣，無防備可倚賴，南漢國主只得依靠宦官統率烏合之眾應戰，遣龔澄樞往賀州，郭崇岳往桂州，李託往韶州。龔澄樞不堪一擊，逃遁而歸。劉鋹改遣伍彥柔統兵赴賀州，結果中宋軍埋伏，彥柔被斬。在接連失敗之後，南漢國組織象隊，企圖威懾宋軍，未能奏效；又「日祈鬼神卻敵」，也不見神佛顯靈。次年，廣州平，南漢亡。

五代時期割據嶺南的南漢國「弭兵息民」政策的推行，不是神意的結果，而是當時客觀形勢決定的。南漢對外戰爭的接連失敗，昭示了其自身力量有限，難以在軍閥林立，勢均力敵的五代時期進一步擴充領域；自唐末以來長期的戰亂造成了嶺南地區的動蕩與經濟殘破，社會需要和平安定；眾多執掌

〔註48〕《十國春秋》卷66，《余延業傳》。

〔註49〕《十國春秋》卷65，《周渭傳》。

〔註50〕《十國春秋》卷66，《余延業傳》。

〔註51〕參見曾國富：《紙醉金迷興王府──南漢統治者的奢侈生活及其影響》，載《湛江師範學院學報》2001年第5期。

政治的文臣「弭兵息民」的建議以及鄰國休兵息民政策的推行，都對南漢國「弭兵息民」政策的推行產生了影響。這一政策的推行，為嶺南營造了和平安定的社會形勢，為南漢政治的相對清明創造了條件，也促進了嶺南地區經濟的恢復發展，文化教育的興起和取得一定成就；但同時又助長了統治者的奢侈的生活方式，削弱了南漢國的軍事力量，導致了南漢國的兵敗而亡。